W0088176

ESOTERISCHES
WISSEN

Herausgeber dieser Reihe Michael Görden

Dr. JOSEPH MURPHY

Die Kraft schöpferischen Denkens

WILHELM HEYNE VERLAG
MÜNCHEN

HEYNE ESOTERISCHES WISSEN
08 / 9555

Copyright © 1988 by Verlag Peter Erd, München
Genehmigte Taschenbuchausgabe
Printed in Germany 1990
Umschlaggestaltung: Atelier Adolf Bachmann, Reischach
Umschlagillustration: Anita Bachmann, Reischach
Satz: Layout & Grafik 1000, München
Druck und Bindung: Presse-Druck Augsburg

ISBN 3-453-04028-7

Inhalt

3. Was ist Ihr Problem? 53

4. Die Wirkungsweise Ihres Gemüts 70

5. Sie können Ihre Ängste kontrollieren 89

6. Wie Tele-PSI die Macht Ihres Bewußtseins schärft 107

Einleitung

Der vorliegende Band bietet einen Querschnitt durch folgende Werke von Dr. Joseph Murphy: »Ihr Weg zu innerer Sicherheit«, »Finde Dein höheres Selbst«, »Ihr Superbewußtsein«, »Die Macht der Suggestion«, »ASW – Ihre Außersinnliche Kraft« und »Tele-Psi – Die Macht Ihrer Gedanken«.

Dieser Auswahlband soll auch als Einführung in das Denken von Dr. Joseph Murphy genutzt werden können. Deshalb wurden vor allem jene Texte und Themen ausgewählt, die es jedem Leser ermöglichen, mit einfachen Mentaltechniken aus den Schwierigkeiten des Alltags herauszufinden und sich den Weg zur schöpferischen Lebensgestaltung zu erschließen.

Anhand von Beispielen und Selbsterfahrungen zeigt uns Dr. Murphy, wie wir über die Imagination, die Autosuggestion, die Meditation und das Gebet, eine Idee oder einen Wunsch verwirklichen können. Positives, optimistisches Denken allein genügt dabei nicht. Jede Verwirklichung einer Idee setzt ihr inneres geistiges Bild voraus. Das innere Bild muß als Realität erlebt und empfunden werden, um sich im Äußeren zu manifestieren. Die Gefühle spielen dabei eine wichtige Rolle. Sie bringen unsere Vorstellungskraft ins Fließen. Murphy zitiert Shakespeare: »Alle Dinge sind bereit, wenn das Gemüt es gleichfalls ist.«

Das Fließen der Vorstellungskraft öffnet die Tür zu unserem Unterbewußtsein. Hier liegt auch der Ursprung unserer inneren Stimme, der Intuition, verborgen. Als spontaner Gedankenblitz taucht sie in unserem Bewußtsein auf, gibt Antworten auf Lebensfragen und entzündet schöpferische Fähigkeiten. Die Intuition bedeutet aber auch Vertrauen in uns – in Gott. Aus der Verbindung von Unterbewußtsein und Bewußtsein entsteht Schöpfung. Sie ist die spirituelle Kraft, die das schöpferische Denken verwirklicht.

Wenn Sie sich der Führung dieses Buches anvertrauen, werden auch Sie auf eine Quelle stoßen, aus der Sie Sicherheit, innere Ruhe und ein besseres Leben schöpfen können.

1

Das Buch des Lebens

Phineas Parkhurst Quimby, der größte spirituelle Heiler Amerikas, wies bereits im Jahr 1847 darauf hin, daß Kinder wie kleine unbeschriebene Tafeln seien, auf die jeder, der des Weges kommt, etwas kritzelt. Wir alle kamen auf diese Welt, ohne irgendeine religiöse Glaubensmeinung, ohne Ängste, ohne Vorurteile, ohne Rassendünkel. Als Kinder waren wir jedoch höchst beeindruckbar und leicht zu formen und den Lehren und Meinungen all derer ausgesetzt, die Kontrolle über unser Leben ausübten. Es ist das im Elternhaus dominierende mentale und emotionelle Klima, das dem heranwachsenden Kind das Gepräge gibt. Die erste Sprache, die Sie je gelernt haben, kam von Ihren Eltern.

Ihr Unterbewußtsein ist ein Gesetzbuch – die vorherrschenden Eindrücke und die Überzeugungen des Gemüts werden zur regierenden Macht in Ihrem Leben. Meine jahrzehntelangen Erfahrungen als Lebensberater haben unter anderem ein wesentliches Merkmal offenkundig werden lassen: viele, die im Leben nicht vorankommen, die nicht gesund oder wohlhabend bleiben, waren im zartem Alter Suggestionen ausgesetzt, die ihrem Unterbewußtsein Minderwertigkeits- und Unwertgefühle aufprägten. Das wurde zum bestimmenden Einfluß für ihre Entscheidungen und Reaktionen in ihrem weiteren Leben, mit denen sie ihren Erfolg, ihr Gedeihen vereitelten.

Sigmund Freud, der große Psychoanalytiker, hat nachgewiesen, daß wir alle von unterbewußten Impulsen beherrscht werden, zumeist irrationalen, denn die meisten der religiösen Glaubenslehren, Tabus und Restriktionen, die uns in zartem Kindesalter eingeimpft wurden, sind unlogisch, unvernünftig, unwissenschaftlich und in völligem Gegensatz zu den elementarsten Anforderungen eines gesunden Menschenverstandes. Ein Mann bemerkte beispielsweise einmal zu mir: »Es ist Unrecht von mir, so viel Geld zu verdienen.« Diese Denkweise führte schließlich zum Verlust seines Geschäfts und er konnte nicht begreifen, weshalb ihm das widerfuhr. Aus diesem Mißgeschick lernte er jedoch, daß sein Unterbewußtsein alles, was er sagt und denkt, wörtlich nimmt, und sich alles ihm Weitergereichte – sei es gut oder schlecht – manifestiert.

Selbstverständlich hätte seine Familie durchaus Verwendung für das hohe Einkommen gehabt und auch er hätte viel Gutes damit bewirken können. Da sein Unterbewußtsein jedoch von frühester Jugend an darauf programmiert war, das Geld als etwas Übles anzusehen, mußte sich schließlich Verlust manifestieren, auch nachdem diese mütterlichen Belehrungen längst vergessen waren. Er mußte versagen, weil er sich ständig innerlich vorwarf, es sei Unrecht, so viel Geld zu verdienen, da Geld von Übel sei. Diese festgefügte Meinung wurde von seinem Unterbewußtsein einer Schallplatte gleich wiedergegeben.

Er lernte, daß nichts gut oder schlecht ist, sondern erst vom Denken dazu gemacht wird. Er lernte, daß es im ganzen Universum kein Übel gibt, da Gut und Böse Schlußfolgerungen bzw. Auswirkungen seiner ureigensten Gemütstätigkeit sind, im Verhältnis zum einen Sein – Gott – dem lebendigen Geist, heil, rein und vollkommen. Allein die Anwendung der Macht bestimmt, was gut oder was böse ist. Wie wenden Sie diese Macht an? Wenden wir diese Macht konstruktiv an, dann nennen wir sie Gott, Allah, Brahma, Frieden, Harmonie und Gedeihen. Wenden wir diese eine Macht jedoch negativ an – sei es aus Ignoranz oder Bosheit –, dann ziehen wir uns Negativitäten zu – Verdruß, Mangel, Begrenzung, Krankheit und Leiden. Dann redet der Durchschnittsmensch vom Satan, dem Teufel, der Hölle etc. Alles das sind jedoch nichts anderes als Bewußtseinszustände. *Satan* bedeutet irren, ausgleiten, von der Wahrheit abweichen.

Im Verlauf dieses Kapitels wird Ihnen die Wahrheit über das Buch des Lebens enthüllt werden. Denken Sie daran: wenn ein Mensch furchtsam, argwöhnisch oder zornig ist, dann handelt und reagiert er auf abnorme Weise – erst recht dann, wenn kein Zustand und kein Ereignis vorliegt, das eine solche Handlung rechtfertigen würde. Was in sein Buch des Lebens (Unterbewußtsein) geschrieben wird, das wird zum Gesetz, das seine Erfahrungen und sein Verhältnis zu anderen bestimmt.

Wie Ihr Gemüt arbeitet

Das Buch des Lebens ist Ihr Unterbewußtsein. In dieses Buch schreiben Sie unentwegt alles das, was Ihrem gewohnten Denken und Ihren Imaginationen gemäß ist. Shakespeare sagte: »Was ist der Name?« Nun, wenn Sie Ihren Namen nennen, dann beinhaltet dieser Ihr Geschlecht, Ihre Nationalität, Ihren Background, Ihre Ausbildung, Ihre Erziehung, Ihre finanzielle Struktur, Ihren gesellschaftlichen Status, und alles andere, Ihre Person betreffend.

Wenn Ihr wachbewußter Verstand und Ihr Unterbewußtsein harmonisch, friedvoll und freudig zusammenarbeiten, dann sind die Kinder aus dieser Verbindung Glück, Frieden, Gesundheit, Überfluß und Sicherheit. Ein disharmonisches Verhältnis von Verstand und Unterbewußtsein hingegen bringt Elend, Leiden, Schmerz und Krankheit in Ihr Leben.

Abram verließ Ur in Chaldäa. Ur steht für Zauberei, schwarze Magie, Sternenanbetung, Idole und ähnliches. Dann änderte Abram seinen Namen in Abraham, und das bedeutet Vater der Menge und weist auf den einen Gott hin – die eine Gegenwart und Macht. Wir alle sind Kinder des einen Gottes. Das ist die Einheit allen Lebens. Alle Männer und Frauen sind Brüder und Schwestern – das gleiche Gemüt, der gleiche Geist, die gleiche Substanz. Einem anderen Schaden zufügen heißt daher sich selbst Schaden zufügen; einen anderen segnen, sich selbst segnen.

Sie können sich einen neuen Namen, eine neue Selbsteinstufung und ein neues Muster geben. Entwickeln Sie ein neues Konzept von sich. Ist Ihr gegenwärtiges Konzept groß genug, edel genug oder weit genug, um Sie zu erlösen (von Widrigkeiten zu befreien), um eine Transformation Ihres Herzens, Ihres Gemüts und Ihres ganzen Wesens herbeizuführen? Auch heutzutage haben die Menschen viele Idole, ebenso wie man sie in Chaldäa vor Tausenden von Jahren hatte. Der Aberglaube wuchert üppig. Auch heute noch hat man falsche Götter. Wenn man nämlich meint, vom Wetter oder aufgrund nasser Füße eine Erkältung oder gar eine Lungenentzündung bekommen zu können, dann huldigt man falschen Göttern. Manche Menschen fürchten sich dermaßen vor Bazillen, daß sie sich schon infiziert wähnen, wenn jemand in ihrer Gegenwart auch nur niest. Fragt man so einen Menschen, ob er dieses Jahr schon seinen Bazillus oder Virus bekommen habe, lautet die Antwort doch wahrhaftig: »Nein, noch nicht.« Die Ansteckung wird geradezu erwartet, und was man erwartet, das bekommt man mit unfehlbarer Sicherheit.

Mancher sagt: »Ich habe nicht die richtigen Beziehungen. Ich habe keinen Antrieb. Ich kann den Job nicht kriegen.« Damit verneinen sie die schöpferische Kraft in ihrem Innern. Sie sagen und bejahen zwar, daß sie allmächtig und alles überragend ist, und im gleichen Atemzug verneinen sie sie. Wenn sie alles überragend und allmächtig ist, dann gibt es nichts, das sich ihr entgegenstellen oder sie herausfordern könnte. Daher sollten Sie sagen: »Der unendliche Geist öffnet mir die Tür. Er offenbart mir meine versteckten Talente und Fähigkeiten und weist mir den Weg, den ich gehen soll.« Und genau das wird der unendliche Geist für Sie tun.

Es gibt bei uns Kongreßabgeordnete, die klopfen auf Holz, wenn sie etwas Negatives äußern, so als ob das Holz über irgendeine Macht oder geheime Kraft verfügte. Gestehen Sie anderen Menschen irgendeine Macht zu? Oder etwa der Atmosphäre? Dem Wetter? Alles das ist unerheblich und ohne jede Macht oder jeden Einfluß. Die Macht ist in Ihrem Innern.

Der neue Name

Saulus änderte seinen Namen bekanntlich in Paulus. Die innere Bedeutung von Paulus ist der »kleine Christus«. Paulus erfuhr seine Erleuchtung auf der Straße nach Damaskus. Letzteres steht für einen Sack von Blut oder Wiedergeburt. Das wiederum beinhaltet eine mystische Illumination, das Gemüt oder der Intellekt wird vom Licht Gottes überflutet und der Mensch transformiert. Zuweilen kann das in einem einzigen Augenblick geschehen, wie es der heiligen Therese und vielen anderen widerfuhr.

Paulus wurde zu einem anderen Menschen. Er war nicht mehr der Mörder, der andere Leute in den Tod schickte. Er war transformiert. Er war von oben her erleuchtet. Hier in

Amerika können Sie zum Gericht gehen und Ihren Namen jedes Jahr ändern, wenn Ihnen danach sein sollte. Es hat jedoch nichts zu bedeuten. Es ist sogar völlig bedeutungslos. Sie müssen vielmehr Ihr Wesen verändern, Ihre Disposition, Ihre Einstellung und Ihr Konzept von sich selbst. Es muß eine innere Transformation sein. Dann werden Sie in der Tat Ihren Namen geändert haben – oder Ihre Natur.

Vor einiger Zeit wurde ich von einem Mann aufgesucht, der als ausgesprochener Griesgram verschrien war. Er war zynisch, immer brummig und es gehörte zu seinen Gewohnheiten, seine Sekretärin und die anderen Mitarbeiter anzuknurren, wenn er des Morgens sein Büro betrat. Sagte jemand: »Ein schöner Tag«, dann bekam er garantiert zur Antwort: »Was ist schon schön daran?« Am Frühstückstisch versteckte er sich hinter der Zeitung, damit er seine Frau nicht ansehen mußte. Auch das Frühstücksei war Gegenstand seiner ständigen Kritik. Im Grunde gab es kaum etwas, das nicht seinen Unwillen erregte. Er war eben ganz einfach ein Griesgram – häßlich und ekelhaft.

Diesem Mann gab ich die folgenden Instruktionen: »Wenn Sie sich des Morgens an den Frühstückstisch setzen, dann geben Sie Ihrer Frau einen Kuß und sagen ihr, daß sie hübsch aussieht, daß das Frühstück ein Genuß ist, dann wird sie wahrscheinlich in Ohnmacht fallen.« Daraufhin meinte er: »Wenn ich das täte, wäre ich ein Heuchler.« Ich ermunterte ihn, es nichtsdestoweniger zu tun. Ich sagte: »Tun Sie es. Brechen Sie das Eis in Ihrem Herzen. Wenn Sie Ihr Büro betreten, dann machen Sie auch Ihrer Sekretärin ein Kompliment. Irgendetwas Hübsches, Liebenswertes über sie wird sich ganz bestimmt sagen lassen. Und auch zu den übrigen Mitarbeitern sollten Sie etwas Nettes sagen.«

Nachdem er dieses neue Verhalten einen Monat lang praktiziert hatte, sank es in sein Unterbewußtsein und er wurde transformiert – er wurde zu einem höflichen, zuvorkommenden und liebenswürdigen Menschen. Die Leute fragten: »Was ist denn mit dem plötzlich los?« Andere meinten: »Er ist verliebt.« Ich glaube, genau das war es: er war verliebt in sein höheres Selbst.

Was glauben Sie?

Die universelle Gegenwart ist aus sich selbst heraus schöpferisch, indem sie zu dem erschaffenen Ding wird. Gott erschafft ein Wesen aus sich selbst, das fähig ist, ihm die Herrlichkeit, das Licht und die Liebe zurück zu geben. Abraham kannte die schöpferische Kraft. Er war sich ihrer bewußt und demonstrierte sie in seinem Leben. Er war der festen Überzeugung, vom Geist geführt und angeleitet zu sein, und genau das war selbstverständlich der Fall.

Plato, Aristoteles, Plotinus etc. – sie alle sprachen von Gott als dem unendlichen Gemüt und unendlicher Intelligenz, verrieten uns jedoch nicht, wie diese Gegenwart und Macht anzuwenden sei, um Führung, Harmonie, Wohlstand, Erfolg oder Heilung zu erlangen. Sie kamen zweifelsohne zu interessanten und zufriedenstellenden intellektuellen Schlußfolgerungen, sagten jedoch nichts über ihre praktische Anwendung im täglichen Leben.

Wenn Sie sich einreden ließen, ein Wurm im Staub zu sein, und diese Lehrmeinung bei Ihnen zur Überzeugung geworden ist, dann werden andere auf Ihnen herumtrampeln. Sie werden Sie haargenau so behandeln, wie Sie selbst sich behandeln. Wenn Sie zu sich selbst grausam und ekelhaft sind, dann wird auch die Welt grausam und ekelhaft für Sie sein. Wie innen so außen. Bedenken Sie aber, daß Sie ein Sohn oder eine Tochter des lebendigen Gottes sind. Sie sind Erbe aller seiner Reichtümer. Erhöhen Sie den Gott in Ihrer Mitte. Er hat die Macht zu heilen. Wie können Sie sich minderwertig fühlen, wenn Sie zugleich wissen, daß Sie ein Sohn oder eine Tochter des Unendlichen sind und daß Gott Sie liebt und für Sie sorgt? Gott ist das Lebensprinzip und der lebendige Geist in Ihrem Innern, der Sie geschaffen hat und der über Sie wacht, auch wenn Sie schlafen, denn der unendliche Geist, der über Sie wacht, schläft niemals.

Zum Siegen geboren

Viele Menschen arbeiten schwer und versagen dennoch kläglich im Leben. Dafür gibt es eine einfache Erklärung: in ihrem Unterbewußtsein unterhalten sie ein Denkmodell des Versagens – der Fehlschläge –, oder sie meinen, einen Fehlschlag als unvermeidliche Tatsache hinnehmen zu müssen. Sie glauben, vom Pech verfolgt zu sein. Sie fühlen sich unterlegen. Vielleicht wurde ihnen in der Jugend eingeimpft: »Du wirst es nie zu etwas bringen. Du bist dumm. Du bist unfähig.« Diese recht suggestiven Gedanken wurden von ihrem beeindruckbaren Gemüt vorbehaltlos akzeptiert und führen jetzt ein Eigenleben im Unterbewußtsein. Das Unterbewußtsein wiederum ist bestrebt, alles ihm Aufgeprägte in den Erfahrungsbereich zu projizieren.

Der Mensch kann jedoch sein Leben ändern. Diese unterbewußten oder irrationalen Impulse sind noch lange wirksam, selbst nachdem die Begebenheiten, die sie verursacht hatten, längst in Vergessenheit geraten sind. Dessen ungeachtet kann der Mensch sein Unterbewußtsein neu programmieren. Er kann sich sagen: »Ich bin zum Siegen geboren; das Unendliche kann nicht versagen.« Er kann seinem Unterbewußtsein lebenspendende Denkmodelle eingeben, wie: »Göttliche Ordnung und göttliches Gesetz beherrschen mein Leben. Göttlicher Frieden erfüllt meine Seele, göttliche Liebe durchdringt mein Gemüt. Göttliches rechtes Handeln herrscht vor, unendliche Intelligenz führt und leitet mich auf allen meinen Wegen – sie ist eine Leuchte zu meinen Füßen und ein Licht auf meinem Pfad.«

Wenn Sie zornig, argwöhnisch oder ängstlich sind, dann geben Sie damit auch negativen und destruktiven Emotionen Raum, die den größten Schaden anrichten. Sie machen sich nämlich in Ihrem Unterbewußtsein breit und veranlassen Sie zu falschen Handlungen und Äußerungen. Wenn Sie dann glücklich sein wollen, sind Sie traurig; wenn Sie das Rechte tun wollen, tun Sie genau das Falsche. Unter dem Einfluß einer destruktiven Emotion tun Sie mit Sicherheit das Falsche, ganz gleich, was Sie tun.

Die sieben Siegel

Sie können also einen neuen Namen in das Buch des Lebens schreiben. Das Buch des Lebens ist, wie zuvor erklärt, das Gesetz Ihres Unterbewußtseins. Die Bibel sagt: *Ich sah in der Rechten dessen, der auf dem Throne saß, ein Buch, innen und auf der Rückseite beschrieben, mit sieben Siegeln versiegelt. Und ich sah einen starken Engel, der verkündete mit lauter Stimme: Wer ist würdig, das Buch zu öffnen und seine Siegel zu lösen? Und niemand im Himmel und auf Erden und unter der Erde vermochte das Buch zu öffnen noch hineinzublicken. Und ich weinte sehr, daß niemand würdig befunden wurde, das Buch zu öffnen noch hineinzublicken* (Offb. 5:1-4).

Das Buch, »innen und auf der Rückseite beschrieben«, ist Ihr objektives und Ihr subjektives Gemüt. Sie verfügen über einen wachbewußten Verstand und ein Unterbewußtsein.

23

Alles, was Sie Ihrem Unterbewußtsein an Gedanken, Über-zeugungen, Theorien, Meinungen oder Dogmen eingeben, das wird sich in Ihrem Erfahrungsbereich manifestieren – als Zustand, Umstand oder Begebenheit. Was wir in das Innere schreiben, das erfahren wir im Äußeren. Unser Leben hat zwei Seiten – die objektive und die subjektive, das Sichtbare und das Unsichtbare, den Gedanken und seine Manifestation.

Die sieben Siegel sind die sieben Bewußtseinszustände. Unser Konzept bewegt sich durch sieben Gewahrseinsgrade. Dabei spiritualisieren wir unsere fünf Sinne, indem wir uns einwärts wenden an die spirituelle Macht. Dann bringen wir unseren wachbewußten Verstand und unser Unterbewußtsein in Übereinstimmung. Beide müssen sich einig sein und syn-chron laufen. Wenn sowohl im Verstand als auch im Unter-bewußtsein jeder Zweifel ausgeräumt ist, wenn die feste Überzeugung etabliert ist, das Gewünschte bereits zu haben, dann ist Ihr Gebet beantwortet.

Sie brechen die sieben Siegel, wenn Sie Ihre fünf Sinne disziplinieren und die genannten beiden Phasen Ihres Gemüts gleichschalten.

Es geht also um die sieben Siegel. Das erste ist das Sehen. Wir sind angehalten, die Wahrheit in jeder und über jede Situation zu sehen. Sehen Sie vollkommene Gesundheit, wo Krankheit ist; Harmonie, wo Mißklang ist; Liebe, wo Haß ist. Dann sehen Sie die Wahrheit und disziplinieren Ihr Sehver-mögen.

Das zweite ist Hören. Sie hören die frohe Botschaft, die Wahrheit Gottes. Sie hören beispielsweise Ihre Mutter das sagen, was Sie immer von ihr hören wollten – daß Gottes Wunder geschehen und sie geheilt ist. In anderen Worten: Sie sehen sie auf keinen Fall in der Klinik im Krankenbett. Sie hören das genaue Gegenteil. Sie hören sie von ihrer vollkom-menen Gesundheit sprechen. Dann hören Sie die Wahrheit.

Das dritte Siegel ist der Geruchssinn. Sie riechen die Wahrheit, wenn Sie zu einer definitiven Entscheidung kommen – wenn Sie nämlich erkennen, daß Gott, der Ihren Körper geschaffen hat, ihn auch zu heilen vermag. Sie weisen von da an jede ungeeignete geistige Nahrung zurück. Ein Hund schnuppert zuerst an seinem Futter; sagt es ihm nicht zu, läßt er es unberührt. Er verweigert die Annahme, weist es zurück. Ebenso sollten Sie alle Gedanken, Ideen und Meinungen zurückweisen, die Ihre Seele nicht mit Freude erfüllen.

Das vierte ist Schmecken. Sie erfreuen sich am süßen Wohlgeschmack Gottes. Sie schmecken die Wahrheit, wenn Sie die Ideen und ewigen Wahrheiten Gottes Ihrem Gemüt einverleiben durch Meditation, Studium und Festhalten des richtigen Gedankens über den erwünschten Zustand.

Das fünfte ist Gefühl – die Freude, die Sie fühlen, wenn Sie die Antwort auf Ihr Gebet mental und emotionell berühren, und die Wirklichkeit des vollendeten Zustands fühlen.

Die verbleibenden zwei Siegel sind Ihr wachbewußter Verstand und Ihr Unterbewußtsein. Nachdem Sie Ihre fünf Sinne erfolgreich diszipliniert haben, werden das männliche und das weibliche Prinzip in Ihrem Gemüt harmonisch aufeinander einwirken. Das ist die göttliche Vermählung, die sich zwischen Ihrem Begehren und Ihrer Emotion vollzieht. Das Kind, das aus dieser Verbindung entspringt, ist die Freude an der Gebetsbeantwortung.

Das ist das Buch des Lebens, von dem so viel die Rede ist. Wenn man Ihr Unterbewußtsein fotografieren könnte, dann wären auf dem Bild Ihr zukünftiges, Ihr vergangenes und Ihr gegenwärtiges Denken sichtbar. Die Zukunft besteht aus Ihren inzwischen erwachsen gewordenen gegenwärtigen Gedanken, wenn wir das einmal so ausdrücken wollen.

Sie können somit auf die Gestaltung Ihrer Zukunft einwirken, durch Ihr gegenwärtiges Denken. Verändern Sie Ihr gegenwärtiges Denken, und Sie verändern Ihre Zukunft. Schwelgen Sie in Gedanken an alles, was wahr, lieblich, edel und gottgleich ist. Laden Sie diese Gedanken auf mit dem Gefühl der Überzeugung. Dann werden die alten Gedanken sterben. Sie schwinden. Sie werden aus Ihrem tieferen Bewußtsein entfernt, ausradiert, gelöscht. Das Niedere wird immer vom Höheren beherrscht.

Denken Sie an alles, was »lieblich und wohllautend« ist. Schaffen Sie sich neue Gedanken und Ideen bezüglich der Prinzipien und der ewigen Wahrheiten. Machen Sie sich bewußt, daß Ihr Unterbewußtsein von vagen Wünschen, Träumen oder Hoffnungen nicht beeindruckt werden kann. Es akzeptiert allein Ihre festen Überzeugungen, Ihre gefühlsbetonten Gedanken – das, was Sie tief in Ihrem Herzen aufrichtig glauben. Was glauben Sie? Glauben Sie an die Güte Gottes im Land der Lebenden, an seine Führung, an die Harmonie Gottes, an die Liebe Gottes und an den Überfluß Gottes? Wenn ja, dann wird alles das sich verwirklichen, denn etwas glauben heißt, im Zustand des Seins und Habens zu leben. Etwas glauben heißt etwas als wahr zu akzeptieren.

Wer sind Sie ?

Blicken Sie auf Ihr spirituelles Erbteil. Wir alle sind Kinder des ICH BIN, wie Moses sagt. In Ihrem Innern ist Ihr wahres Wesen oder Ihr wirklicher Name. Diesen wirklichen Namen nennen Sie den ganzen Tag über. ICH BIN. Der heilige Laut Om der Inder. Die Bibel sagt ICH BIN DER ICH BIN (2. Mos. 3:14). Moses sagte: ICH BIN hat mich zu euch gesandt (2. Mos. 3:14).

Sollten Sie morgen eine schwierige Aufgabe zu lösen haben, sollten Sie sich mit einer geschäftlichen Schwierigkeit konfrontiert sehen, dann bedenken Sie: »Das ICH BIN hat mich dorthin gesandt.« Der Ingenieur, der sich einem technischen Problem gegenüber sieht, ist sich bewußt, daß das ICH BIN ihn gesandt hat. Er packt das Problem mutig an und sieht die perfekte Lösung.

Wir alle sind Kinder des ICH BIN (Gott). Alles, was Sie dem ICH BIN hinzufügen, wird Ihnen zuteil. Sie werden zu dem, was Sie dem ICH BIN hinzufügen. Wenn Sie sagen: »Ich bin zu nichts nütze, ich bin ein Versager, ich werde taub, ich werde blind, ich bin ein Niemand,« dann wird Ihnen das widerfahren, was Sie bejahen. Kehren Sie derartige Affirmationen daher sofort um, und sagen Sie: »Ich bin glücklich, froh und frei. Ich bin erleuchtet. Ich bin inspiriert. Ich bin stark. Ich bin mächtig. Ich bin ein Sohn oder eine Tochter des lebendigen Gottes und Erbe aller seiner Reichtümer. Ich bin zum Siegen und für den Erfolg geboren, denn das Unendliche kann niemals versagen. Ich bin ein überwältigender Erfolg. Ich bin absolut außergewöhnlich. Ich bin einzigartig – niemand auf der Welt ist mir gleich.«

Weshalb beanspruchen Sie nicht das oben gesagte und schreiben sich diese Wahrheiten in Ihr Herz? *Wer ein Ohr hat, der höre, was der Geist den Gemeinden sagt* (Offb. 2:29)... *Wer überwindet, dem will ich von dem verborgenen Manna geben und will ihm einen weißen Stein geben und auf dem Stein geschrieben einen neuen Namen, den niemand kennt, als wer ihn empfängt* (Offb. 2:17).

Manna ist ein Symbol für das Brot des Himmels. *Ich bin das lebendige Brot, das aus dem Himmel herabgekommen ist* (Joh. 6:51). Es ist das Brot des Friedens, der Harmonie; es ist das gesegnete Brot Gottes. Essen Sie dieses Brot der Inspiration und der Führung. Kein Mensch vermag in der heutigen Welt zu leben ohne spirituelle Nahrung. Sie können sich an der Tafel niederlassen und die erlesensten Speisen zu sich nehmen, und dennoch hungrig sein – hungrig nach Frieden, Harmonie, Liebe, Inspiration und Führung. Manna ist ein Symbol für Inspiration, Stärke, Macht und Weisheit. Es wird Ihnen Nahrung sein in der Wüste der Einsamkeit, des Unglücklichseins, denn die größte Wüste der Welt ist nicht etwa die Sahara, sondern sie befindet sich unter dem eigenem Hut des Menschen. Nur zu oft wächst dort nicht viel mehr als das Unkraut der Ignoranz, der Furcht und des Aberglaubens. Buddha fragte Gott einmal nach der Ursache allen menschlichen Leidens auf der Welt. Die Antwort lautete: »Unwissenheit«, denn Unwissenheit ist die einzige Sünde und alle Bestrafung ist nur die Konsequenz.

Wenden Sie sich an diese Gegenwart und Macht. Sie wird immer reagieren. Sie erhalten immer eine Antwort. In jeder Bedrängnis wird sie bei Ihnen und mit Ihnen sein. Sie haben diese Macht beim Namen gerufen, deshalb werden Sie von ihr erhoben, denn es ist ihr Wesen, auf Ihr Begehren zu reagieren. Wenden Sie sich an den Brunnen des Lebens und fühlen Sie sich erfrischt von der Wahrheit. Dort können Sie sich erquikken. *Auf, ihr Dürstenden alle, kommt zum Wasser; und da ihr kein Brot habt, kommt! Kauft Korn ohne Geld und eßt, ohne Kaufpreis Wein und Milch* (Jes. 55:1). Der Kaufpreis besteht darin, Gott den richtigen Stellenwert einzuräumen, ihn zu ehren und als erste Ursache anerkennen, dann handeln wir, als sei diese Gegenwart überhaupt nicht vorhanden. Sie können das Brot essen – das Brot des Friedens, der Freude, des Glaubens und des Vertrauens in die einzige Macht, die es gibt. Sie sollten Ihren Glauben und Ihr Vertrauen nicht in Lehrgebäude, Dogmen, Meinungen und Traditionen setzen. Damit begeben Sie sich in Abhängigkeit. Seien Sie überzeugt, daß alles, was Sie Ihrem Unterbewußtsein aufprägen, als Form, Funktion und Begebenheit in Ihrem Erfahrungsbereich sichtbar wird. Damit lernen Sie sich zugleich ein bißchen besser kennen. Ein neuer Name ist eine neue Disposition, eine neue Perspektive, eine neue Einsicht. Sie können bejahen: »Gott liebt mich und sorgt für mich. Ich bin von oben her erleuchtet.« Sie können rechtes Handeln für sich beanspruchen. Sie können beanspruchen: »Die Weisheit Gottes salbt meinen Intellekt. Das schreibe ich mit der Feder meines Verstandes in mein Unterbewußtsein, und alles was ich in mein Unterbewußtsein schreibe, das wird zur Wirkung und Funktion in meinem Erfahrungsbereich.«

Entdecken Sie sich selbst

Sie sind hier, um Probleme zu lösen. Ihre Probleme und Herausforderungen haben Sie, weil Sie sich Ihrer Göttlichkeit bewußt werden und Ihr mentales und spirituelles Werkzeug schärfen sollen. Anderenfalls würden Sie sich niemals selbst entdecken.

Es gibt Fehlschläge im Leben, gewiß! Deshalb hatten Sie als Schulkind ja auch einen Radiergummi oben an Ihrem Bleistift. Jeder war sich im klaren, daß Sie Fehler machen würden. Durch Ihre Fehler lernten Sie jedoch schließlich addieren und subtrahieren, und viele, viele andere Dinge.

Sie brauchen eine Basis für konstruktives Denken. Wenn Sie sich der Tatsache bewußt sind, daß Gedanken Dinge sind, daß Gefühle Anziehungskraft besitzen und Imaginationen Wirklichkeit werden, dann werden Sie nur noch konstruktiv denken wollen. Sie wissen dann: »Was ich denke, fühle und mir vorstelle, zu dem werde ich.« Sie erkennen: »Mein Denken ist schöpferisch – nicht weil es mein Denken, sondern weil es Denken ist.«

»Nichts kann dir Frieden geben, als der Triumph der Prinzipien« (Emerson). Quimby sagte: »Ein Kind ist wie eine leere Tafel, auf die Angehörige, Geistliche und alle, die des Weges kommen, etwas kritzeln.« Und das ist nur zu einfach, denn das Gemüt eines Kindes ist beeindruck- und formbar und für alle Überzeugungen, Meinungen, Dogmen, Lehren, Befürchtungen, Unwissenheiten und für jeden Aberglauben offen. Das Kind wächst sozusagen als Abbild des im Elternhaus vorherrschenden mentalen, emotionalen und spirituellen Klimas auf. Wer ist es, der heute etwas auf die Tafel Ihres Gemüts kritzelt? Vielleicht Ihre Schwiegermutter oder irgendein Anverwandter? Belästigt man Sie? Will etwa jemand Ihnen weismachen, daß Sie versagen müssen? Lassen Sie sich dann so etwas einreden, oder weisen Sie derartige Suggestionen zurück? Hoffentlich tun Sie das! Sagen Sie dem Betreffenden: »Du weißt ja nicht, wovon du redest. Ich kann gar nicht versagen. Wie könnte ich auch? Das Unendliche befindet sich in meinem Innern. Ich bin zum Siegen geboren. Ich bin ein Erfolg auf der ganzen Linie – in meinem spirituellen Leben, in meinen zwischenmenschlichen Beziehungen und in meinem erwählten Beruf.« Im gleichen Augenblick wird die Macht darauf reagieren.

Wie könnte das Unendliche auch versagen? Wo ist das Unendliche? Es befindet sich in Ihrem Innern, genau da, wo Sie jetzt sind. Und Sie sind zum Siegen geboren, Sie sind angehalten zu siegen, zu überwinden, zu triumphieren. Sie gehen von Herrlichkeit zu Herrlichkeit, von Oktave zu Oktave – der Herrlichkeit des Menschen sind keine Grenzen gesetzt.

Ist es der Leitartikler einer Zeitung, der etwas in Ihr Gemüt kritzelt? Oder schreiben Sie lieber selbst etwas, nämlich die Wahrheiten Gottes, die immer die gleichen sind, gestern, heute und ewiglich? Was schreiben Sie Tag für Tag in Ihr Gemüt? Viele Menschen schreiben da Trauer, Verzweiflung, Hoffnungslosigkeit, Vereinsamung etc. Wählen Sie lieber eine andere Inschrift für die Tafel Ihres Gemüts – schreiben Sie die

Überzeugung, daß Sie vortrefflich, daß Sie würdig, daß Sie voller Vertrauen in die einzige vorhandene Kraft sind, und daß Sie sich der Inspiration vom Höchsten bewußt sind, daß Sie unerschütterlich glauben, von Gott geführt zu sein. Gott ist eine Leuchte zu Ihren Füßen und ein Licht auf Ihrem Pfad.

Ihr Unterbewußtsein – das Buch des Lebens – wird diese Impressionen aufnehmen, weil Sie aufrichtig sind und das Gesagte auch meinen. Alles, was Sie im Denken und Fühlen als wahr annehmen, wird von Ihrem Unterbewußtsein verwirklicht – Gutes oder Schlechtes.

Schreiben Sie Harmonie, Gesundheit, Vollkommenheit, Schönheit, Frieden und rechtes Handeln in Ihr Gemüt. Das sind Prinzipien. Sie erschaffen diese Wahrheiten nicht, aber Sie aktivieren sie und machen sie wirksam und funktionell durch Ihre Bejahung. Fachen Sie die Gottesgabe in Ihrem Innern an. Alles, was Sie mit Glauben, Vertrauen, Freude und Begeisterung erfüllt, hat Macht über Sie, denn es beherrscht Ihr Verhalten. Alle Ihre Handlungen werden von Begeisterung getragen sein, denn Begeisterung heißt eigentlich »von Gott besessen sein.« Nichts wird Sie so sehr fördern, wie eine Haltung der Begeisterung für den Einen – für das Gute und das Schöne.

Sie sind ein mentales und spirituelles Wesen, denn wenn Sie ICH BIN sagen, bekunden Sie die Gegenwart des lebendigen Gottes. Sie sind ein spirituelles Wesen und haben von jeher gelebt. Auch in einer Milliarde von Jahren werden Sie noch am Leben sein, denn das eigentliche Leben wurde nie geboren und kann niemals sterben. Wasser wird es nicht nässen, Feuer nicht brennen, der Wind nicht verwehen. Sie sind am Leben und dieses Leben ist das Leben Gottes. Gott ist Leben; deshalb haben Sie von jeher gelebt.

Sind Sie noch der gleiche Mensch, der Sie vor fünf Jahren waren? Vor zehn Jahren? Vor fünfundzwanzig Jahren? Sind

Sie noch der gleiche Mensch, der Sie im Alter von drei Monaten oder einem Jahr waren? Selbstverständlich sind Sie das nicht. Selbst seit Ihrer Geburt haben Sie Hunderte von Reinkarnationen durchlebt. Der Geist hat sich dabei auf höheren Ebenen manifestiert. Sie waren also jeweils anders im Alter von 5, 10, 20 oder 30 Jahren. Wenn ich Sie mit einer Serie Photos von Ihnen konfrontieren würde, die jeweils im Abstand von einem Monat gemacht wurden, dann würden Sie sich auf so manchem davon kaum wiedererkennen.

Sie sind nicht mehr der gleiche Mensch, der Sie noch vor sechs Monaten waren. Sie haben ein neues Konzept von Gott, vom Leben, vom Universum – eine neue Einschätzung, ein neues Muster, einen neuen Einblick. Sie reden nicht mehr wie damals, Sie gehen nicht mehr wie damals, und Sie denken auch nicht mehr wie damals. Ihr Leben bewegt sich aufwärts – von Herrlichkeit zu Herrlichkeit. Und wenn Sie in die nächste Dimension überwechseln, auch dann bewegen Sie sich von Oktave zu Oktave. Sie können morgen nicht weniger sein als Sie heute sind, denn das Leben geht nicht rückwärts oder gibt sich mit dem Gestrigen ab.

»Ich gehe von Herrlichkeit zu Herrlichkeit. Ich gehe von Oktave zu Oktave.« Schreiben Sie sich diese Wahrheiten in Ihr Unterbewußtsein – in Ihr Leben, denn Sie sind am Leben und Sie pflanzen immer etwas Neues in Ihr tieferes Bewußtsein.

Der See des Feuers

Ich erhalte in meiner Post viele zustimmende Briefe, in einigen wenigen heißt es jedoch: »Sie werden einmal in einem See von Feuer brennen müssen, weil Sie in Ihren Rundfunksendungen behaupten, daß ein jeder Mensch sein eigener Erlöser sei, daß Gott in seinem Innern wohne, und daß er lediglich den Kontakt zu dieser Gottesgegenwart herzustellen brauche, damit sie ihn führt, leitet, und seine Probleme löst. Des weiteren behaupten Sie, der Mensch beantworte sein Gebet selbst. Für diese Ungeheuerlichkeiten werden Sie einmal bis in alle Ewigkeit brennen müssen!« Und dann zitieren solche Briefschreiber die Bibel: *»Denn so sehr hat Gott die Welt geliebt, daß er seinen einzigen Sohn gab, damit jeder, der an ihn glaubt, nicht verlorengehe, sondern ewiges Leben habe«* (Joh. 3:16).

Alles das offenbart jedoch einen beträchtlichen Mangel an Verständnis. Ein jeder Mensch ist der einzige eingeborene Sohn. Wir alle sind die eingeborenen Söhne des Einzigen Einen. Es gibt nur einen Einzigen Einen. Ihr eingeborener Sohn ist – spirituell gesehen – Ihr Begehren. Sind Sie krank, dann ist Gesundheit Ihr Erlöser. Dann begehren Sie doch Gesundheit. Die Verwirklichung Ihres Begehrens – das ist Ihr Erlöser. Wenn Sie sich im Wald verirrt haben, dann ist Führung Ihr Erlöser. Sind Sie eingesperrt, dann ist Freiheit Ihr Erlöser. Sind Sie am Verdursten, dann ist Wasser Ihr Erlöser. Somit ist jeder Mensch, der Kontakt mit der göttlichen Kraft herzustellen vermag, selbstverständlich sein eigener Erlöser. Jedem zur Wahrheit erwachten Menschen sind diese Dinge klar, weil sie logisch sind.

Das Feuer, von dem die Bibel spricht, ist selbstverständlich kein tatsächliches Feuer. Die Bibel ist ein spirituelles Buch. Sie ist bekanntermaßen keine sinnlose Zusammenstellung irgendwelcher Vorkommnisse, sondern das größte metaphysische Lehrbuch aller Zeiten. Sie spricht zu uns in spiritueller, mentaler, allegorischer, figurativer, idiomatischer und mystischer Sprache. Menschen, die in einem »See von Feuer« brennen, findet man überall. Gehen Sie in eine Klinik oder eine Nervenheilanstalt –, dort finden Sie eine beträchtliche Anzahl von Menschen, die »in einem See von Feuer brennen«. Dieser See ist selbstverständlich Ihr Unterbewußtsein. Sie verzehren sich mit Haß, Eifersucht, Groll, Feindseligkeit und Zorn – das ist ihr Feuer. Sie verbrennen ihr Gewebe und ihr Herz mit diesen negativen Gefühlen.

Ein Nervenkranker ist ein gequälter Mensch. Er ist gemartert, oder etwa nicht? Er brennt in seinem Elend. Viele Menschen brennen in ihrem Haß, ihrem Groll, ihrer Feindseligkeit etc.. Es ist selbstverständlich, daß sie sich in einem See des Feuers befinden, den sie sich jedoch selbst verursacht haben, denn es ist der Mensch, der sich seine eigene Hölle und seinen eigenen Himmel schafft.

Zorn, Depression, Furcht und böse Prophezeiungen – das sind die inneren Feuer. Jeder Arzt kann Ihnen sagen, daß es letztendlich diese Emotionen sind, die Ihnen Magengeschwüre, hohen Blutdruck, Krebs und Arthritis verschaffen. Ständig genährte Haßgefühle können zu Arthritis führen; es machen sich dann nur zu bald physische Veränderungen bemerkbar, beispielsweise Kalkablagerungen in den Geweben und allgemeine Unstimmigkeiten. Schon mancher hat durch Eifersucht den Verstand verloren, denn es gibt wohl kaum ein zerstörerischeres Gift als Eifersucht. Sie wird das »grünäugige Ungeheuer« genannt und ist das größte aller Mentalgifte.

Sammeln Sie sich daher »Schätze im Himmel, wo Motten und Rost sie nicht zunichte machen und wo Diebe und Räuber nicht einbrechen und stehlen.« Säen Sie für sich die Saat der Harmonie, der Gesundheit, des Friedens und der Schönheit. Schreiben Sie sich die Wahrheiten Gottes ins Herz. Was werden Sie da schreiben? Schreiben Sie alles, . . . *was wahr, was ehrbar, was gerecht, was rein, was liebenswert, was wohllautend ist, wenn es irgendeine Tugend und wenn es irgendein Lob gibt, dem denkt nach* (Phil. 4:8).

2

Ihre Eltern sind nicht verantwortlich

Jordanien ist ein faszinierendes Land. Eine Reise nach Petra ist ein unvergeßliches Erlebnis. Dem Besucher präsentiert sich eine historische Stadt mit antiken Felsruinen, Palästen, Mausoleen, Tempeln, Treppen und Straßen. Auch hier kann den Besucher ein Gefühl geradezu mystischer Ehrfurcht ankommen. Ausgrabungen an der Stelle des biblischen Dibon haben erbracht, daß dessen Bewohner in der frühen Bronzezeit gelebt haben – etwa im Jahr 3000 v. Chr..

In meinem Hotel in Amman, der Hauptstadt Jordaniens, unterhielt ich mich mit einem Gast, der mir erzählte, daß er in den Slums geboren und aufgewachsen war, seine Eltern nie gekannt hatte, aber jetzt als Botschaftsattaché im diplomatischen Dienst seines Landes stand. Gegenwärtig befand er sich auf Heimaturlaub und besuchte einige der historischen Stätten Jordaniens. Unser Gespräch gipfelte in der großen Wahrheit, daß man sich erheben, wachsen und sich entfalten kann, unabhängig von Geburt und Herkunft, wenn man es versteht, das Superbewußtsein – die göttliche Kraft im Innern – zu berühren, eine Kraft, die alles weiß und alles sieht.

Viele Wissenschaftler und Science-Fiction-Schriftsteller behaupten, daß unser Schicksal in der Hauptsache von unseren Erbanlagen bestimmt wird. Man brauchte daher nur den genetischen Kodex zu verändern, um den Menschentyp hervorzubringen, den man zukünftig auf dieser Welt zu sehen wünscht. Etwa so, wie man Rinder oder Rennpferde züchtet. Es schien meinen Gesprächspartner zu amüsieren, daß in diesem Zusammenhang allen Ernstes behauptet wurde, durch künstliche Befruchtung hochbegabte Kinder »züchten« zu können, die dann je nach Wunsch mit den Talenten und Eigenschaften eines Einstein, Lincoln, Paderewski, Carver oder einer anderen hervorragenden Persönlichkeit ausgestattet seien, vorausgesetzt, das entsprechende, eingefrorene Sperma sei verfügbar. Andere wiederum behaupten, es bedürfe hierzu nur einiger Zellen vom Organismus einer solchen Persönlichkeit, die sich dann als Züchtung in Protoplasma-Kulturen nach Belieben vervielfältigen ließen. Über all diese Dinge ist schon sehr viel Unsinn geschrieben worden.

Selbstverständlich trifft es zu, daß unsere Hautfarbe, die Farbe unserer Augen, unseres Haares und viele andere Charakteristiken durch Vererbung bestimmt werden. Es wird auch gesagt, daß sowohl geistige Beschränktheit als auch ein hoher Intelligenzquotient oder die Neigung zu bestimmten Krankheiten von den Eltern vererbt werden. Es dürfte jedoch an der Zeit sein, daß wir uns die Frage nach unserem göttlichen Erbteil stellen. Wir sollten uns fragen, was wir von der unendlichen Gegenwart und Macht Gottes in uns geerbt haben. Immerhin sind wir die Tempel des lebendigen Gottes, und es ist unsere Aufgabe, die in uns angelegten Kräfte, Attribute und Qualitäten Gottes zu offenbaren.

Betrachten wir das Ganze einmal so: Sie waren ein Junge mit einem Vater, der seinerseits ein Junge war, der einen Vater hatte, und so weiter und so fort. Wenn wir das Ganze auf diese Weise zurückverfolgen, wohin führt es uns dann? Zurück zur ursprünglichen Zelle – dem göttlichen Ursprung, dem Vater von uns allen. Alle Religionen sagen »Unser Vater«. Wir alle haben einen gemeinsamen Ahnherrn, das Lebensprinzip. Die jeweilige Erbmasse von Abraham, Moses, Jesus, Elias, Mohammed etc. ist somit in jedem von uns vorhanden. Ebenso die Gene von Dschingis Khan, Sokrates, Plato und Aristoteles. Jeder Amerikaner kann sich unschwer ausrechnen, auf wieviele Vorfahren er seit Landung der ersten Pilger zurückblicken kann. Robby Wright, ein junger Physiker, dessen Ahnenreihe bis ins 16. Jahrhundert zurückreicht, hat ausgerechnet, daß er seit dem Jahr 1600 mehr als 17 000 Vorfahren aufzuweisen hat.

Sie sind nicht das Opfer der Vererbung

Eine Schwester von mir, die jahrelang als Lehrerin in England tätig war, erzählte mir einmal, daß sie einen außergewöhnlich begabten Jungen in ihrer Klasse hatte. Es war einer der seltenen Fälle, wo ein Kind alle seine Mitschüler an Intelligenz und Können haushoch überragte. Deshalb hatte sie den örtlichen Priester auf diesen Jungen aufmerksam gemacht, der ihn auf ein Seminar schicken wollte, wo er kostenlos ausgebildet werden sollte. Das alles lehnte er jedoch ab. Seine Begründung: »Ich bin nur der Sohn eines Bergarbeiters.« Sein Vater vertrat die gleiche Auffassung. Diese Geisteshaltung war es letztlich, die ihn und andere Jungen gleich ihm behinderte und unten hielt.

Zu dieser Episode gibt es ein interessantes Gegenstück: Ein Mitglied des dortigen Landadels wollte einen Jungen adoptieren. Meine Schwester empfahl ein Kind aus einem nahegelegenen Waisenhaus, dessen Eltern verstorben waren. Die Leute adoptierten den Jungen auf der Stelle. Dabei war es für sie völlig unerheblich, daß die Vorfahren dieses Kindes seit

37

Generationen Bergarbeiter gewesen waren. Der Junge erhielt Privatunterricht von einer Gouvernante und wurde später auf ein englisches College geschickt. Er wuchs im Milieu des englischen Landadels heran und pflegte ausschließlich Umgang mit sehr reichen Jungen und Mädchen. Er lebte gemäß den Sitten, Gebräuchen und Traditionen des Kastensystems, das seine Ausbildung und Umgebung bestimmte. Während eines Ferienaufenthalts rief er meine Schwester an und lud sie zu seiner Geburtstagsparty ein. Dabei erwähnte er, daß er den Studenten, der sie mit dem Wagen abholen würde, nicht einladen könne, da er nur der Sohn eines Bergmannes sei.

Hier ergibt sich folgendes Bild: Ein Waisenjunge, Sohn eines Bergarbeiters, mit exzellenter Schulbildung, zu hoher Selbsteinschätzung erzogen, hielt aufgrund dieser Erziehung den Sohn eines anderen Bergmannes für minderwertig. Der zuvor erwähnte Junge – begabt, brillant und intelligent – brachte den Mut zum Wagnis nicht auf. Man hatte ihm beigebracht, sich als einer niederen Klasse zugehörig anzusehen und damit als minderwertig. Es war einzig und allein seine Einstellung, die ihn unten hielt – und keineswegs seine Erbmasse, Chromosomen oder der Umstand, daß er der Sohn eines Bergarbeiters war.

Es gibt nur eine Quelle

Es wäre also recht töricht, wenn Sie Ihre Eltern, Großeltern oder Vorväter als Quelle Ihrer Kräfte, Eigenschaften, Neigungen, Fähigkeiten und Charakteristiken ansehen würden. Damit begrenzten Sie nur Ihr Potential. Seien Sie sich stattdessen im Klaren darüber, daß Sie von Gott kommen. Gott – das Superbewußtsein – befindet sich in Ihrem Innern. Er ist Ihr himmlischer Vater. Seine ganze Weisheit, Macht und Herrlichkeit steht Ihnen zur Verfügung. Er wartet darauf, daß Sie von seinem unerschöpflichen Reservoir der Kraft und Intelligenz Gebrauch machen. Sie sind nicht nur eine Zusammensetzung von Atomen und Molekülen, Genen und vererbten Neigungen. Sie sind vielmehr der Sohn des lebendigen Gottes und Erbe aller seiner Reichtümer – spirituell, mental und materiell.

Und richtet euch nicht nach dieser Welt, sondern wandelt euch um durch Erneuerung eures Sinnes, damit ihr zu prüfen vermögt, was der Wille Gottes ist, das Gute, Wohlgefällige und Vollkommene (Röm. 12:2). Das ist der Schlüssel zu einem neuen Leben. Ihr Gemüt ist mit einem Recorder vergleichbar: Alle Eindrücke, Meinungen, Ideen und theologischen Ansichten, die seit ihrer Kindheit von Ihnen akzeptiert wurden, werden Ihrem Unterbewußtsein aufgeprägt.

Sie können Ihr Gemüt jedoch verändern – »Ihren Sinn erneuern.« Sie können Ihr Gemüt mit gottgleichen Denkmustern anfüllen und sich mit dem unendlichen Geist in Ihrem Innern – dem Superbewußtsein – gleichschalten, indem Sie Schönheit, Liebe, Frieden, Freude, Weisheit, Macht und schöpferische Ideen beanspruchen. Der Geist in Ihrem Innern wird darauf reagieren. Das wiederum hat Veränderungen zur Folge – Veränderungen, die Ihr Gemüt, Ihren Körper und Ihre Lebensumstände betreffen. Ihr Gedanke ist der Mittler zwischen dem Geist auf der einen und Ihrem Körper und der materiellen Welt auf der anderen Seite.

Die neue Menschheit

Große Männer und Frauen in unserem Land wurden nicht zu dem, was sie geworden sind, weil ihre Vorfahren mit der Mayflower über den Atlantik gekommen waren oder aufgrund von Vererbung. Große Männer und Frauen können, wie bereits festgestellt, auch nicht wie Pferde gezüchtet werden. Man kann den göttlichen Geist nicht einfach übergehen. Einer unserer größten Geister kam aus den Slums. George Carver ließ sich vom Geist in seinem Innern führen und inspirieren und erreichte die erträumten Höhen. Seine Entdeckungen, Erfindungen und chemischen Formeln wurden zu einem Segen für sein Volk und sein Land. Er hatte es einfach abgelehnt, sich weiterhin als Sklave oder Leibeigener zu sehen oder als minderwertig gegenüber anderen Menschen.

Seine ständige Bejahung war: *Denke an ihn auf all deinen Wegen, so wird er deine Pfade ebnen* (Spr. 3:6). Und Gott – das Superbewußtsein – antwortete ihm, er segnete und förderte ihn. Fragen Sie sich gelegentlich: »Was habe ich vom Unendlichen geerbt?« und die Antwort lautet: »Alle Eigenschaften Gottes sind in meinem Innern vorhanden. Diese Kraft und Gegenwart muß ich lediglich erkennen und erwecken. Dann werde ich Wunder vollbringen, denn sein Name ist wundervoll.«

Er kam aus der ›Höllenküche‹

Einer der größten Chirurgen Amerikas erzählte mir einmal, er sei in Hell's Kitchen (Höllenküche, ein berüchtigtes Viertel im New Yorker Stadtteil Brooklyn, d. Übers.) geboren, seine Mutter sei eine Prostituierte gewesen, man hatte ihm von Kleinauf das Stehlen beigebracht und seinen Vater habe er nie gekannt. Man könnte jetzt sagen, alle Umstände seien gegen ihn gewesen und die Frage stellen, welche reelle Chance ihm da wohl geblieben wäre. Die Antwort ist klipp und klar: Er hatte die Chance seines Lebens! Eines Tages nämlich hatte ein Chirurg seine Wunden behandelt, die er bei einer Schlägerei davongetragen hatte. Dieser Mann – berichtete er – sei so nett und freundlich zu ihm gewesen, daß er von da an nur noch den Wunsch hatte, Chirurg zu werden. »In meiner schöpferischen Imagination«, erzählte er, »sah ich mich im weißen Arztkittel bei der Operation. Ich bat Gott, mir bei der Verwirklichung meines Wunsches zu helfen. Plötzlich spürte ich, wie mich eine Veränderung überkam. Ich fühlte mich nicht mehr imstande, zu stehlen. Ich studierte ungeheuer fleißig, gewann ein Stipendium, und einer der Professoren finanzierte meinen Lebensunterhalt während des Studiums. Er meinte, ich könne es ihm vergelten, indem ich ein guter Arzt und Chirurg würde.« Gott hat seine Bejahung verwirklicht.

Ihre Divinität

Wir können die zellulären Strukturen von Kakteen, Reis, Mais oder Früchten verändern, das tun Wissenschaftler bereits Tag für Tag. Um jedoch einen gottgleichen Menschen hervorzubringen, bedarf es nicht irgendwelcher Veränderungen am Körper oder an der Zellstruktur des Gehirns; hierzu ist es erforderlich, die unsichtbaren, ungreifbaren Gotteskräfte im Innern anzufachen. Qualitäten wie Aufrichtigkeit, Integrität, Gerechtigkeit, Freude, Mut, Glauben, Vertrauen, Inspiration, Liebe und Wohlwollen lassen sich nicht im Mixer herstellen. Man kann nicht Träume, Visionen und Erleuchtung in irgendeine Mixtur einbringen und sagen: »Nun werden wir einen neuen Menschen haben.« Charakter ist Schicksal.

Um zu transzendieren braucht der Mensch Frieden. Dieser innere Friede zieht den Frieden mit der äußeren Welt nach sich. Es erfordert Liebe und Wohlwollen, um den Zorn, die Prüfungen und die Anfechtungen der Welt zu überwinden. Der Mensch braucht Mut, Zuversicht und Vertrauen in die schöpferischen Gesetze seines Gemüts. Das befähigt ihn, der

Menschheit auf bessere Art nützlich zu sein und Frieden und Freude in diese sich verändernde Welt zu bringen. Frieden, Harmonie, Freude, Liebe, Weisheit und Verständnis sind Eigenschaften des Superbewußtseins. Man kann sie den Menschen nicht einpflanzen, weil sie nämlich bereits vorhanden sind. Sie warten lediglich darauf, vom Individuum freigesetzt zu werden.. . . . *erinnere ich dich daran, die Gabe Gottes anzufachen, die in dir ist* . . . (2. Tim. 1:6)

Wer sind Ihre Kinder?

Kahlil Gibran, der große Mystiker, sagte einmal: »Ihre Kinder kommen *durch* Sie, nicht von Ihnen.« *Nennet auch niemanden euren Vater; denn einer ist euer Vater, der himmlische* (Matth. 23:9). Sie entstammen einer edlen Ahnenreihe, dessen werden Sie sich bewußt, wenn Sie über das Superbewußtsein und seine Wirkungsweise nachsinnen – wenn Sie kontemplieren, daß diese unsichtbare Gegenwart und Macht alle sichtbaren Dinge geschaffen hat. Der Begriff Himmel oder himmlisch steht für die unendliche Intelligenz, in der Sie leben, sich bewegen und Ihr Sein haben. Wenn Sie meditieren, dann wenden Sie sich an die Quelle allen Lebens und beanspruchen Führung, Weisheit, Überfluß und Inspiration von der Allgegenwart in Ihrem Innern, dem Superbewußtsein – dem Vater von uns allen.

Weigern Sie sich ganz entschieden, äußeren Dingen – den Dingen im Bereich der Wirkungen – irgendeine Macht zuzugestehen. Seien Sie sich darüber klar, daß weder Zustände, Ereignisse oder Umstände noch ihre Vererbungslinie irgendwelche Macht oder irgendwelchen Einfluß haben. Andere Menschen oder irgendwelche Zustände oder Begebenheiten sind nicht die Ursache Ihres Glücks oder Mißgeschicks! Die einzige Ursache und Macht ist der Geist. Nichts kann Sie gebunden halten, auch nicht die Vergangenheit oder irgendein Karma. Gott – das Superbewußtsein – ist in Ihrem Innern. Freuen Sie sich darüber und wachsen Sie an Weisheit, Wahrheit und Schönheit.

Erwecken Sie das Bewußtsein in sich

Abraham Lincoln erlebte bekanntlich so manchen Fehlschlag in seiner politischen Karriere, aber das alles konnte ihm nichts anhaben – er blieb standhaft in seinem Vertrauen in seine innere Kraft. Er wußte, daß ihm in jedem Fall Führung und Inspiration von der höchsten Macht zuteil wurde. Er nahm von seinen sogenannten Handicaps gar keine Notiz. Einmal war er sogar ganze 40 Meilen zu Fuß gelaufen, um einen Vortrag zu hören. Seine Eltern waren Analphabeten und sehr arm, aber Lincoln hatte eine Vision – und durch die Macht des Superbewußtseins konnte er sie verwirklichen.

Beethoven war taub, aber mit seinem inneren Ohr war er imstande, die Musik der Sphären zu hören und sie mit seinen unsterblichen Werken der Menschheit zu schenken. Leonardo da Vinci kam aus dürftigen Verhältnissen – er war der Sohn eines armen Bauernmädchens und eines notorischen Schürzenjägers. Edison war von der Schule geflogen, weil er nach Meinung des Lehrers zu sehr zurückgeblieben war, aber das konnte ihn bekanntlich nicht daran hindern, die Welt elektrisch zu »erleuchten«. Einstein war gleich von mehreren Schulen die Aufnahme verweigert worden, weil es ihm – man höre und staune – »an der erforderlichen Intelligenz« gemangelt haben soll. Aber auch er konnte nicht davon abgehalten werden, den jeweiligen Gipfel der Mathematik und Physik zu berühren und damit eine Welt des göttlichen Gesetzes und der göttlichen

Ordnung offenzulegen. Newton war der Sohn eines bitterarmen Farmers, der noch vor seiner Geburt gestorben war. Auch Newton wandte sich an die Quelle aller Weisheit und gab uns das Gesetz von Aktion und Reaktion. Er erleuchtete den Geist der Menschen mit seinen astronomischen Folgerungen und Entdeckungen.

Es ist also weder Herkunft noch Erbanlage, die das Genie ausmachen. Geniale Geister können aus ärmlichsten Verhältnissen stammen. Milton war blind. Ihm verdanken wir *Das verlorene Paradies*. Die göttliche Imagination war sein spirituelles Auge. Es befähigte ihn, die Begrenzung von Zeit, Raum und Materie aufzuheben und die Wahrheit über die unsichtbare Gegenwart in uns allen zum Ausdruck zu bringen. Wie herrlich lebte doch Chico, der Kanalreiniger von Paris in seinem paradiesischen Bewußtseinszustand – »siebenter Himmel« genannt –, obgleich er das Licht des Tages niemals zu sehen bekam. Königliches Geblüt oder Geburt in einem Palast ist, wie gesagt, durchaus keine Gewähr für einen neuen Milton, Shakespeare, Phidias oder Beethoven. Es gibt nur eine einzige Voraussetzung für den Menschen, Großes zu vollbringen: das Bewußtwerden seiner göttlichen Ahnenreihe. In stillen Momenten der Meditation und der schöpferischen Imagination wird es ihm klar, daß die unsichtbaren Dinge vom Superbewußtsein in Wahrnehmbarkeit gebracht werden.

Glaube ist inneres Gewahrsein

Ihr Glaube ist durch Ihre mentale Haltung gekennzeichnet. Ihre Verwirklichungen gestalten sich genau Ihrem Vertrauen in die schöpferische Kraft in Ihrem Innern gemäß – nicht mehr und nicht weniger. Ihnen geschieht nach Ihrem Glauben. Werden Sie sich der Möglichkeiten des Unendlichen bewußt, das ständig am Werk ist – in Ihnen, durch Sie, und überall um Sie herum.

Keine Alibis und Ausflüchte

Vor einigen Jahren las ich in einem Prozeßbericht, daß der Anwalt des Angeklagten die schweren kriminellen Handlungen seines Mandanten mit dessen Herkunft aus ärmlichen und zerrütteten Verhältnissen zu entschuldigen suchte. So sei der Vater Trinker gewesen, und die Mutter habe sich ständig mit anderen Männern herumgetrieben. Der Richter jedoch, ein sehr erfahrener und in seinem Metier weise gewordener Mann, sagte nur: »Kommen Sie mir nicht mit einer solchen Story! Der Bruder dieses Mannes ist unter den gleichen Umständen aufgewachsen und ist heute einer unserer bedeutendsten Juristen.«

Der Schmetterling entpuppt sich aus der Raupe und entwickelt Flügel. So kann er umherfliegen und seine Schönheit und Pracht entfalten. Genauso können Sie sich aus Begrenzung und Gebundenheit befreien und sich emporschwingen, mit den Flügeln der Zuversicht und der Imagination – und so Ihre Pracht und Herrlichkeit enthüllen.

Göttliche und menschliche Abstammung

Es ist selbstverständlich zutreffend, daß uns bestimmte genetische Tendenzen von unseren Eltern vererbt werden, die unsere Haut- und Augenfarbe sowie unsere physische Konstitution bestimmen. Die mentale und emotionale Atmosphäre unseres Zuhause bestimmt weitgehend unsere ganze Verfassung. Jedes Kind ist von den Stimmungen, Gefühlen, Überzeugungen und Lehren seiner Eltern abhängig. Wenn das Kind jedoch heranwächst und sich der göttlichen Gegenwart in seinem Innern bewußt wird, kann es sich erheben und jedes Handicap überwinden. Plötzlich erkennt es die göttliche Quelle – das Superbewußtsein. Wenn es sich dann der Kontemplation der ewigen Wahrheiten zuwendet, wird es über Umwelteinfluß und die Atmosphäre des Elternhauses erhoben – es überwindet Einflüsse sowohl der Vergangenheit als auch der Gegenwart.

Beschaffenheit und Lehren

Wir mögen die Opfer falscher Lehren sein – falscher theologischer Meinungen über Gott, das Leben und das Universum; wir können jedoch alle negativen Ansichten ändern, indem wir uns konstruktives, harmonisches und friedvolles Denken zur Gewohnheit machen. Unser Unterbewußtsein ist der Sitz der Gewohnheit, alles ihm aufgeprägte wird prompt ausgeführt.

Wir sollten deshalb nicht vergessen, daß jede Gewohnheit geändert werden kann. Unsere mentalen und emotionalen Befürchtungen, Aberglauben, Tabus etc. wurden uns in frühester Jugend eingeimpft.

Auf meiner Reise durch Indien, Nepal, Thailand und andere Länder Asiens hörte ich von College-Absolventen Bemerkungen wie: »Wenn ich mich in diesem Leben nicht anständig verhalte, dann könnte ich im nächsten als Tiger, Löwe, Hund oder als irgendein anderes Tier wiederkommen.« Sie behaupteten, ihr gegenwärtiger Status im Leben werde von ihrem Karma bestimmt, und sie ernteten jetzt das, was sie in einem früheren Leben gesät hätten. Sie glaubten, für ihre bösen Taten bestraft zu werden. Für viele von ihnen war das Gesetz des

Karma ein grausames Gesetz, eine Art Auge um Auge und Zahn um Zahn.

All das ist weit von der Wahrheit entfernt. Ungeachtet der Vergangenheit des Menschen löst göttliche Liebe – richtig angewandt – alles ihr nicht gemäße auf. Gott ist das ewige Jetzt. Karma hingegeen ist nichts anderes als das Gesetz von Aktion und Reaktion. Die Begrenzungen von Zeit und Raum existieren nicht für das Superbewußtsein. Jeder Mensch ist imstande, sein Leben jetzt – in diesem Augenblick – zu verändern, durch eine selbstverabreichte Transfusion göttlicher Liebe, göttlichen Lichtes und göttlicher Wahrheit. Damit löscht er die Folgen vergangener Fehler aus – er reinigt sein Unterbewußtsein. Wenn wir unser Unterbewußtsein mit falschen Überzeugungen verschmutzen, dann haben wir unter den negativen Folgen zu leiden. Wir können sie jedoch durch richtige Bejahungen – durch wissenschaftliches Gebet – ausrotten, durch Praktizieren der Gegenwart Gottes.

Alle Irrtümer, Fehler und Vergehen des Menschen können aus dem Unterbewußtsein getilgt werden. Damit wird der Mensch von jeglicher Bestrafung befreit, die als unausweichliches Resultat jeder Unterbewußtseinsimprägnierung naturnotwendig folgen würde. Mechanisches Beten oder Mitgliedschaft in irgendeiner Kirche bringt das nicht zuwege. Oberflächlichkeiten solcherart reichen dazu nicht aus. Ein intensives Sehnen nach der Neugeburt im Geist – ein wirkliches Begehren, ein wahrer Hunger nach ihr, zusammen mit einer ständigen Sättigung des Gemüts mit ewigen Wahrheiten, die den Charakter von Grund auf verändern, wird die Bestrafung oder Reaktion aus dem Unterbewußtsein auslöschen.

Die Aktion geht vom wachbewußten Verstand aus, die Reaktion ist Sache des Unterbewußtseins. Karma ist kein verhängtes Schreckensurteil, das entweder Sühne oder Überwindung erfordert. Der Gedanke des Karma stammt aus den östlichen Lehren; alle heiligen Schriften, einschließlich der Bhagavad Gita stimmen jedoch überein: Die Rückkehr zum göttlichen Zentrum im Innern und Kontemplation der Wahrheiten Gottes ist das Ende des alten Zustands und die Geburt des neuen. Jedes Unglück, jedes Mißgeschick kann verwandelt werden durch Praktizieren der Gegenwart Gottes. Eine veränderte Haltung verändert auch alles andere.

Werden Sie von den Toten beherrscht?

Machen Ihnen »tote Gedanken« zu schaffen? Werden Sie beherrscht von Meinungen, Überzeugungen und Glaubenslehren anderer Menschen, die diese Lebensdimension längst verlassen haben? »Tote Gedanken« bedeutet Gedanken, die auf Unwissenheit, Furcht und Aberglauben basieren. Millionen Menschen auf der ganzen Welt werden noch immer von negativen Neigungen und Emotionen beherrscht und angetrieben – Emotionen wie Furcht, Groll, Gier, Feindseligkeit und auch Selbstverurteilung. Alles hergeleitet von Generationen, die längst in die nächste Lebensdimension übergewechselt sind. Bedenken Sie, daß alles, was Ihnen von kleinauf beigebracht worden ist – auch wenn es sich um Gewohnheiten Ihrer Eltern und Großeltern handeln sollte – durch Bejahung verändert werden kann.

Es liegt auf der Hand, daß die unendliche Intelligenz, die Sie aus einer Zelle erschaffen hat, Sie auch zu heilen vermag. Sie hat alle Ihre Organe geschaffen und kontrolliert alle lebenswichtigen Vorgänge in Ihrem Körper. Ihr Gemüt ist Gottes Gemüt, denn es gibt nur ein Gemüt, das allen Menschen gemeinsam ist. Sie haben daher ganz gewaltige Möglichkeiten, die noch unerweckt in Ihnen ruhen. Ihre unterbewußten Meinungen, Ansichten und Überzeugungen diktieren und beherrschen alle Ihre bewußten Handlungen. In anderen Worten: Sie sind zum Ausdruck gebrachter Glaube. Kommen Sie jetzt zu einer Entscheidung und werden Sie sich bewußt, daß Sie nicht mehr länger das Opfer falscher Denkmuster sein müssen, die Ihnen in Ihrer Kindheit eingegeben wurden. Geist, oder Gott in Ihnen – das Superbewußtsein – ist die einzige Gegenwart, Macht, Ursache und Substanz. Stimmen Sie sich ein auf das Unendliche und transformieren Sie ihr Leben.

Geist und Materie

Für die moderne Wissenschaft ist es eine erwiesene Tatsache, daß Geist und Materie austauschbar sind; daß Materie in Wirklichkeit nichts anderes ist als Geist, dessen Schwingungsfrequenz herabgesetzt ist zum Punkt der Sichtbarkeit.

Deshalb ist es grundfalsch zu behaupten, Sie seien von Ihrer Umgebung beeinflußt oder geprägt – Ihrer Häuslichkeit, Ihrem Beruf, Ihrem Geschäft, Ihrer Umwelt – das ist reine Suggestion; wenn Sie eine solche Suggestion jedoch akzeptieren, werden Sie damit in den eingefahrenen Denkmustern verharren, wie Ihre Vorfahren, und wahrscheinlich das gleiche Leben führen – ein Leben, das größtenteils auf Lehrmeinungen, Dogmen und Traditionen basiert. Äußerlichkeiten sind nicht schöpferisch. Die schöpferische Kraft ist in Ihrem Innern. Kein wissenschaftlicher Denker macht ein erschaffenes Ding zu einer Ursache; es ist eine Wirkung. Wer den Sitz der schöpferischen Kraft und ursprünglichen Ursache kennt, der erkennt keiner Person, keinem Ort, keinem Umstand und keiner Situation die Macht der Schöpfung oder Wiederherstellung zu. Es gibt nur eine einzige schöpferische Macht, der Sie sich bewußt sind – die Macht Ihrer Gedanken.

Machen Sie sich zu einem Kanal für das Superbewußtsein

Alle Macht des Unendlichen ist latent in Ihnen vorhanden. Sie bedarf lediglich der Erweckung. Eine wunderbare Bejahung hierzu ist die folgende: »Gott ist, und seine heilige Gegenwart durchströmt mich als Schönheit, Harmonie, Liebe, Freude, Weisheit, Verständnis, göttliche Führung und Überfluß. Es ist ebenso leicht für die göttliche Kraft, zu alldem zu werden, wie zu einem Grashalm. Ich bin dankbar, daß es so ist.«

Bejahen Sie diese Wahrheiten mehrmals täglich. Dabei müssen Sie sehr genau auf Ihre Gedanken achten, damit Sie zwischenzeitlich das Bejahte nicht wieder verneinen und damit neutralisieren. Wenn Sie so vorgehen, dann werden Sie sehr bald feststellen, daß Sie wirklich ein Sohn oder eine Tochter des Unendlichen und ein Kind der Ewigkeit sind. Alle Kräfte des Superbewußtseins strömen Ihnen zu – bewegen sich durch Sie und werden von Ihnen zum Ausdruck gebracht. Die Bibel spricht in diesem Zusammenhang vom Christus in euch, die Hoffnung der Herrlichkeit. Blicken Sie deshalb immer auf Ihr spirituelles Erbteil und niemals auf menschliche Vorfahren. Sie selbst haben die Macht über alle Umstände Ihres Lebens – niemand sonst. Und deshalb verfügen Sie auch über Mittel und Wege, Ihre Welt zu verändern.

Hören Sie auf, Ihren Eltern die Schuld zu geben

Als Kinder waren wir alle besonders form- und beeindruckbar, und damit allen Überzeugungen, Denkweisen und Beschaffenheiten in unserem Elternhaus ausgesetzt. Wir verfügten damals nicht über das spirituelle Verständnis oder das

Urteilsvermögen, um all die verabreichten Befürchtungen und negativen Gedanken zurückzuweisen. Als Erwachsene sind wir jedoch für die Art unseres Denkens, Fühlens und Handelns voll verantwortlich. Sie sind der einzige Denker in Ihrer Welt. Deshalb tragen Sie auch die volle Verantwortung für alle Ihre Gedanken, Handlungen und Reaktionen. Sie sind das, was Sie den ganzen Tag lang denken. Wie Sie denken und fühlen, so sind Sie und zu dem werden Sie.

Alles, was Ihnen jemals von Theologen, Eltern, Onkeln und Tanten oder Lehrern eingeredet worden ist, kann ausgelöscht werden. Der Mensch ist in der Lage, umzulernen. Die Überzeugungen und traditionellen Konzepte, die Sie in Ihrer Kindheit annehmen mußten, können alle verändert und berichtigt werden – jetzt, in diesem Augenblick! Füllen Sie Ihr Gemüt mit den Wahrheiten Gottes, dann werden Sie alles ausschließen, was nicht gottgleich ist.

Sie sind ein König

Es ist Zeit für Sie, Ihr Königreich zu beanspruchen, denn Sie sind ein König oder eine Königin mit der Herrschaft über Ihren gesamten Wahrnehmungsbereich. Bedenken Sie: Wenn Sie sich ein primitives Kind irgendwo aus dem Urwald holen, ein Kind, das noch niemals eine Schulbank gesehen hat, und wenn Sie dieses Kind die Wahrheiten Gottes lehren, und es rechtes Denken, Fühlen und Handeln praktizieren lassen, und es dabei ständig erinnern, daß es der Sohn eines Königs und Thronerbe ist, dann wird es Ihnen das glauben. Es wird die Rolle eines Prinzen spielen und sich die entsprechende Haltung und Gestik aneignen. Nach und nach wird er zu einem König über seine Gedanken, Worte, Handlungen und Reaktionen werden und die volle Herrschaft über sein Leben gewinnen. Das geschieht, weil der allmächtige König – das Superbewußtsein – sich in seinem Innern befindet; andernfalls konnte es nicht geschehen.

Sie sind der Sohn des lebendigen Gottes. Beanspruchen sie Ihr Erbteil jetzt. Dann wird die innere Stimme zu Ihnen sprechen: . . . *Mein Sohn bist du, ich habe dich heute gezeugt* (Hebr. 1:5).

3

Was ist Ihr Problem?

Die Bibel sagt: *Seid stille und erkennet, daß ich Gott bin . . .* (Ps. 46:10). Welch eine wunderbare Erleichterung überkommt Ihr Gemüt, wenn Sie sich diese Worte innerlich zuflüstern – in der Stille Ihrer Seele. Welch eine Befreiung von Druck, Verkrampfung und Anspannungen bringt die Betrachtung der folgenden großen Wahrheit mit sich: *. . . Bleibt stehen und seht, wie der Herr euch Rettung schafft . . .* (2. Chr. 20:17). *Der Herr wird es für mich vollenden . . .* (Ps. 138:8).

Wenn Sie Ihr Gemüt mit diesen Wahrheiten sättigen, dann wird das eine definitive Reaktion der unendlichen Intelligenz zur Folge haben – jener unendlichen Intelligenz, die Ihnen innewohnt, die ständig mit Ihnen ist, wo Sie auch gehen und stehen.

Er hatte alles versucht

Einer meiner Nachbarn, hier in Laguna Hills, ist mit einem schwierigen Rechtsstreit konfrontiert, der sich bereits im fünften Jahr dahinschleppt. Immer wieder hatte er versucht, die Angelegenheit loszulassen, er hatte jeden Abend bejaht: »Ich lasse los und überlasse alles Gott.« Tagsüber jedoch neigte er dazu, diese Bejahung wieder zu verneinen, durch Ungeduld und unruhiges Gebaren. Mehr oder weniger gipfelte seine Haltung in der Frage: »Wie lange denn noch, Gott, wie lange?«

Bei unserem Gespräch zitierte er eine vertraute Bibelstelle: *In der Welt habt ihr Angst; aber seid getrost, ich habe die Welt überwunden* (Joh. 16:33). Er hatte die fixe Idee, irgendwie bestraft zu werden, weil dieser Rechtsstreit auf falschen Angaben basierte, auf einer ganzen Kette von nachweislichen Falschbehauptungen einiger Verwandter, die ein Testament anfechten wollten. In anderen Worten: Die Kläger waren gierig und darauf aus, etwas für nichts zu bekommen.

Auf meinen Rat hin kam er jedoch zu einer inneren Klarstellung der Dinge. Anstatt sich tagsüber unnötig zu erregen und über den Prozeßverlauf zu brüten, bejahte er des öfteren: »Ich löse die Angelegenheit und lasse sie gehen. Gott ist in Aktion, und das bedeutet allseitige Harmonie und allseitigen Frieden.« Das war eine Disziplin der Substitution. Jedesmal, wenn ihm ein negativer Gedanke, diese Sache betreffend, in den Sinn kam, ersetzte er ihn auf der Stelle mit dieser Bejahung. Nach einigen Tagen hatten die negativen Gedanken jegliche Wirksamkeit verloren, und er verspürte einen tief innerlichen Frieden.

Er gestand seinen Verwandten nicht mehr die Macht zu, ihn in irgendeiner Weise verletzen oder auch nur beunruhigen zu können. Er war sich jetzt bewußt, daß kein Mensch imstande ist, ihm sein Gutes zu nehmen oder vorzuenthalten. Eine derartige Macht besitzt kein Mensch. In seinen Gedanken hatte er seinen Verwandten diese Macht jedoch verliehen. Nach und nach wuchs sein spirituelles Gewahrsein und Verständnis und er gewann die Überzeugung, daß die Ursache seiner Erfahrungen und Zustände in seinem Bewußtsein zu finden war.

Der Begriff »Bewußtsein« umfaßt die Totalsumme unserer bewußten und unterbewußten Überzeugungen und Billigungen. Wie Dr. Phineas Parkhurst Quimby es 1849 ausdrückte: »Der Mensch ist zum Ausdruck gebrachte Überzeugung.«

Diese neue Gemütshaltung bewahrte er sich von da an. Kurz darauf informierte sein Anwalt ihn, daß der Vertreter der Gegenseite seinen Mandanten geraten habe, von einer Klage abzusehen, da der von ihnen geltend gemachte Sachverhalt nicht die geringste Chance hätte, vor Gericht zu bestehen. Das war die Antwort auf seine Bejahungen.

Ändern Sie Ihr Denken und halten Sie es geändert

Bedenken Sie: Es gibt nichts zu ändern, außer uns selbst. Ändern Sie Ihre Einstellung – Ihre Betrachtungsweise. Hören Sie auf mit dem Versuch, die Welt ändern zu wollen. Bei dem erwähnten Mann war es die Erkenntnis, daß es weder der Rechtsstreit noch die damit befaßten Verwandten, sondern allein seine Gedanken darüber waren, die ihm Ungemach verursachten, die ihm letztlich die Lösung seines Problems brachte. Nicht die falschen Behauptungen an sich, sondern seine Bewertung brachte ihm Mißhelligkeiten. Als er seinen Verwandten gedanklich keinerlei Macht mehr zugestand, konnte er alle Anerkennung der göttlichen Gegenwart in seinem Innern zollen – der Gegenwart, die alles weiß und alles sieht.

Es ist für Sie von wesentlicher Bedeutung, mit dem recht seltsamen Aberglauben aufzuräumen, daß andere für Ihr Mißgeschick verantwortlich sind oder Ihren Erfolg vereiteln. Es ist Ihr Glaube an das Superbewußtsein und an alle guten Dinge, der Ihr Geschick ausmacht und den Erfolg in allen Ihren Unternehmungen garantiert.

Vater und Mutter können nichts dafür

Ein Wissenschaftler, aus Pakistan gebürtig, mit amerikanischem Universitätsabschluß, erzählte mir vor längerer Zeit, daß er seinem Vater die Schuld an seinem langsamen und mühevollen Vorwärtskommen geben müsse. Dieser hatte ihm von kleinauf unentwegt eingeredet, er sei ein absoluter Versager, dumm und unfähig, und würde es nie zu etwas bringen.

Mit derartigen Suggestionen hatte sein Vater ihn natürlich völlig eingeschüchtert und ihm zu einem handfesten Minderwertigkeitskomplex verholfen. Andererseits gilt es, die dortigen Sitten und Gebräuche zu berücksichtigen, das Milieu, in dem er aufgewachsen war, sowie die Tatsache, daß sein Vater es nicht besser gewußt und diese Bemerkungen ganz offensichtlich nicht in bewußter Absicht gemacht hatte. Möglicherweise hatte er geglaubt, damit seinen Sohn zu besseren Leistungen motivieren zu können. Ich erklärte ihm, daß es für ihn als erwachsenen Menschen erforderlich sei, nunmehr auch spirituell erwachsen zu werden und zu erkennen, daß er ganz allein für die Tätigkeit seines Gemüts verantwortlich ist. Und das hat nun einmal nicht das Geringste mit seinen Eltern zu tun. Er begann einzusehen, daß er seine mentalen Kräfte falsch eingesetzt hatte. Er hatte sie mißbraucht und mißleitet. Er erkannte, daß er selbst für sein gewohnheitsmäßiges Denken und seine bildhaften Vorstellungen verantwortlich ist. Deshalb verlor er keine Zeit – er machte sich sogleich daran, sein Gemüt mit den ewigen Wahrheiten anzufüllen und dadurch alle negativen Denkmuster auszulöschen.

Die folgende Bejahung empfahl ich ihm zur mehrmaligen täglichen Anwendung: »Unendliche Intelligenz leitet mich. Göttliches Gesetz und göttliche Ordnung sind vorherrschend in meinem Leben. Göttliche Liebe erfüllt meine Seele und ich strahle Liebe, Frieden und Wohlwollen auf meine Eltern und auf alle Menschen meiner Umgebung aus. Ich vergebe mir selbst die destruktiven, grollerfüllten Gedanken, die ich in meinem Gemüt beherbergt habe. Ich ersetze sie jetzt durch Gedanken der Harmonie, des Friedens, des rechten Handelns und des guten Willens. Ich bin Gottes Sohn, und Gott ist mein Vorgesetzter, mein Führer, mein Berater und mein Zahlmeister. Wunder geschehen jetzt in meinem Leben.« Diese Bejahungstechnik zusammen mit seiner neuen Gemütshaltung verändern jetzt sein ganzes Leben. Spirituelle Reife besteht erstens aus der Kenntnis der Gesetze des Geistes und zweitens aus deren konstruktiver Anwendung. Dabei spielt die Vergangenheit überhaupt keine Rolle. Alles, was in der Vergangenheit geschehen ist, kann ausgelöscht werden. Sie können es jetzt – in diesem Augenblick – ändern und für Ihr Denken und Handeln die volle Verantwortung tragen.

Er stellte fest, daß er ganz allein es war, der sich auf der beruflichen Leiter unten gehalten hatte. Es war weder sein Vater, noch seine Onkel, Tanten, Großeltern oder sonst jemand. Es war nichts weiter als Nachlässigkeit und Trägheit von seiner Seite. Das schöpferische Prinzip in seinem Innern war immer vorhanden, aber er hatte es versäumt, den richtigen Gebrauch von ihm zu machen. Das Geistesprinzip ist zeit- und raumlos. Ganz gleich, was in der Vergangenheit auch geschehen sein mag, Sie können es ändern – und zwar jetzt!

Löse sie und lasse sie gehen

Eine Chefsekretärin war sehr aufgebracht, weil sie sich von einer Mitarbeiterin gedemütigt fühlte, die sie einem Besucher als »Kontoristin« vorgestellt hatte. Ich erklärte ihr, daß diese Mitarbeiterin über keinerlei Macht verfügte – weder über die Macht, sie zu degradieren, noch sie zu befördern. Deshalb kann eine herabsetzende Bemerkung als solche keine negative Wirkung zeitigen. Die Aufregung wird vielmehr erst durch die eigene Gemütsbewegung verursacht – durch eigene gedankliche Bewertung des Gesagten. Als spirituell reifer Mensch können Sie sich sagen: »Bin ich eine Kontoristin? Wer bin ich?« Oder Sie können lächelnd erklären: »Ich war Kontoristin, aber ich bin befördert worden, und jetzt bin ich Chefsekretärin.« Spirituell können Sie sich sagen: »Ich bin eine Tochter des Unendlichen und ein Kind der Ewigkeit. Das ist es, was ich wirklich bin.« Sie lernte es, die Menschen objektiv zu bewerten und nicht emotionell; sie lernte es, die anderen so sein zu lassen, wie sie waren, und niemals die Macht in ihrem Innern anderen zuzuerkennen. Diese junge Frau lernte es, ihre Rechte, Befugnisse und Privilegien zu wahren. Sie wird jetzt von allen Kollegen respektiert.

Es ist relativ leicht, beim Vorgestelltwerden einen falschen Eindruck zu korrigieren, und das ohne jeden Groll oder irgendwelche Bitterkeit; aber es ist selbstverständlich grundverkehrt, sich etwa zu einer Fußmatte oder einem Wurm zu machen. Wenn Sie sich für einen Wurm halten, dann dürfen Sie sich nicht wundern, wenn andere auf Ihnen herumtrampeln. Wenn die Bürokollegin – so sagte ich dieser Frau – auf Sie neidisch oder eifersüchtig ist, dann ist das deren Problem, nicht Ihres. Lösen Sie sie und lassen Sie sie gehen, mental und spirituell. Lernen Sie, über sich selbst zu lachen – mindestens sechsmal am Tag.

Sie haben die Herrschaft

Und Gott sprach: Lasset uns Menschen machen nach unserem Bilde, uns ähnlich; die sollen herrschen über die Fische im Meer und die Vögel des Himmels, über das Vieh und alles

Wild des Feldes und über alles Kriechende, das auf der Erde sich regt (1. Mos. 1:26).

Das bedeutet, daß Sie der Herr sind und nicht der Sklave. Sie haben die Herrschaft, das müssen Sie akzeptieren und beanspruchen. Hören Sie auf damit, diese Ihre Macht auf äußere Dinge zu übertragen. Nach einem Sonntagmorgenvortrag im Saddleback Theatre von El Toro erzählte mir ein Mann, daß er Rosen gegenüber schrecklich allergisch sei – daß sie bei ihm auf Augen, Nase und Hals einwirkten und Entzündungen der Schleimhäute mit sich brachten.

Ich fragte ihn, ob er unter dieser Allergie schon von Geburt an zu leiden hätte, worauf er sagte: »Nein, das Ganze hat vor etwa fünf Jahren angefangen.« Er war mit einem Mädchen verlobt, das sich sehr gern mit roten Rosen umgab. Seine Verlobte hatte ihn eines Tages verlassen und seither assoziierte er rote Rosen unbewußt mit diesem Mädchen, dem er noch immer grollte.

Die Rose ist eine Idee Gottes. Er hat sie geschaffen und seine Schöpfung für gut befunden. Die Rose ist symbolisch für Schönheit, Ordnung, Symmetrie und Proportion. Und auch sie besteht schließlich aus keiner anderen Substanz als beispielsweise Ihr Blutstrom. Ich erklärte ihm, daß er aufhören müsse, den Dingen im Bereich der Wirkungen, wie Rosen, Pollen, Heu etc., die vermeintlich Allergien herbeiführen, irgendwelche Macht zuzuerkennen. Die Rose hat keinerlei Macht.

Er lernte daraufhin, vollkommene Vergebung zu praktizieren, indem er seine frühere Verlobte dem Wirken der göttlichen Macht anheimgab und ihr alle Segnungen des Lebens wünschte. Nachdem er das in aller Aufrichtigkeit getan hatte, ist er jetzt imstande, an sie zu denken, ohne innerlich zu kochen. Jetzt kann er auch den Duft einer Rose einatmen, ihre Schönheit bewundern und zuweilen sogar eine im Knopfloch tragen. Er hat begriffen, daß eine Schöpfung Gottes ihm kein Unbehagen verursachen kann.

Er beanspruchte seine Herrschaft. Die Ursache befand sich in seinem Gemüt – nicht in der Rose. Die Rose ist harmlos. Sie sagt niemandem: »Wenn du mich berührst oder an mir schnupperst, dann verpasse ich dir einen handfesten Heuschnupfen.« Er gab es auf, der Rose Eigenschaften zuzuschreiben, die sie nicht besaß. Die Macht ist in Ihrem Innern, nicht in der Rose.

Billy wollte nicht lernen

Eine Mutter beklagte sich bei mir, weil ihr achtjähriger Sohn Billy nicht lernen wollte und keinerlei Interesse am Unterricht zeigte. Bei einem Gespräch mit Billy fand ich dann sehr schnell heraus, daß die Ursache für seinen Widerstand in seiner Abneigung für seine Lehrerin lag, die ihn kritisiert hatte. Sie hatte gemeint, er sei zu langsam und sollte mal aufwachen und versuchen, etwas zu lernen. Billy hatte das übelgenommen und wehrte sich nun auf seine Weise.

Nunmehr begannen die Eltern, Billy zu loben. Sie ließen ihn wissen, daß sie an ihn glaubten, daß er über einen klugen Verstand verfügte und ganz gewiß eines Tages außergewöhnliches vollbringen würde. Die Mutter sprach mit der Lehrerin und brachte ihr diplomatisch bei, daß Billy auf etwas Lob und Vertrauensbeweise in seine Lernfähigkeit mit Sicherheit positiv reagieren würde. Genau das geschah.

Es ist eine altbekannte Tatsache, daß Kinder wesentlich schnellere Fortschritte machen. wenn man ihnen zu verstehen gibt, daß man ihrem Können und ihrer Lernfähigkeit vertraut. Sagen Sie Ihren Kindern, daß Sie ihnen vertrauen; daß die göttliche Kraft in ihrem Innern ist und daß Sie eine großartige

Zukunft für sie sehen. Wenn Sie das wiederholt tun, dann imprägnieren und konditionieren Sie ihre Gemüter für größere Leistungen. Damit bereiten Sie den Boden für Größe und Sieg. Sie werden unweigerlich darauf reagieren.

Diese Ihre Gewißheit und Überzeugung wird sich ihren beeindruckbaren Gemütern mitteilen und Ihre Erwartungen werden sich erfüllen – in göttlicher Ordnung. Sie grüßen damit die Divinität – die Göttlichkeit – in ihren Kindern und lassen damit die Attribute und Schöpferkräfte des unendlichen Seins in ihnen auferstehen. Sie werden Ihren Erwartungen entsprechen, denn . . . *und doch ist die Weisheit gerechtfertigt worden, von ihren Kindern* (Mat. 11:19).

Er war sein eigenes Problem

Ein Besucher meiner Vorträge erzählte mir, daß es früher zu seinen Gepflogenheiten gehört hatte, seine Mitarbeiter im Büro zu kritisieren. Er mißbilligte ihr ganzes Gebaren und ihre Ansichten. Ihre ganze Lebensweise paßte ihm nicht und war ihm ein ständiges Ärgernis. Nachdem er jedoch angefangen hatte, Divine Science zu studieren, kam er zu der Erkenntnis, daß er letztlich seine eigenen Gedanken, Überzeugungen und religiösen Ansichten auf die anderen projiziert hatte und der ganze Ärger in ihm selbst war. Er selbst war die Ursache seiner Magenverstimmungen, weil er sich außerstande glaubte, ihre Lebensweise zu tolerieren, nur weil sie im Widerspruch zu seinen damaligen Ansichten stand.

Das Licht des Wissens wurde ihm somit zuteil. Anstatt sich weiterhin über die Lebensweise und die Ansichten seiner Kollegen – seien sie religiöser oder politischer Natur – zu ärgern, ließ er sie alle gedanklich frei und übergab sie der Obhut des Unendlichen, in der festen Absicht, sie nach ihrer eigenen

Facon selig werden zu lassen. Er gestand ihnen das Recht auf ihre vermeintlichen Seltsamkeiten, Absonderlichkeiten und unkonventionellen Gepflogenheiten voll und ganz zu. Er sah ein, daß es hier niemanden gab, der sich zu ändern hätte, außer ihm selbst. Nachdem er darangegangen war, aus diesen Erkenntnissen die Konsequenzen zu ziehen, brauchte er auch keine Medikamente zur Beruhigung seines rebellischen Magens mehr. Seine veränderte Gemütshaltung veränderte auch alles andere in seinem Leben.

Er sagte: »Eines Tages werde ich gesund sein«

Die Bibel sagt: . . . *Der Schwache sage: Ich bin stark* (Joel 3:10). Ich hatte einmal mit einem Mann zu tun, der unentwegt davon redete, daß es ihm gesundheitlich äußerst schlecht ginge – daß er geschwächt und nervös sei – und doch wollte er nichts sehnlicher, als von diesen Leiden befreit sein. Er ließ denn auch kaum eine Gelegenheit aus, darauf hinzuweisen, daß er eines Tages in der Zukunft wieder völlig gesund sein werde. Mit solchen Gedanken blockierte er sein Gutes und verhinderte die Heilung.

Die Erklärung ist oftmals auch das Heilmittel. Ich hielt ihm ein kleines Referat über das ICH BIN. Wenn Sie nämlich ICH BIN sagen, dann ist das erste Person, Präsens. Da es keine Zukunft gibt – im ewigen Jetzt – sagen wir auch nicht: »Eines Tages werde ich gesund sein.« Die unendliche Heilungsgegenwart ist in Ihrem Innern. Sie ist unabhängig von Zeit und Raum. Danken Sie dafür, daß sich die erwartete Heilung JETZT vollzieht.

Ihr ureigenstes Bewußtsein ist die Tür zu allem Ausdruck; deshalb müssen Sie beanspruchen und bejahen, jetzt das zu sein oder zu haben, was Sie begehren. Damit erstellen Sie sich nach und nach das mentale Äquivalent für den erwünschten Zustand.

Der Wille des Unendlichen wurde in der Bibel so ausgedrückt: ... *und sie erwiderte: Alles ist wohl* (2. Kön. 4:26). Sie antwortete also nicht: »Alles wird wohl sein.« Wenn Sie sagen: »Ich werde eines Tages gesund sein,« dann sagen Sie damit doch klipp und klar: »Ich bin krank.« Was immer Sie dem ICH BIN hinzufügen, zu dem werden Sie. Seien Sie deshalb auf der Hut, was Sie dem ICH BIN folgen lassen. Was Sie dem »ICH BIN« anhängen, das hängen Sie sich an!

Auf meinen Rat hin, begann dieser Mann jetzt, sich zu sagen: »Ich bin vollkommene Gesundheit; Gott ist meine Gesundheit.« Er wußte nunmehr, was er tat und warum er es tat. Resultate traten unmittelbar in Erscheinung. Nach etwa zwei Wochen fand er sich erneuert, revitalisiert und verjüngt – das Werk des heiligen Geistes in seinem Innern.

Sie müssen bedenken: Gottes Wille ist die Anerkennung dessen, was ist, und nicht dessen, was sein wird. Frieden ist, Freude ist, Liebe ist, Harmonie ist, Vollkommenheit ist, rechtes Handeln ist, Weisheit ist. Gott ist das ewige Jetzt! In keiner Weise begrenzt – weder durch Zeit noch Raum. Beanspruchen Sie Ihr Gutes jetzt! Fühlen Sie seine Wirklichkeit – spüren Sie es tatsächlich und bejahen Sie kühn: »Dein Wille ist jetzt geschehen.«

Der Wille des Unendlichen ist die Natur des Unendlichen, und sämtliche Qualitäten, Attribute und Wirksamkeiten Gottes befinden sich jetzt in Ihrem Innern – jetzt und nicht irgendwann in der Zukunft! Wenn Ihr Wunsch nach Harmonie, Gesundheit, Frieden, Freude oder Überfluß feste Form angenommen hat und zu einer festgefügten Überzeugung in Ihrem Unterbewußtsein geworden ist, dann ist er damit zum Willen Gottes geworden und nicht länger der bloße Wunsch oder das bloße Gutdünken des Menschen. Sie wissen nunmehr recht gut, daß Ihr Entschluß, Ihre Absicht oder Ihr Begehren als bereits wahr und verwirklicht empfunden werden müssen, d.h. subjektiviert oder dem Unterbewußtsein aufgeprägt. Wenn das geschieht – also Ihr Wille, Ihr Begehren, Ihr Entschluß dem Unterbewußtsein »aufgedrückt« wurde, wird er sich zwangsläufig im Bereich Ihrer Erfahrungen »ausdrücken«.

In biblischer Sprache ist es nicht mehr »mein Wille«, der sich in die Wirklichkeit umsetzt – was sich jetzt vollzieht, ist das »Dein Wille geschehe«. Ihre Überzeugung verwirklicht sich (der Wille Gottes). Ihr Gebet ist beantwortet. Das ist die einfache und unkomplizierte Erklärung von . . . *Nicht mein, sondern dein Wille geschehe* (Luk. 22:42).

Sie hatte Angst vor Hunden

Eine junge Frau berichtete mir, daß sie sich vor Annahme einer Einladung jedesmal erkundigte, ob die Gastgeber einen Hund besaßen, denn sie fürchtete sich vor Hunden und haßte sie geradezu. Es war nicht weiter schwierig, den Grund ihrer Abneigung herauszufinden. Als vierjähriges Kind war sie einmal von einem Hund, mit dem sie spielte, gebissen worden. Die unterbewußte Erinnerung an dieses traumatische Erlebnis war die Ursache ihrer Angst.

Liebe treibt die Furcht aus. Deshalb praktizierte sie auf meinen Vorschlag hin die Kunst der konstruktiven schöpferischen Imagination. Sie setzte sich mehrmals am Tag still hin, schloß die Augen, und stellte sich vor, wie sie einen Hund streichelte. Sie sah diesen Hund lebendig vor sich, streichelte ihn liebevoll, und freute sich über seine Reaktion darauf. Sie stellte sich weiterhin vor, daß sie dem Tier Futter und Milch gab. Sie spürte die Wirklichkeit und Greifbarkeit des Ganzen – sie erfüllte ihre Vorstellungen mit Leben und machte sie damit zu ihrer schöpferischen Imagination.

Nach etwa einer Woche fand sie sich von ihrer Furcht völlig befreit. Sie hatte das Gesetz des Gemüts praktiziert und dabei selbst erfahren, daß alles von ihr subjektiv dramatisierte Empfinden in ihr Unterbewußtsein gelangt, das sich seinerseits unverzüglich an seine Verwirklichung macht. Somit fand sie sich veranlaßt, mit einem Mal Hunde zu mögen – sie zu lieben. Liebe treibt die Furcht aus, und Liebe ist die emotionale Zutat, Ihrem Ideal oder Wunsch beigegeben. Sie erfüllt Sie mit Faszination und läßt Sie ganz in dem Gefühl des erreichten Begehrens aufgehen.

Ein wichtiger Bestandteil ihrer Verbildlichung war auch die sprichwörtliche Liebe eines Hundes für seinen Herrn oder seine Herrin und die Tatsache, daß ein Hund schon so manches Mal sein Leben für einen Menschen geopfert hatte. Sie sann auch über die vielen positiven Eigenschaften des Hundes nach – seine Treue, seine uneingeschränkte Bereitschaft, Kinder aus Gefahren oder Menschen aus Schneelawinen zu retten. Alles das war eine konstruktive Meditation, die von nun an eine aufrichtige Zuneigung zu Hunden in ihrer Mentalität verankerte.

In Stillehalten und Vertrauen besteht eure Stärke (Jes. 30:15)

Von den heutigen Massenmedien werden wir unablässig mit Negativitäten vielfältigster Art bombardiert. Es ist die Rede von Kriegsgefahr, Hungersnöten, Revolutionen, von Möglichkeiten der Krebsbekämpfung, von Tuberkulose, von Umweltverschmutzung etc. In schöner Regelmäßigkeit findet sich dann auch immer jemand, der den bevorstehenden Weltuntergang prophezeit. Dabei wird dann allerdings wenig oder überhaupt nichts von der Verschmutzung des Gemüts gesagt. »Wie innen, so außen.«

Zunächst einmal müssen wir unser Inneres reinigen. Dann müssen wir uns allen Ernstes vergegenwärtigen, daß wir alles, was wir in unserem Gemüt bekämpfen, in Wirklichkeit verstärken.

Alles, was unsere Aufmerksamkeit besitzt, besitzt uns. Tatsächlich reinfizieren wir uns mit mehr und mehr Negativität. Der Mensch, der die Slums beseitigen will und sie deshalb erbittert bekämpft, hat völlig vergessen, daß er zunächst einmal die Slums in den Gemütern der Menschen reinigen muß, denn genau dort befinden sich die Infektionsherde. Wenn der Wissenschaftler in der Stille das Gegenmittel kontempliert, dann erhält er die gewünschte Antwort in seinem entspannten, passiven, rezeptiven Gemütszustand. Mit Sicherheit würde er keine Antwort auf sein Problem erhalten, wenn er sich aufregt und lauthals protestiert und damit seine Aufmerksamkeit unentwegt auf das zu beseitigende Problem gerichtet hält. Er weiß, daß er damit die Dinge nur verschlimmert und sich letztendlich selbst besiegt.

Das ruhige Gemüt ist die Voraussetzung

Wer innerlich kocht – voller Zorn auf das Establishment und irgendwelche Institutionen, der wird die Probleme der Welt nicht lösen. Und verbessern wird er die Welt schon gar nicht.

Mit lautstarken Protestdemonstrationen ist da nichts zu machen. Die eindrucksvollsten Slogans und Parolen helfen da nicht im geringsten. Der so arg strapazierte »gerechte Zorn« und offene Feindseligkeit bewirken das genaue Gegenteil.

Solche Emotionen sind ausschließlich selbstzerstörerischer Natur und führen daher zu nichts anderem als Fehlschlag und Enttäuschung.

So mancher erfolgreiche Industrielle läßt sich bei seinen Entscheidungen von der Weisheit des Superbewußtseins leiten, indem er still wird und die Weisheit und Macht der göttlichen Kraft in seinem Innern kontempliert. Er ist dadurch imstande, seine Ruhe, sein Vertrauen und seine Zuversicht auf seine Umwelt zu übertragen. Bedenken wir: Aufregung und Zorngefühle werden Ihrem Unterbewußtsein aufgeprägt und Sie absorbieren ihre Negativitäten.

Kommen Sie geistig zu einer klaren Entscheidung. Denken Sie ruhig und gelassen über die Lösung, den Ausweg nach. Begreifen Sie: Was Sie kontemplieren, zu dem werden Sie! Ich bin sicher, daß Sie ganz gewiß nicht zu dem werden wollen, was Sie innerlich bekämpfen.

Eine Frau erwähnte einmal mir gegenüber, daß sie eine geradezu panische Angst vor einer möglichen Krebserkrankung hätte. Ich fragte sie daraufhin, ob sie irgendeinen handfesten Grund für ihre Befürchtung hatte. Sie sagte: »Nein.« Darauf empfahl ich ihr dringend, diesen Gedanken fallen zu lassen – ihn völlig loszulassen. Ich gab auch ihr die schon erwähnte Bejahung: »Ich bin vollkommene Gesundheit; Gott ist meine Gesundheit.« Sie machte diesen schädlichen Gedanken unwirksam, indem sie ihn durch einen Gedanken der Wahrheit ersetzte – einen Gedanken über ihr wahres Selbst – das Superbewußtsein.

Bringen Sie mehrmals am Tag Ihr Gemüt zur Ruhe. Denken Sie an das Superbewußtsein – an göttliche Liebe. Beanspruchen Sie für sich Frieden, Harmonie, Freiheit, Freude, Macht, Vollkommenheit und Kraft. Dann werden Sie erleben, wie Ihre Welt sich zu dem genauen Abbild Ihrer Kontemplation formt.

Das verschlossene Gemüt

Ein voller Becher oder ein volles Glas ist nicht mehr aufnahmefähig. Ein Fallschirm ist völlig nutzlos, wenn er sich nicht öffnet. Ihr Gemüt muß immer offen und für neue Ideen empfänglich sein – für die ewigen Wahrheiten des Lebens. Das unflexible Gemüt bildet sich ein, die ganze Wahrheit zu kennen; es wähnt sich im Besitz der Wahrheit, weil es über eine Lehre engstirniger Theologie verfügt oder irgendwelcher Offenbarungen ganz spezieller Art und der Meinung ist, daß es nichts mehr zu lernen gibt. Ein Mensch, der so denkt, ist in einer traurigen Verfassung. Sie leben in der Gegenwart der Unendlichkeit und Sie nehmen mit jedem Tag an Weisheit, Licht und Verständnis zu.

Sie sind genau in der Mitte eines unerschöpflichen Reservoirs unendlicher Reichtümer. Die Herrlichkeit und Weisheit des unendlichen Einen kann sich niemals erschöpfen – nicht in alle Ewigkeit.

Eine alte Legende

Vor Millionen von Jahren hielten die Götter auf dem Berg Olympus eine Geheimversammlung ab. Zweck dieser Konferenz war es, eine Entscheidung darüber zu fällen, ob gewöhnliche Sterbliche mit Kenntnis der Wahrheit betraut werden sollten, um sie zu ermutigen und zu stimulieren, ihr Leben dem der Götter anzugleichen. Der erhabene Entschluß wurde gefaßt, das »Juwel der Wahrheit« sollte dem Menschen zuteil werden.

Einer der jüngeren Götter bestürmte die Älteren, doch ihm Gelegenheit zu geben, der Menschheit das kostbare Juwel zu überreichen, um sich verdient zu machen und des Segens der älteren Götter teilhaftig zu werden. Die Erlaubnis wurde erteilt, und überglücklich machte sich der junge Gott auf den Weg. Als er jedoch gerade im Begriff war, die Erde zu berühren, stolperte er, und das »Juwel der Wahrheit« fiel zu Boden und zersplitterte in tausend Stücke.

Die Götter auf dem Berg Olympus waren ziemlich ungehalten, als sie von diesem Mißgeschick erfuhren und der junge Gott zeigte sich zutiefst beschämt und enttäuscht. Gewiß können Sie den Sinn dieser Legende erkennen: Dieser Sturz brachte eine Menge Ungemach mit sich. Seither hatten so manche einige Splitter des Juwels gefunden und jeder von ihnen meinte, er allein besäße die Wahrheit.

Gott ist die Wahrheit, und Gott wohnt im Innern eines jeden Menschen auf der Welt. Es gibt nur eine Wahrheit, ein Gesetz, ein Leben, eine Substanz, und einen Vater aller. »Unser Vater« – das Lebensprinzip – unser gemeinsamer Schöpfer. Die Wahrheit ist eine und unteilbar. Wenn Sie »ICH BIN« sagen, dann bekunden Sie die Gegenwart und Macht Gottes in Ihrem Innern. Das ist die Wirklichkeit, die für jeden Menschen zutrifft.

. . . *Gott sieht die Person nicht an* (Apg. 10:34). Wenn du es benennst, kannst du es nicht finden; und wenn du es findest, kannst du es nicht benennen.

4

Die Wirkungsweise Ihres Gemüts

Sie verfügen nur über ein Gemüt, das jedoch mit zwei Funktionsweisen ausgestattet ist. In diesem Kapitel habe ich es mir zur Aufgabe gemacht, diese unterschiedlichen Funktionsweisen klar und verständlich darzustellen. Jede dieser Funktionen oder Phasen wird durch die ihnen eigenen Phänomene charakterisiert. Beide sind imstande, unabhängig voneinander tätig zu werden – nichtsdestoweniger handelt es sich hier um zwei Phasen und nicht etwa um zwei Gemüter, mit denen Sie ausgestattet sein könnten.

In diesem Buch werden Sie lernen, beide Phasen Ihres Gemüts synchron und harmonisch einzusetzen, um dadurch Frieden, Gesundheit, Harmonie und Überfluß in Ihr Leben zu bringen. Die gängigen Bezeichnungen dieser zwei Wirkungsweisen Ihres Gemüts sind: »Objektives und subjektives Bewußtsein«, »wachbewußter Verstand« und »Unterbewußtsein«. Daneben spricht man noch vom »Supraliminalen« und »Subliminalen« – eine alte psychologische Terminologie.

Für dieses Buch habe ich mich für die Anwendung der Bezeichnungen »wachbewußter Verstand« und »Unterbewußtsein« entschieden. Der objektive oder wachbewußte Verstand nimmt die Erscheinungswelt durch seine fünf Sinne wahr, während es sich beim Unterbewußtsein oder subjektiven

Gemüt um eine Intelligenz handelt, die sich in allen subjektiven Zuständen und Verfassungen manifestiert, wie beispielsweise in Traumgeschehen, Nachtvisionen, Heilungen etc. Während Sie schlafen, hält Ihr Unterbewußtsein alle lebenswichtigen Funktionen in Gang. Es übernimmt die Atmung, den Blutkreislauf, es läßt Ihr Herz schlagen, und es kümmert sich um alle anderen essentiellen Funktionen Ihres Körpers. Ihr wachbewußter Verstand führt Sie bei Ihrem Kontakt mit Ihrer Umgebung. Mittels Ihrer fünf Sinne werden Sie beständig mit neuen Eindrücken versorgt, durch Beobachtungen, Erfahrung und Kenntnisnahme.

Suggestionen und Ihr Unterbewußtsein

Ihr Unterbewußtsein spricht auf Suggestionen an und wird von Suggestionen kontrolliert. Es unterliegt völlig dem Gesetz der Suggestion und folgert nur deduktiv, d. h. es setzt sich nicht mit den Dingen auseinander, es erwägt und bewertet nicht und es sammelt keine Fakten, um sie dann ihrer Beweiskraft entsprechend einzusetzen.

Seine Methode des Folgerns ist also rein deduktiv. Und das ungeachtet der Tatsache, ob eine Prämisse richtig oder falsch ist. In anderen Worten: seine Folgerung, von einer falschen Prämisse ausgehend, wird ebenso logisch und korrekt sein, wie die von einer wahren. Somit wird zum Beispiel ein Mensch im Zustand der Hypnose auf die Suggestion, ein Hund zu sein, ohne zu zögern die Rolle eines Hundes spielen, sofern ihm das physisch möglich ist. Dabei wird er sich dann tatsächlich für einen Hund halten.

Möglicherweise hatten Sie schon einmal Gelegenheit, Hypnotisierte bei dem ihnen suggerierten Rollenspiel zu beobachten. Der Hypnotisierte ist immer überzeugt, das zu sein, was ihm suggeriert wird. Sie können beispielsweise einem Hypnotisierten suggerieren, Präsident Roosevelt zu sein; dann wird die Persönlichkeit des Betreffenden völlig in dem Einfluß der Suggestion aufgehen. Wenn er zudem in der Vergangenheit noch Gelegenheit hatte, dem Präsidenten zuzuhören, dann wird er sich in der Tat für Roosevelt halten.

Zwei gegensätzliche Suggestionen

Sie haben immer die Macht, die Suggestion eines anderen Menschen zurückzuweisen. Die Suggestionen anderer verfügen über keinerlei Macht, solange sie von Ihnen nicht akzeptiert werden; nur bei einer Annahme werden sie zu Ihrer eigenen Gemütsbewegung oder einer Autosuggestion. Wenn Sie beispielsweise einem erfolgsgewohnten Geschäftsmann mit einem unerschütterlichen Vertrauen in seine Fähigkeiten einreden wollten, er müsse sich bei einem bestimmten Vorhaben auf Fehlschläge gefaßt machen, würde er Sie wahrscheinlich auslachen und Ihre Suggestion der allgemeinen Lächerlichkeit preisgeben. Mehr noch: Ihre Suggestion könnte ihm sogar noch Ansporn sein, sozusagen eine Stimulierung seines Bewußtseins für sein Vorwärtskommen, seinen Wohlstand und seinen Triumph. Ihr Unterbewußtsein akzeptiert von zwei Ideen jeweils die dominierende.

Wie sie mit einer suggerierten Seekrankheit fertig wurde

Auf einem unserer Kreuzfahrt-Seminare hielt eine der Teilnehmerinnen es für angebracht, einem anderen Gruppenmitglied zu suggerieren, sie sähe krank und bleich aus, was möglicherweise auf die rauhe See zurückzuführen wäre. Die so Angesprochene war jedoch gut vorbereitet. Sie wußte mit derartigen Suggestionen umzugehen, deshalb lautete ihre Antwort: »Ich bin hier, um mich spirituell aufzuladen und eine herrliche Zeit zu erleben. Ich bewege mich mit dem Schiff, den Wellen und dem Rhythmus der Tiefe. Es ist wunderbar!« Damit neutralisierte sie die negative Suggestion der anderen Frau.

Die negativen Suggestionen anderer müssen, um wirksam sein zu können, immer eine verwandte Saite in Ihrem Innern anschlagen; es müßte sich – um beim obigen Beispiel zu bleiben – ein Furchtgefühl in Ihrem Unterbewußtsein befinden, andernfalls wären ihre Wirkungen gleich Null. Bedenken Sie immer, daß Sie sich jederzeit auf die unendliche Gegenwart und Macht in Ihrem Innern einstimmen können. Wenn Sie mit dem Unendlichen gleichgeschaltet sind, werden Sie sich gegen alle üblen und falschen Suggestionen immunisieren.

Ihre frühe Erziehung

Wir alle wurden, als wir noch jung und damit form- und beeindruckbar waren, mit Suggestionen, Meinungen, Überzeugungen und glattem Aberglauben versorgt, die sich samt und sonders aus den religiösen Glaubensinhalten unserer Eltern, Onkeln, Tanten, Geistlichen, Lehrer und anderer zusammensetzen.

Wir alle haben die Suggestionen, die Überzeugungen, die Sprache, die Sitten, Gebräuche und Traditionen unserer Eltern und unserer Umgebung akzeptiert. Wir hatten da ja auch keine andere Wahl. Wir konnten diese Suggestionen und Indoktrinationen nicht zurückweisen, weil wir noch nicht imstande waren, das Falsche vom Wahren zu unterscheiden.

Sie sind jedoch nicht mit einer religiösen Überzeugung, mit Befürchtungen, Tabus oder Verboten irgendwelcher Art auf die Welt gekommen. Wie wir alle, so wurden auch Sie – bei Ihrer Geburt ein hilfloses und unwissendes Wesen – voll und ganz dem Gutdünken Ihrer Eltern anheimgegeben, oder dem anderer, denen Sie anvertraut waren. Geboren wurden Sie nämlich nur mit zwei Ängsten – der Angst vor dem Fallen und der Angst vor Geräusch – beides jedoch nichts anderes als Gottes Alarmsystem für Ihren Schutz. Alle anderen Ängste sind Ihnen erst später verabreicht worden.

Ich empfehle allen Menschen, den Ursprung ihrer Überzeugungen, ihrer religiösen Konzepte und ihrer Ängste zu untersuchen, um festzustellen, ob sie zu ihrer Gesundheit, ihrem Glück und ihrem Gemütsfrieden beitragen. Alles, was Sie in Ihrer Jugend gelernt, angenommen oder nachgeahmt haben, kann aus Ihrem Unterbewußtsein entfernt und für immer ausgelöscht werden.

In anderen Worten: Sie können Ihr Unterbewußtsein immer wieder instandsetzen und neu programmieren – den ewigen Wahrheiten gemäß, die universell sind und allen Menschen gehören. Diese ewigen Wahrheiten sind die gleichen, gestern, heute und in Ewigkeit.

Wie sie ihr Gemüt reinigte

Eine pensionierte Lehrerin erzählte mir einmal, auf welche Weise sie die ihr in frühester Jugend eingegebenen religiösen Auffassungen auslöschen konnte – Glaubensmeinungen, die sie als seltsam, grotesk, irrational, unlogisch und unwissenschaftlich ansah. Sie hatte in einem Magazin einen Ausspruch Einsteins gelesen: »Wissenschaft ohne Religion ist lahm, und Religion ohne Wissenschaft ist blind.«

Daraufhin befaßte sie sich eingehend mit den Religionen der Welt, einschließlich Unity und Religious Science und las mein Buch *Die Macht Ihres Unterbewußtseins*. Letzteres gab ihr die entscheidenden Impulse. Wie sie mir sagte, schlug es eine Glocke bei ihr an und sie erwachte aus einer langen religiösen Erstarrung.

Zugleich machte sie es sich zur Gewohnheit, das folgende Gebet regelmäßig und systematisch anzuwenden, in dem Wissen, daß es alle falschen Konzepte aus ihrem Unterbewußtsein auslöschen würde, so, wie bei einer Tonbandaufnahme das Vorhergegangene automatisch gelöscht wird. Sie programmierte ihr Unterbewußtsein folgendermaßen:

»Göttliche Liebe erfüllt meine Seele. Göttliches rechtes Handeln ist mein. Göttliche Harmonie beherrscht mein Leben. Göttlicher Frieden erfüllt meine Seele. Göttliche Schönheit ist mein. Göttliche Freude erfüllt meine Seele. Auf allen meinen Wegen werde ich göttlich geführt. Ich bin vom Höchsten illuminiert. Ich weiß und ich glaube, daß Gottes Wille für mich ein größeres Maß an Leben, Liebe, Wahrheit und Schönheit ist – etwas, das meine kühnsten Träume übersteigt. Ich weiß, daß Gott mich liebt und für mich sorgt.«

Dieses Gebet hatte sie formuliert, nachdem sie *Die Macht Ihres Unterbewußtseins* und andere Bücher von mir gelesen hatte. Sie wußte, daß diese großen Wahrheiten – ständig wiederholt – nach und nach in ihr Unterbewußtsein sinken und die gewünschte Veränderung zuwege bringen würden.

Das Erste, was sie dabei lernte, war die Tatsache, daß es nur eine einzige Macht gibt. Es kann niemals zwei Mächte geben – spirituell, wissenschaftlich, mathematisch oder auf irgendeine andere Weise. Wenn Sie sich bewußt machen, daß Gott der lebendige allmächtige Geist ist – allgegenwärtig und allmächtig –, dann bleibt kein Raum für irgendetwas neben ihm. Gäbe es zwei Mächte, dann würde eine die andere auslöschen. Dann gäbe es keine Ordnung, keine Planung, keine Proportionen oder Symmetrie. Die Welt wäre ein Chaos, aber kein Kosmos.

Sie erkannte auch, daß alles Gute und Schlechte in ihren Erfahrungen allein auf ihre Anwendung dieser einen Macht zurückzuführen war – der einen Macht, die in sich ganz und vollkommen ist. Sie erkannte auch, daß alles Gute und Schlechte in ihren Erfahrungen allein auf ihre Anwendung dieser einen Macht zurückzuführen war – der einen Macht, die in sich ganz und vollkommen ist. Sie erkannte die Tatsache, daß sie jede Macht auf zweierlei Art anwenden konnte, daß Gut und Böse ausschließlich Bewegungen ihres eigenen Gemüts waren, in Relation zu dem einen Sein, das in sich ganz und vollkommen ist.

Sie war eine weise Frau. Sie hatte aus ihren Fehlern gelernt und sie korrigiert. Sie hatte neues Handeln auf neu gelernten Wahrheiten gegründet. Sie führt jetzt ein glücklicheres und friedvolleres Leben.

Wie kann ich Frieden finden?

Diese Frage wurde mir kürzlich in einem Club an meinem Wohnsitz Leisure World, Kalifornien, gestellt. Eine Frau fragte: »Wie kann ich Frieden finden? Ich lese unentwegt von Verbrechen – von Vergewaltigungen, Morden, Einbrüchen – und wenn nicht von Verbrechen, dann von Benzinknappheit oder den vielen Gaunereien, die heutzutage gang und gäbe sind.« Meine Antwort darauf war, daß eine veränderte Einstellung auch alles andere verändert. Ich machte ihr klar, daß sie von sich aus wohl kaum imstande wäre, die Welt zu verändern oder soziale Ungerechtigkeiten, Verbrechen und das inhumane Verhalten von Mensch zu Mensch verhindern könnte, daß sie sich vielmehr auf die unendliche Gegenwart einstimmen und bejahen sollte: »Gottes Frieden erfüllt meine Seele. Das Licht Gottes scheint in mir. Ich denke, spreche und handle aus dem göttlichen Zentrum in meinem Innern heraus.«

Das, so fügte ich hinzu, ist eine sichere Methode, Frieden zu finden in dieser sich verändernden Welt. Nirgendwo auf der Welt gibt es ein Gesetz, das Sie zu Gehässigkeit, zu Groll- oder Furchtgefühlen zwingt, nur weil irgendwelche Politiker, Umstände oder Zeitungen das suggerieren. Sie können jederzeit bejahen: »Gott denkt, spricht und handelt durch mich.«

Es ist eine einfache Wahrheit im Leben: kein Mensch, kein Umstand, keine Begebenheit, keine Zeitungs- oder Rundfunkmeldung kann Ihnen den Frieden rauben; sie selbst geben ihn weg, wenn Sie die Kontrolle über Ihre Gedanken, Worte, Taten und Reaktionen aufgeben. Sie sind der Boß; Sie sind verantwortlich für Ihr Denken.

Er sah sich als reicher Mann

Vor einigen Wochen hielt ich eine Reihe von Vorträgen in den großen Städten der Republik Südafrika. Dr. Reginald Barrett, der dort regelmäßig Vorträge über die Gesetze des Gemüts hält, machte mich auf einem Seminar in Durban mit einem Mann bekannt, der zu mir sagte: »Wissen Sie, Dr. Murphy, es ist wahr: Wohlstand befindet sich zunächst in unserem Gemüt und erst dann in der Erde, in der Luft, im Meer und überall sonst.« Er berichtete mir, daß sein Vater und Großvater seinerzeit aus England nach Südafrika gekommen waren, um dort ihr Glück zu machen. Sein Großvater hatte viele Monate mit der Goldsuche verbracht und nichts gefunden. Er gab schließlich auf, als ihm die Geldmittel ausgegangen waren. Sein Vater jedoch ging noch einmal über das gleiche Territorium und stieß bereits nach wenigen Wochen auf eine Goldader, die dann später zu einer der berühmtesten Goldminen Südafrikas wurde.

Wie er mir sagte, war sein Vater ein sehr religiöser Mensch, der ständig bejaht hatte, daß Gott ihm die Goldvorkommen enthüllen und ihn zu grünen Auen und stillen Wassern führt. Gewiß, das Gold befand sich im Boden – der spirituelle Reichtum jedoch befand sich im Gemüt des Vaters in Form eines unerschütterlichen Glaubens an göttliche Führung und an die ewigen Wahrheiten des 23. Psalms. Sein Großvater hingegen war, wie sich herausstellte, verängstigt, angespannt und neidisch, weil einige seiner Freunde zu Reichtum gekommen waren und er nicht. Diese Einstellung verursachte eine mentale und spirituelle Blindheit, so daß er das Gold zu seinen Füßen nicht wahrnehmen konnte.

Blicke nach innen

Blicken Sie nicht auf Äußerlichkeiten, wenn Sie Gemütsfrieden, Wohlstand, Sicherheit oder innere Kraft erlangen wollen. Die göttliche Gegenwart befindet sich in Ihrem Innern – die höchste Intelligenz, die alle Dinge geschaffen hat, ist allweise. Keine Regierung, keine Institution und keine Person kann Ihnen ein ruhiges Gemüt oder inneren Frieden verleihen.

Ihr Unterbewußtsein ist der Sitz Ihrer Gewohnheiten, und Gewohnheiten schaffen Sie sich auf die gleiche Weise, wie Sie gehen, schwimmen, tanzen, klavierspielen, maschineschreiben oder autofahren lernten. Dabei sind Sie bestimmten Denkmustern und Handlungsweisen wieder und wieder gefolgt und hatten sie dadurch nach einer gewissen Zeit in ihr

Unterbewußtsein gepflanzt. Seither können Sie alles das ganz automatisch vollziehen. Sie könnten es auch als Ihre zweite Natur bezeichnen. Letztere ist lediglich die Reaktion Ihres Unterbewußtseins auf Ihr wachbewußtes Denken und Handeln.

Bejahen Sie mehrmals während des Tages: »Gottes Strom des Friedens durchdringt mein Gemüt und mein Herz. Ich ruhe in den ewigen Armen der Weisheit, Wahrheit und Schönheit.« Machen Sie es sich zur Gewohnheit, dieses Gebet mehrmals zu wiederholen. Repetieren Sie es wieder und wieder, in dem Wissen, was Sie tun und warum Sie es tun. Wenn Sie mit der Bejahung dieser einfachen Wahrheiten fortfahren, werden Sie friedvoll und harmonisch und automatisch zum Frieden und der Serenität Ihrer gesamten Umgebung beitragen.

Manch einer erzählt mir von seiner Sehnsucht nach einem kleinen Flecken in Strandnähe, wo er dann Ruhe und Frieden finden könnte. Aber so etwas ist natürlich nur eine Selbsttäuschung. Wo Sie auch hingehen mögen, Ihr Gemüt nehmen Sie immer dorthin mit. Wo sie auch sind, überall treffen Sie sich selbst wieder. Wenn Ihr Gemüt in Aufruhr ist, wenn Sie angespannt und besorgt sind, dann werden Ihnen weder der Meeresstrand noch die Berge den ersehnten Frieden bringen können. Sie müssen den Frieden zunächst einmal *erwählen*.

Einige Menschen sind unablässig auf der Suche nach einem Shangri La, wo das ganze Leben nur eitel Wonne und Harmonie ist, eine Art Utopia, wo wir dann alles miteinander teilen und harmonisch zusammenleben – friedvoll und fröhlich. Sie müssen jedoch bedenken, daß Sie sich immer Ihr eigenes Utopia schaffen. Einen Ort dieser Art gibt es nicht. Er existiert nur im Gemüt des Menschen, der sich auf das Unendliche eingestimmt hält und den Frieden gefunden hat, der jede Vernunft übersteigt. Die Probleme, Herausforderungen, Schwierigkeiten und der Aufruhr überall um uns herum, veranlassen uns, nach diesem inneren Frieden zu streben und befähigen uns, unsere Göttlichkeit zu entdecken und uns über die Probleme der Welt zu erheben.

Sie können sich ändern

Sie brauchen keinen Zauberstab, um die Welt zu verändern, aber Sie können sich selbst ändern, indem Sie sich mit der unendlichen Gegenwart und Macht in Ihrem Innern identifizieren und beständig Harmonie, Frieden, Schönheit, Liebe, Freude, rechtes Handeln und göttliche Ordnung beanspruchen. Wenn Sie sich das zur Gewohnheit machen, dann erheben Sie sich damit über die Turbulenzen und das Chaos des Weltbewußtseins, zuweilen auch Menschheitsdenken, Gesetz des Durchschnitts oder Massengemüt genannt.

Überwinden Sie die Welt

Die »Welt« repräsentiert in biblischer Sprache alles äußere Geschehen, alle Menschen, gut oder schlecht. Mit Massengemüt oder Gesetz des Durchschnitts ist das gewohnheitsmäßige Denken von viereinhalb Milliarden Menschen gemeint. Tagaus, tagein lesen wir von Kriegsgeschehen, Grausamkeiten, Verbrechen, Haß, Eifersucht, Mord, Rassenunruhen und religiösen Kämpfen. Zugleich lesen wir aber auch von guten und edlen Menschen, die zum Frieden in der Welt beitragen.

Man kann der Welt oder dem Massengemüt nicht entfliehen. Wir alle sind in dieses Massengemüt eingetaucht, weil wir subjektiv betrachtet alle eins sind, und das psychische Meer uns alle einschließt. Das ist der Grund, weshalb wir uns immer geistig aufgeladen halten sollten. Machen Sie sich immer bewußt, daß die unendliche Intelligenz Sie führt und leitet, und daß die Macht des Unendlichen Sie belebt und erhält. Strahlen Sie Liebe, Frieden und Wohlwollen auf alle Menschen aus und wünschen Sie ihnen alle Segnungen des Lebens.

Diese Gemütshaltung garantiert Ihnen den Erfolg auf allen Ebenen. Darüber hinaus leisten Sie einen konstruktiven Beitrag zum Wohlergehen aller Menschen, wo immer Sie sich auch befinden mögen. Mit Sicherheit können Sie sich triumphierend durch die Strudel dieser konfusen Welt bewegen – auf Wegen der Freude und Pfaden des Friedens. Es sind Ihre Auffassungen, Ihr Glaube und Ihre Überzeugungen, die alle äußeren Handlungen diktieren und kontrollieren.

Sie können sich über die Dinge erheben

Ein Krankenpfleger, der gerade sein Abschlußexamen hinter sich gebracht hatte, war mit einer verantwortungsvollen Position in einer nahegelegenen Klinik betraut worden. Eines Tages kam er zu mir in die Sprechstunde und beklagte sich, er sei mit den Nerven völlig am Ende. Er habe es nur mit halbverrückten Patienten zu tun, die Telefone klingelten unentwegt, und überhaupt könne er es nicht länger aushalten.

Im Verlauf unseres Gesprächs begann es ihm zu dämmern, daß die Patienten in der Klinik sowohl physisch als auch mental krank waren und es zu seinen Obliegenheiten als Krankenpfleger gehörte, den Lärm, das Durcheinander und die Beschwerden in dieser Institution zu überwinden. Ich machte ihm klar, daß die Gereiztheit der Kranken ein grundlegender Bestandteil seiner Betreuungsarbeit war, und daß es für ihn darauf ankäme, sich über diese Probleme zu erheben. Durch ein Davonlaufen vor den Problemen würde er sich lediglich »aus der Bratpfanne ins Feuer« begeben. Ich machte ihm eindringlich klar, daß er seine Probleme tapfer bei den Hörnern packen müßte, dann würde er sie auch überwinden.

Einsichtig wie er war, begann er auf meine Empfehlung zu bejahen: ». . . *Nichts von alledem berührt mich* . . . (Apg. 20:24). Ich werde alle Plagen und Schwierigkeiten überwinden.«

Er entschloß sich, in der Klinik auszuharren und konnte zu seiner großen Freude feststellen, daß sich aufgrund seiner neuen Einstellung alles veränderte.

Wie er sein Leben änderte

In Johannesburg hatte ich ein interessantes Gespräch mit einem Mann, der mir erzählte, daß er im Alter von 40 Jahren plötzlich ohne Geldmittel dagestanden hätte. Er war völlig abgebrannt, entmutigt, deprimiert und betrübt. Seine Unternehmungen hatten sich samt und sonders als totale Fehlschläge erwiesen, was seine Frau zum Anlaß nahm, ihn zu verlassen, da er, wie sie meinte, nicht imstande war, ihr den gewohnten Lebensstandard zu bieten.

Der Wendepunkt in seinem Leben trat jedoch eines Abends ein, nachdem er eine Vortragsveranstaltung über die Gesetze des Geistes besucht hatte. Die erste Feststellung des Referenten: »Der Mensch ist das, was er den ganzen Tag denkt« machte einen gewaltigen Eindruck auf ihn. Diese Wahrheit ist – so führte der Sprecher weiter aus – bereits seit Tausenden von Jahren bekannt. Nichtsdestoweniger wird sie vom weitaus größten Teil der Menschheit geflissentlich übersehen und daher auch kaum angewandt.

Wie er in seinem Herzen denkt, so ist er . . . (Spr. 23:7). Das *Herz* ist eine altertümliche Bezeichnung für Ihr Unterbewußtsein. Die Bibel will damit zum Ausdruck bringen, daß alles, was Sie tief in Ihrem Herzen als wahr empfinden, zum Vorschein kommt und in allen Bereichen Ihres Lebens seinen Ausdruck findet. In anderen Worten: jeder Gedanke, jede Idee oder jedes Konzept – als wahr empfunden und mit Gefühl aufgeladen – wird von Ihrem Unterbewußtsein hervorgebracht, als Form, Funktion, Erfahrung und Begebenheit. Dies war von altersher die herausragende Entdeckung im Leben des Menschen.

Von da an machte dieser Mann sich das Erfolgsdenken zur Gewohnheit. Er dachte nur noch an den Erfolg, Harmonie, Frieden, Wohlwollen, Reichtum und rechtes Handeln. Er hielt nur diese Konzepte in seinem Bewußtsein und schickte sich an, sie sich zu beweisen. Jedesmal, wenn ihm Gedanken der Selbstverurteilung oder der Selbstkritik in den Sinn kamen, bejahte er sofort: »Erfolg ist mein. Harmonie ist mein. Reichtum ist mein.«

Nach einigen Monaten des Beharrens in dieser veränderten Gemütshaltung wurde er zu einem konstruktiven Denker. Er betreibt jetzt ein Geschäft, das ihm ein Einkommen von mehreren Millionen Dollar jährlich sichert. Zugleich gibt er Hunderten von Menschen Arbeit und Brot.

Der Psalmist sagt: . . . *Ich will ihn schützen, denn er kennt meinen Namen* (Psalm 91:14). Der Begriff *Name* steht hier für *Wesen*. Es ist das Wesen der unendlichen Intelligenz, auf Ihr Denken und Fühlen zu reagieren. Im dritten Kapitel des Buches Exodus wird der Name ICH BIN oder Gewahrsein genannt – die Funktion des Denkens.

Der eingangs erwähnte Dr. Reg Barrett sagte seinen Zuhörern noch etwas sehr Interessantes, dessen Essenz etwa so lauten könnte: »Wenn Sie kein Gemüt hätten, dann könnten Sie

mich weder sehen noch hören. Sie besäßen dann keinerlei
Empfinden für die Sie umgebende Welt. Sie könnten weder
schmecken noch fühlen oder den Duft der Blumen in Ihrem
Garten riechen.« Ihr Gemüt ist die Grundlage allen Lebens – es
verleiht allem, was Sie als wahr annehmen, Leben, Substanz
und Form. Alles, was Sie erblicken, entspringt dem unsichtbaren Gemüt Gottes und des Menschen.

Machen Sie sich eine grundlegende Wahrheit bewußt

William James, der Vater der amerikanischen Psychologie,
hatte festgestellt, daß die größte Entdeckung der letzten hundert Jahre das Gewahrwerden der Macht des Unterbewußtseins ist. Dr. Phineas Parkhurst Quimby, der berühmte Geist-
heiler, hatte bereits bei seinen Experimenten im Jahre 1847
festgestellt, daß »bei wirklichem Glauben an eine Sache die
Wirkung naturnotwendig folgt, gleichgültig, ob man an sie
denkt oder nicht.«

Diese Feststellung ist sehr wichtig, denn sie betrifft uns alle
und offenbart, daß alles, was in unser Unterbewußtsein gelangt, uns beherrscht und kontrolliert.

In anderen Worten: Ihre unterbewußten Annahmen und
Überzeugungen diktieren, kontrollieren und dirigieren alle
Ihre wachbewußten Handlungen, ganz gleich, ob Sie daran
denken oder nicht. Alles Ihrem Unterbewußtsein Aufgeprägte,
sei es gut oder schlecht, wird von ihm auf dem Bildschirm des
Raumes zum Ausdruck gebracht. Ihr gewohnheitsmäßiges
Denken wird von Ihrem Unterbewußtsein nach und nach
absorbiert und aufgezeichnet. Dort wird es dann zum Gesetz
und damit zu Überzeugungen, die automatisches Handeln
nach sich ziehen.

Sie war gegen Orangensaft allergisch

In Port Elizabeth hatte ich ein langes Gespräch mit einer jungen Dame, die gern Orangensaft trank, aber jedesmal danach unter einem sehr unangenehmen Hautausschlag im Gesicht und an den Armen zu leiden hatte. Ihre Geschwister dagegen konnten jede Menge dieses Getränkes zu sich nehmen und fühlten sich pudelwohl dabei.

Ich erklärte ihr, daß ihre allergische Reaktion zweifellos auf frühe Kindheitserlebnisse zurückginge, als sie zuviele Orangen gegessen hatte und ihr bedeutet worden war, daß das nicht gut für sie sei. Ich machte ihr klar, daß diese Überzeugung nach wie vor in ihrem Unterbewußtsein vergraben ist und sie zu dieser bestimmten Reaktion veranlaßt. Bei ihren Geschwistern hingegen konnte es infolge der Abwesenheit einer solchen Überzeugung nicht zu entsprechenden Reaktionen kommen. Es war die lang vergessene unterbewußte Überzeugung, die hinter dieser allergischen Reaktion stand.

Mit dem folgenden Gebet wies ich ihr einen Weg zur Überwindung ihres Problems. Damit konnte sie ihr Unterbewußtsein neu programmieren und die Furcht vor dem Genuß von Orangensaft beseitigen:

»Gott hat alles für gut erklärt. Alles, was ich esse oder trinke, verwandelt sich in Schönheit, Ordnung, Symmetrie und Proportion. Ich bin harmonisiert und vitalisiert. Ich esse das Brot des Himmels und trinke den Wein der Freude. In meinem Körper sehe ich Ordnung, Frieden, Heilsein und Schönheit manifestiert. Es ist wunderbar!«

Diese Wahrheiten schrieb sie durch ständige Wiederholung in ihr Unterbewußtsein und befreite sich damit nach und nach von diesen falschen Überzeugungen. Sie wußte, daß ihr wachbewußter Verstand das Unterbewußtsein beherrscht. Vor einigen Tagen erhielt ich einen Brief von ihr, mit einem Foto, das sie übermütig lachend mit einem Glas Orangensaft zeigte. Nachdem sie die Macht in ihrem Innern entdeckt hatte, fand sie ein neues Gefühl der Freiheit und des Gemütsfriedens.

Praktizieren Sie diese Wahrheit

Alles, was von Ihrem wachbewußten Verstand als wahr angenommen wird, das akzeptiert auch Ihr Unterbewußtsein. Und die unendliche Intelligenz Ihres Unterbewußtseins macht sich daran, diese Annahme Wirklichkeit werden zu lassen. Jede Annahme – wahr oder unwahr – verhärtet sich zu einer Tatsache und kommt als solche auf dem Bildschirm des Raumes zum Vorschein.

Er sagte: »Es funktioniert«

Vor einigen Monaten erwähnte ich in einem meiner sonntäglichen Vorträge im Saddleback Theatre in El Toro, daß alles, was ein Mensch dem »ICH BIN« mit Gefühl und Verständnis hinzufügt, sich verwirklicht.

Daraufhin sagte ein Mann sich: »Das werde ich ausprobieren!« Dementsprechend bejahte er mehrmals am Tag laut hörbar, wenn es ihm möglich war: »ICH BIN wohlhabend. ICH BIN gesund. ICH BIN glücklich. Ich fühle mich großartig!« Auch beim Autofahren nahm er diese Bejahungen vor. Er machte sie sich zur Gewohnheit und fand dabei, daß sie ein gültiges Lebensgesetz waren. Sein Geschäft, seine Gesundheit und auch seine Familienbeziehungen erfuhren eine bemerkenswerte Veränderung. Er konnte feststellen, daß seine veränderte Einstellung auch alles andere in seinem Leben veränderte.

86

Ihre rechte Hand

Kürzlich las ich in einer Pressemeldung, daß in einem islamischen Staat einem rückfällig gewordenen Dieb die rechte Hand abgehackt worden war. Das Gerichtsurteil berief sich dabei auf den Koran. Die heiligen Schriften der Welt haben jedoch alle eine innere Bedeutung und sollten daher nicht wörtlich genommen werden. In Matth. 5:30 heißt es: *Und wenn dich deine rechte Hand verführt, so haue sie ab und wirf sie von dir. . .*

Die Bibel ist angefüllt mit Parabeln, Allegorien, Sinnbildern, Vergleichen und Geheimlehren. Ein Gleichnis hat sowohl eine äußere als auch eine innere Bedeutung. Mit der Hand können wir formen, erschaffen und aufzeigen. Die Aktionen Ihrer Hand wiederum werden von Ihrem Denken diktiert. Sollten Sie sich beispielsweise anschicken, ein monströses, scheußliches Bild zu malen, dann können Sie ein solches Vorhaben jederzeit ändern, indem Sie sich mit der unbeschreiblichen Schönheit Gottes identifizieren und ein wirkliches Kunstwerk hervorbringen.

Sollten Ihre künstlerischen Schöpfungen im großen und ganzen unproduktiv sein, dann geben Sie dieses Vorhaben lieber sofort auf. In anderen Worten: verändern Sie Ihre Gemütshaltung. Wenn Sie in Ihrem Geschäfts- oder Berufsleben nicht die erwünschten Resultate erzielen, dann liegt das an Ihrem Gedankenleben und an Ihren Vorstellungen. Dann müssen Sie Ihr Denken ändern.

In einem arabischen Land fragte ich den Fremdenführer nach der Bedeutung eines Schildes im Park. Wie er mir sagte, lautete die wortwörtliche Übersetzung: »Schneide deine Füße ab«, was in unsere Umgangssprache übersetzt heißen sollte: »Bitte nicht den Rasen betreten.« . . . *ohne Gleichnis redete er nichts zu ihnen* (Matth. 13:34).

Und wenn dich dein rechtes Auge verführt, so reiß es aus und wirf es von dir . . . (Matth. 5:29). Mit *Auge* ist hier die spirituelle Wahrnehmung gemeint – Ihr Verständnis, Ihre Betrachtungsweise der Dinge, Ihre Lebensauffassung. Wenn ein Schüler eine komplizierte mathematische Gleichung begriffen hat, dann sagt er gewöhnlich: »Ich sehe es jetzt ein«, und will damit zum Ausdruck bringen, daß er voll und ganz begriffen hat.

Jedesmal, wenn Sie meinen, daß es keinen Ausweg aus einer Situation gäbe oder Sie wohl nie im Leben vorwärtskommen würden, sollten Sie »dieses Auge ausreißen«. In anderen Worten: reißen Sie diese törichte Einstellung aus. Machen Sie sich statt dessen bewußt, daß Sie ein Sohn des Unendlichen sind – zum Siegen geboren! Begreifen Sie, daß Sie göttlich geführt werden. Leben Sie deshalb in freudiger Erwartung des Besten und das Beste wird zu Ihnen kommen. Fangen Sie damit an, in allem Gott zu sehen – in den Bäumen, den Steinen und in den Wasserfällen – in der gesamten Natur, in allem.

5

Sie können Ihre Ängste kontrollieren

Furcht ist die Ursache großen Elends und unbeschreiblicher Leiden. Wir alle sind zuweilen von Furchtgedanken befallen. Viele Menschen fürchten sich vor der Zukunft, vor dem Alter, vor Unsicherheit, vor einer Krankheit oder einem unheilbaren Zustand, oder vor dem Urteil der Ärzte. Viele sind voller Furchtgefühle in Familienangelegenheiten, viele lassen sich von Zeitungsberichten oder den Medien überhaupt Furcht einjagen. Furcht vor einem Atomkrieg, vor der Inflation und vor der wachsenden Kriminalität beunruhigen die Massen.

Viele Menschen fürchten sich vor dem Tod und vor der Einsamkeit im Alter. Andererseits gibt es unzählige Tausende, die dem Tod mit Gleichmut und Serenität entgegen sehen, weil sie sich bewußt sind, daß es keinen eigentlichen Tod gibt, sondern nur Leben, und sie ewig leben werden, in den vielen Wohnungen (Dimensionen) in unseres Vaters Haus.

Der Katalog der Ängste, die dem menschlichen Gemüt zu schaffen machen, ist endlos. Die einzige Antwort auf Furchtgefühle jeglicher Art ist das Hinwenden zur göttlichen Gegenwart in unserem Innern. Der Glaube an Gott treibt die Furcht aus ... *die Furcht hat Pein; wer sich aber fürchtet, ist nicht zur Vollkommenheit in der Liebe gelangt* (1. Joh. 4:18).

Wenn wir uns an den uns innewohnenden Gott wenden und über die Verheißungen der Bibel nachsinnen, denken und reden wir in »einer neuen Zunge«. Wenn Sie in diesem Nachsinnen verharren, wird Sie ein Gefühl des Friedens und der Geborgenheit überkommen. Gehen Sie einigen Ihrer Furchtgefühle auf den Grund, und Sie werden feststellen, daß viele von ihnen völlig unbegründet sind.

Nach einem Vortrag in einem Club hier in Leisure World sagte mir ein Mann, er sei Zeit seines Lebens um alles mögliche besorgt gewesen. Seine größten Sorgen habe er sich um Dinge gemacht, die dann niemals eingetroffen sind. Dafür habe er sich aber Magengeschwüre und einen überhöhten Blutdruck zugezogen und seine Lebenskraft spürbar geschwächt. Auf den Rat eines spirituellen Behandlungspraktikers studierte er den 23. und den 27. Psalm und wandte die darin enthaltenen Lehren an. Dadurch konnte er eine bemerkenswerte Heilung erreichen. Er begann sein Denken zu disziplinieren. Jedesmal, wenn sich Furchtgedanken einschleichen wollten, rezitierte er einen oder zwei Verse der Psalmen und überwand damit nach und nach seine Sorgegedanken. Er hatte festgestellt, daß alle seine Sorgen unbegründet und überflüssig waren.

Treten Sie der Furcht entgegen

Man braucht sich durchaus nicht zu genieren, wenn man feststellt, daß einen zuweilen Furchtgefühle überkommen. Es kommt nur darauf an, derartige Gedanken loszuwerden und durch gottgleiche zu ersetzen. Dabei ist es wichtig, daß wir eventuelle Furchtgefühle nicht bekämpfen, sondern uns auf der Stelle daranmachen, sie zu überwinden. Sie können es! Es bedarf dazu keineswegs übermenschlicher Anstrengungen, sondern lediglich einer Umleitung Ihrer Gedanken.

Der geheime Ort

Wer unter dem Schirm* des Höchsten wohnt, wer im Schatten des Allmächtigen ruht, der darf sprechen zum Herrn: Meine Zuflucht, meine Feste, mein Gott, auf den ich vertraue (Psalm 91:1). Der geheime Ort ist Ihr Gemüt. Wenden Sie sich nach innen und werden Sie sich bewußt, daß die Gegenwart Gottes dort zu finden ist – in Ihrem Innern. Durch Ihr Denken können Sie mit dieser göttlichen Gegenwart Kontakt aufnehmen und mit Sicherheit wird eine Reaktion erfolgen.

Das Wort Schatten steht für Schutz, so wie ein Schirm uns Schutz vor dem Regen oder den Sonnenstrahlen gewährt. Wenn Ihnen Furchtgedanken in den Sinn kommen, dann sollten Sie einige Verse des 91. Psalms repetieren. Tun Sie das im stillen, mit Gefühl und Verständnis, dann werden Sie sehr schnell gewahr werden, daß Sie ein wunderbares Gefühl des Friedens und der Geborgenheit verspüren, das sich leise und sacht in Ihr Herz geschlichen hat. Wenn Ihr Gemüt im Frieden ist, dann befinden Sie sich an dem geheimen Ort, denn Gott ist vollkommener Frieden und vollkommene Harmonie.

Furchtgefühle mögen Ihnen gewohnheitsmäßig wieder und wieder in den Sinn kommen. Wenn Sie jedoch darin beharren, jeden Furchtgedanken durch die Wahrheiten des 91. Psalms zu ersetzen, dann werden Sie nach und nach jede dieser Ängste bemeistern. Jedesmal wenn Sie einen konstruktiven Ge-

---

*in der englischen Bibel: ». . . an dem geheimen Ort des Höchsten«

danken hegen, wie »Die Liebe Gottes erfüllt mein Gemüt und mein Herz« oder »Gottes Frieden erfüllt meine Seele«, löschen Sie die Furcht aus und stärken an ihrer Stelle Ihr Vertrauen in Gott und seine Liebe. Ihre abnormen Ängste werden dann nach und nach schwinden und schließlich ganz ausgetilgt sein.

Biblische Anweisungen

Es gibt großartige Bibeltexte zur Überwindung von Ängsten. Machen Sie sich das Studium des 91., 27., 46. und des 23. Psalms* zur Gewohnheit und Sie werden Ihr Unterbewußtsein nach und nach von diesen ewigen Wahrheiten durchdrungen haben und schließlich befreit sein. Der folgende Vers wird Wunder wirken in Ihrem Leben: *Furcht ist nicht in der Liebe, sondern die vollkommene Liebe treibt die Furcht aus, denn die Furcht hat Pein; wer sich aber fürchtet, ist nicht zur Vollkommenheit in der Liebe gelangt* (1. Joh. 4:18).

Liebe ist eine emotionelle Eigenschaft. Sie ist das Ausströmen absoluten Wohlwollens. Spirituell gesehen bedeutet das ein Erkennen der Gegenwart Gottes in allen seinen Geschöpfen. Eine Frau, die sich seit einem Kindheitserlebnis vor Hunden fürchtete, begann zu bejahen: »Ich strahle Liebe auf alle Hunde aus. Sie lieben ihre Herren und sind oftmals Lebensretter. Die Gegenwart Gottes ist in jedem seiner Geschöpfe wirksam. Ich liebe Hunde. Sie sind freundlich, liebevoll und kooperativ.«

Diese Wahrheiten bejahte sie immer wieder, und nach einiger Zeit war sie mit den Hunden im Frieden. Sie hatte keine Angst mehr vor ihnen. Sie werden alle Ängste verlieren, wenn

---

* *Finde Dein höheres Selbst*, Verlag Peter Erd

Sie im Verständnis wachsen, daß es nur eine einzige Macht gibt. Sie sollten auch über die folgenden wundervollen Worte nachsinnen: *Der Herr ist mein Licht und mein Heil, vor wem sollte ich mich fürchten? Der Herr ist meines Lebens Zuflucht, vor wem sollte ich erschrecken?* (Psalm 27:1).

Wiederholen Sie diese Wahrheiten immer dann, wenn sich Furchtgefühle in Ihr Gemüt schleichen sollten, und Sie werden sehr bald ein Gefühl des Friedens und der Geborgenheit verspüren. In der Bibel heißt es auch: *Fürchte dich nicht, denn ich bin mit dir . . .* (Jes. 43:5). *Von schlimmer Kunde hat er nichts zu fürchten; sein Herz ist fest und vertraut auf den Herrn* (Psalm 112 :7). *Fürchte dich nicht, denn ich bin mit dir! Blicke nicht ängstlich, denn ich bin dein Gott! Ich mache dich stark, ja ich helfe dir; ich halte dich mit meiner sieghaften Rechten. Denn ich, der Herr, bin dein Gott, der deine Rechte faßt, der zu dir spricht: fürchte dich nicht; ich helfe dir* (Jes. 41:10, 13).

Wählen Sie einige oder alle dieser Verse und lesen Sie sie langsam, ruhig und gefühlvoll. Sie werden dann tief in Ihr Unterbewußtsein sinken und alle Furchtmodelle neutralisieren und auslöschen. Sie werden gestärkt und erleuchtet sein.

Ein Bibelvers rettete ihre Erbschaft

Eine Dame, die sich in einer Erbschaftsangelegenheit einer Anfechtungsklage seitens ihrer Verwandten gegenübersah, hielt sich an die folgende Wahrheit: *Auf Gott vertraue ich, fürchte mich nicht; was könnten Menschen mir antun?* (Psalm 56:5). Sie blieb standhaft und unerschütterlich in ihrem Glauben, und die Klage wurde abgewiesen.

Nehmen Sie Zuflucht bei den großen Psalmen. Wenn Sie diesen Wahrheiten einen Platz in Ihrem Gemüt eingeräumt haben, werden Sie feststellen, daß sich jegliche Furcht aufgelöst und in ein Gefühl des Friedens und der Geborgenheit verwandelt hat.

Wer ist Ihr Herr?

Denn er bringt mich in seine Hütte zur bösen Zeit; er schirmt mich im Schutz seines Zeltes und hebt mich auf einen Felsen (Psalm 27:5).

Wer ist Ihr Herr und Meister – jetzt, in diesem Moment? Ihr Herr ist die in Ihrem Gemüt vorherrschende Haltung, Ihre Meinungen und Überzeugungen von sich, von anderen Menschen und von der Welt im allgemeinen. Dieser Herr kann ein Tyrann sein. Sollte bei Ihnen beispielsweise ein Groll- oder Rachegefühl vorherrschen, dann ist dieses Gefühl Ihr Herr und Meister – ein Tyrann, der alle Ihre Handlungen und Lebensphasen beherrscht. Solange Sie in einer derartigen Stimmung verharren, können Sie anfangen, was Sie wollen: Sie werden immer das Falsche tun und sagen, denn Ihre vorherrschende Stimmung ist negativ. Ob Sie Geld investieren, ein Haus oder ein Grundstück erwerben wollen – solange Sie ein negatives Gefühl nähren, werden Sie keine glückliche Hand dabei haben. Das Gesetz lautet: »Wie innen, so außen.« Wenn Sie irgendetwas fürchten, reagieren Sie negativ. Furcht offenbart Mangel an Gottvertrauen, eine Verneinung seiner Allgegenwart.

Der Herr ist mein Licht und mein Heil . . . (Psalm 27:1). Der *Herr*, von dem hier die Rede ist, ist der Herrgott oder das Gesetz Gottes oder des Guten. Um das Gesetz des Guten in Anwendung zu bringen, und damit alle Furcht ein für allemal zu bannen, müssen wir in unserem Gemüt Gedanken der Kraft, des Mutes und des Vertrauens errichten. Diese Gedan-

94

ken erzeugen dann die ihnen gemäße Stimmung und die entsprechenden Gefühle, die dem Erzfeind Ihrer Gesundheit und Ihres Erfolgs den Garaus machen.

Die Furcht, dieser selbsterzeugte Feind, muß vollkommen vernichtet sein, bevor der Herr – bevor Gott – durch Sie hindurch wirken kann. Ihre Furcht ist die Wolke, die den Sonnenschein Gottes verdeckt. Die Menschen haben sich persönliche Teufel geschaffen, mit ihrer Furcht vor der Vergangenheit, der Gegenwart und der Zukunft.

Es ist unsere Einstellung dem Leben gegenüber, die unsere Erfahrungen bestimmt. Wenn wir Ungemach erwarten, dann werden wir es auch bekommen. Der Wahrheitssucher, der das Gesetz Gottes oder des Guten kennt, erwartet ausschließlich Gutes. Die Welt ist nicht grausam, auch wenn es zuweilen den Anschein hat, weil wir die Gegenwart Gottes nicht zu bejahen vermögen. Manche Menschen fürchten die Kritik anderer so sehr, daß viele ihrer schönsten Gedanken nie das Licht des Tages erblicken.

Der Mensch, der sich der Macht und Gegenwart Gottes bewußt ist, gibt vergangenen Begebenheiten keinerlei Gedankenenergie. Er weiß, daß es so etwas wie eine Vergangenheit nicht gibt. Er weiß: sofern er an die Macht vergangener Geschehnisse glaubt, glaubt er nicht an Gott. Gott ist das ewige Jetzt; in Gott gibt es weder Zukunft noch Vergangenheit.

Das ist das Evangelium – die frohe Botschaft. So etwas wie ein Karma aus der Vergangenheit gibt es nicht, es gibt nur den törichten falschen Glauben des Menschen daran.... *Jetzt ist der Tag des Heils* (2. Kor. 6:2). Das Reich des Himmels ist nahe. Ihr Gutes, Ihre Gesundheit und Ihr Erfolg sind jetzt hier. Spüren Sie die Wirklichkeit dessen; lassen Sie sich davon überwältigen. Gelangen Sie zu der Überzeugung, jetzt das zu sein, was Sie zu sein begehren.

Schuldgefühle und ihre Bedeutung

Die einzige Schuld, die es gibt, ist das Bewußtsein der Schuld.

. . . Wenn eure Sünde auch blutrot ist, soll sie doch schnee-weiß werden, und wenn sie rot ist wie Scharlach, soll sie doch wie Wolle werden (Jes. 1:18). Das ist die frohe Botschaft. Der einzige Augenblick, der wirklich zählt, ist der gegenwärtige. Sie können nur in der Gegenwart leben, nur die Gegenwart er-fahren, nur in der Gegenwart planen und nur in der Gegenwart denken. Alles was Sie planen, das planen Sie jetzt. Alles was Sie fürchten, das fürchten Sie jetzt. Wenn Sie sich im klaren sind, daß jede Form von Mangel und Begrenzung die Auswir-kung Ihres falschens Denkens und Fühlens ist, dann kennen Sie die Wahrheit, die Sie frei macht. Dann werden die Berge versetzt sein.

Naturvölker und primitive Menschen fürchteten die Natur. Der moderne Mensch fürchtet seinen Mitmenschen. Die Gei-ster vergangener Zeiten haben wir zum größten Teil abge-schafft. Wir haben die Plagen besiegt und es wird nicht mehr lange dauern und wir werden die Elemente beherrschen. Der Mensch wird von der modernen Propaganda betäubt. Manche Menschen fürchten sich vor dem Leben und fürchten sich, etwas zu sagen. Mütter haben Angst vor ihren Kindern. Alles das geht letztendlich auf die abergläubische Meinung von einer Gott entgegengesetzten Macht zurück – einer Macht, die Gott herausfordert.

Das einzige Böse, das es überhaupt gibt, kommt allein durch mangelnde Kenntnisse der Lebensgesetze zustande. Wenn wir eine offene Stromleitung berühren, bekommen wir einen Schlag, was bei einer sachgemäß isolierten Leitung nicht der Fall wäre. Das Böse oder der Stromschlag war das Resultat unserer Unwissenheit; kein vernünftiger Mensch würde jedoch auf die Idee kommen, die Elektrizität als etwas Böses zu bezeichnen. Sie bringt den Menschen unzählige Segnungen. Sie wird benutzt, um Musik erklingen zu lassen, Züge zu fahren, Eier zu kochen, den Fußboden zu saugen, und die Welt zu beleuchten. Das Böse und die Furcht davor ist unsere falsche Anwendung des Gesetzes und unser unvollständiger Begriff von der Allgegenwart Gottes oder des Guten. Wo Furcht ist, kann keine Liebe sein; denn Irrtum und Verständnis können nicht einhergehen.

Die Wohlhabenden fürchten sich vor Verlust; die Armen fürchten nicht wohlhabend werden zu können. Der einzige Wohlstand und die einzige Sicherheit ist in dem Bewußtseinszustand begründet, dem wir anhängen. Verfügen wir über ein Bewußtsein des Wohlstands, dann wird nichts auf der Welt uns davon abhalten können, in allen unseren Belangen wohlhabend zu sein. Die von den Menschen gefürchteten Dinge sind unwirklich. Nur der Eine ist wirklich; nur der Eine ist Gesetz; nur der Eine ist Wahrheit.

Der Medizinmann im Dschungel von einst hat viele seiner abergläubischen Vorstellungen weitergereicht. Viele Kulte halten an diesen Überlieferungen fest und pflanzen Furchtgedanken in die Gemüter vieler Individuen. Sehen wir den Tatsachen ins Gesicht: die Ursache der meisten Ängste ist die Furcht des Menschen vor seinem Mitmenschen. Viele Menschen beten miteinander am Sonntag und bekämpfen sich dann gegenseitig am Montag.

Die Antwort auf das Problem der Furcht ist Verständnis. Alle Furcht geht auf Unwissenheit zurück. Um Harmonie ausdrücken zu können, müssen wir harmonische Gedanken und Gefühle unterhalten. Wenn wir glücklicher Stimmung sind – in einer Stimmung der Erfolgserwartung und des Vertrauens, dann werden wir in allen Bereichen unseres Lebens die entsprechenden Resultate erzielen. Hat der Mensch erst einmal begriffen, daß jeder Mißklang, jede Krankheit und jeder Mangel auf falsches Denken zurückgeführt werden muß, dann kennt er die Wahrheit, die ihn frei macht.

Gebrauchen Sie Ihre Vorstellungskraft

Lernen Sie, sich das Gewünschte vorzustellen und spüren Sie die Wirklichkeit des bereits verwirklichten Zustands. Das ist der leichteste und schnellste Weg zu den entsprechenden Resultaten. Es bedarf dazu allerdings der Überzeugung, daß Gott die einzige Gegenwart und die einzige Macht ist. Dies zu wissen, ist das Wichtigste auf der Welt. Ungeachtet der Begründung Ihrer Befürchtungen gibt es niemanden, der hier zu behandeln oder zu heilen wäre, als Sie selbst, Sie müssen sich überzeugen, daß Sie jetzt Leben, Liebe und Wahrheit zum Ausdruck bringen. Wir sollten nichts und niemanden fürchten, sondern statt dessen Mut, Vertrauen und Kraft ausstrahlen. Auf diese Weise zerschmettern wir alle Behinderungen auf unserem Weg, und die Berge werden ins Meer geworfen.

Wir sind eines mit der unendlichen Macht. Wenn wir uns für schwach oder unzulänglich halten, dann reden wir ein falsches Zeugnis wider Gott. Furcht wendet die Liebe Gottes oder des Guten ab von uns, ebenso wie ein Armutsbewußtsein den Wohlstand von uns treibt. Der Mensch muß endlich aufhören, anderen die Furcht zu predigen und sich statt dessen zusammenfinden, um die ganze Wahrheit zu lehren.

Gott ist zeit- und raumlos

Die Wahrheit ist, daß es weder einen Teufel, noch eine Hölle, ein Fegefeuer, eine Vorhölle oder eine Verdammnis irgendeiner Art gibt; des weiteren muß auch nicht irgendwelches

Karma abgetragen werden, und es gibt kein zu erwartendes Böses in der Zukunft. Gott ist das ewige Jetzt! Das ist eine der dramatischsten und signifikantesten Feststellungen, die in der ganzen Bibel zu finden sind: . . . *Jetzt ist der Tag des Heils* (2. Kor. 6:2). Damit ist der gegenwärtige Augenblick gemeint. Sie brauchen sich nur jetzt, in diesem Moment, Gott zuzuwenden und das Begehrte zu beanspruchen. Nehmen Sie es an, glauben Sie es und gehen Sie freudig Ihres Weges . . . *Wenn eure Sünde auch blutrot ist, soll sie doch schneeweiß werden, und wenn sie rot ist wie Scharlach, soll sie doch wie Wolle werden* (Jes. 1:18). . . *Siebzig mal sieben mal* (vergeben) (Matth. 18:22). . . *Noch heute wirst du mit mir im Paradies sein* (Luk. 23 :43).

Hören wir doch auf, Furchtgedanken in die Gemüter der Jugend zu pflanzen; lehren wir sie lieber die wirklichen Tatsachen. Solange wir religiöse Toleranz nicht praktizieren, sollten wir sie auch nicht predigen. Wir müssen die Wahrheit lehren und sie zugleich vorleben. Wir dürfen da keine Kompromisse eingehen, nur um vielleicht eine Position zu erhalten oder weil wir meinen, andere würden sich dann von uns fernhalten. Diese Art der Furcht hat Frustration und spirituelle Stagnation zur Folge. Wir müssen unser Auge auf das Reich des Himmels gerichtet haben, und nicht auf das der Erde. Wir müssen andere Menschen die Wahrheit lehren, und die Wahrheit wird sie frei machen.

Die Wahrheit ist: der Mensch ist zum Ausdruck gebrachter Glaube!

Es gibt keine Furcht, wo Gottvertrauen vorherrscht. Es gibt keine Furcht vor anderen Menschen, wenn Aufrichtigkeit im Gemüt herrscht. Es gibt keine Furcht vor Kritik, wenn das Bewußtsein von Freundlichkeit im Gemüt Platz gegriffen hat. Religion ist Wohlwollen in Aktion oder die Anwendung der Goldenen Regel. Wir erkennen somit, daß die Furcht die größte Schwäche des Menschen ist, die allein auf Unwissenheit basiert.

Denn er birgt mich in seiner Hütte zur bösen Zeit; er schirmt mich im Schutz seines Zeltes und hebt mich auf einen Felsen (Psalm 27:5). Im Schutz seines Zeltes beschirmt werden, heißt vom Gewand Gottes (der Stimmung des Guten) bedeckt sein. Denken Sie an Gott. Fragen Sie sich: »Was bedeutet mir Gott?« Machen Sie sich bewußt, daß Gott oder das ICH BIN das Ihnen innewohnende Leben ist, Ihr Bewußtsein, und daß diese Kraft allmächtig ist.

Gott und das Gute sind gleichbedeutend

Nehmen wir ein Beispiel: wenn ein Mensch in Gefangenschaft ist, begehrt er automatisch seine Freiheit. Die Freiheit ist sein Gutes. Gott und das Gute sind gleichbedeutend. Er denkt jetzt an diese unendliche Macht und Weisheit in seinem Innern. Er weiß, daß diese Macht über Mittel und Wege verfügt, ihn zu befreien – Mittel und Wege, die er mit seinem wachbewußten Verstand nicht kennt. In seiner schöpferischen Imagination stellt er sich daher das Gegenteil seines gegenwärtigen Zustands vor, nämlich Freiheit. Obgleich er sich hinter Gittern befindet, stellt er sich vor, daheim zu sein. In seiner Meditation fühlt er, wie er daheim mit seinen Lieben spricht. Er hört die vertrauten Stimmen und spürt den Willkommenskuß seiner Kinder auf seiner Wange. Das ist *in der Hütte geborgen sein*. Der Gefangene versetzt sich in die Wirklichkeit des vollendeten Zustands. Er spürt tatsächlich die Freude, wieder daheim zu sein. Dieser Zustand ist erreichbar. Es ist absolut möglich, sich im Bewußtsein weit genug zu erheben – sogar innerhalb von fünf oder zehn Minuten –, um eine subjektive Überzeugung vom Vorhandensein des begehrten Zustands als vollendete Tatsache zu erzeugen. Das ist die Bedeutung von ... *er schirmt mich im Schutz seines Zeltes ...* (Psalm 27:5). Das Gesetz lautet: was immer dem Unterbewußtsein aufgedrückt wird, das wird von ihm ausgedrückt. Um bei dem erwähnten Beispiel zu bleiben: die Gefängnistore werden sich für diesen Menschen öffnen, auf »Wegen, von denen er nichts weiß.« *...und unerforschlich seine Wege* (Röm. 11 :33).

Wir lesen in den Schriften: *Fürchte dich nicht, du kleine Herde; denn es ist eures Vaters Wohlgefallen, euch das Reich zu geben* (Luk. 12:32). Jesus hat uns klar gesagt, daß dieses Reich sich in uns befindet – dieses Reich des Himmels oder der Harmonie befindet sich in einem jeden von uns. Unendliche Weisheit, göttliche Intelligenz und unendliche Macht sind allen Menschen gleichermaßen verfügbar, denn Gott ist in ihrem Innern und ist ihr eigentliches Leben. Jeder kann sich selbst beweisen, daß das Reich des Himmels nahe ist. Es ist hier und jetzt. Jesus war sich dieser Tatsache bewußt und lebte danach. Wir sind farbenblind, deshalb können wir es nicht sehen. Diese Blindheit geht auf Unwissenheit und Furcht zurück. Wir sind geblendet worden von jahrhundertealten Lehrmeinungen, Falschglauben, Dogmen und purem Aberglauben. Die Wahrheit ist von falschen Dogmen derart verzerrt worden, daß wir einen Gott und einen Himmel nach menschlichen Vorstellungen geschaffen haben. Gott ist jedoch für uns immer das, was er unserer Überzeugung nach ist. Der Mensch hat sich da ein horrendes Geschöpf irgendwo in den Wolken geschaffen. Er stellt sich einen launischen, rachsüchtigen Gott vor, ein unberechenbares Wesen, das Plagen schickt und Kriege anzettelt etc. Wir schaffen uns unsere eigene Hölle und unseren eigenen Himmel, gegründet auf unserem Gotteskonzept. Jeder kann sich beweisen, daß das Reich Gottes zur Hand ist.

Gebet treibt die Furcht aus

Ich möchte Ihnen jetzt die Geschichte eines jungen Mädchens erzählen, welches das bewiesen hatte. Diese junge Frau führte ihrem Vater den Haushalt. Das Zusammenleben mit ihrem Vater war eine einzige Tortur. Jeden Abend kam er völlig betrunken heim und wurde dann brutal. Durch diese ständige Frustration war ihr Gesicht von Akne befallen, ihr Teint mit Pickeln übersät.

Wir leben jedoch nicht eigentlich mit anderen Menschen; wir leben mit unserem Konzept von ihnen. Im Bewußtsein dieser Wahrheit meditierte die junge Dame über die ihr innewohnende Gotteskraft. Sie kleidete ihren Vater nicht länger in das Gewand oder die Stimmung eines Trunkenbolds. Statt dessen sah sie mit ihrem geistigen Auge einen liebevollen, treusorgenden Vater, der sich völlig unter Kontrolle hatte. Sie kleidete ihn in Gerechtigkeit (rechtes Denken) und ... *ihr Recht war ihr Mantel und Kopfbund* (Hiob 29:14), was bedeutet, daß sie ihren Vater so sah, wie er sein sollte. Die exzessive Trunksucht ihres Vaters war eine Flucht vor sich selbst. Mit ihr wollte er seinen Minderwertigkeitskomplex überwinden. Er wollte sozusagen vor sich selbst davonlaufen.

Sie sprach das Wort, das ihn heilte. Sie entspannte ihren Körper, schloß die Augen und fragte sich: »Wie würde ich mich fühlen, wenn Vater friedlich und liebevoll wäre?« Sie verweilte mental bei dem erwünschten Zustand – bei der Lösung ihres Problems – und wurde daraufhin von einem Gefühl tiefen Friedens, Vertrauens und unbändiger Freude erfaßt. Das hieß »ihn in Gerechtigkeit kleiden.« Ihr rechtes Denken war *Mantel und Kopfbund*.

Wenn Sie ein Urteil fällen, dann sind Sie zu einer Entscheidung gekommen. Es ist ein endgültiges Urteil und Sie sind der Richter, der es verkündet. ... *Wie ich höre, so richte ich ...* (Joh. 5:30). Ihr Urteil bestand aus einem inneren Hören und Fühlen. Sie sah ihren Vater glücklich und erfreut. Sie hörte ihn sagen, wie wunderbar er sich jetzt fühlte und daß er seinen Frieden hatte und sich ausgeglichen fühlte. Dann hörte sie auch Komplimente von ihm, sie hörte ihn sagen, wie wunderbar er sie fände. Sie war entzückt, daß ihr Vater jetzt geheilt und vollkommen war.

Er trug ein nahtloses Gewand – keine Löcher, keine Flicken und keine Nähte. Das bedeutet: sie meditierte über die Stimmung von Liebe, Frieden, und Einssein mit ihrem Ideal. Alle Zweifel und Befürchtungen waren ausgeschaltet (Recht als Mantel). *Recht als Kopfbund* bedeutet, daß sie *Schönheit für Asche* gab, d.h. sie sah Schönheit in ihrem Vater und fühlte es auch.

Nach einer Woche dieser Mentalbehandlung war ihr Vater vollkommen geheilt; mehr noch – er war ein anderer Mensch geworden. Seine Haltung war völlig verändert, er und seine Tochter brachten sich nunmehr Wertschätzung entgegen. Sie hatte bewiesen, daß das Reich Gottes (Frieden und Harmonie) JETZT zur Hand ist.

Was fürchten wir eigentlich? *Ist Gott für uns, wer mag wider uns sein?* (Röm. 8:31). Die Dinge, die Sie fürchten, existieren überhaupt nicht.

Ein Geschäftsmann mag beispielsweise befürchten, daß seine Unternehmungen fehlschlagen werden. Die Situation ist jedoch so, daß weder seine Geschäfte fehlschlagen, noch er sich in Konkurs befindet. Im Gegenteil: alles läuft wie sonst auch, vielleicht sogar besser. Fehlschläge existieren nirgendwo als in seiner Imagination. Hiob sagte: . . . *denn was ich gefürchtet hatte, ist über mich gekommen . . .* (Hiob 3:25).

Hiob ist im Grunde jeder Mensch, der diese Erde bevölkert. Wenn dieser Geschäftsmann daher den Gedanken an Fehlschlag aufrechterhält und die dazugehörige Stimmung erzeugt, dann kristallisiert sich eben diese Stimmung früher oder später in eine subjektive Überzeugung, die das ihr gemäße im äußeren Bereich zum Ausdruck bringt.

Jedes dem Unterbewußtsein aufgeprägte Gefühl manifestiert sich im Bereich der Erscheinungen, das ist das unausweichliche Gesetz des Lebens. Das Unterbewußtsein, unpersönlich und völlig unparteiisch, sagt: »John möchte geschäftlich versagen.« Und damit macht es sich an die Arbeit und führt diese Fehlschläge herbei – auf Wegen, von denen John nichts weiß. Es dürfte jedem klar sein, daß er sich sein Versagen selbst zugezogen hat, durch Imagination und Gefühl.

Lassen Sie göttliche Liebe vor sich hergehen

Ich kannte einmal eine Dame, die immer befürchtet hatte, einmal das Opfer einer Flugzeugkatastrophe zu werden. Sie las oft von Flugzeugwracks und sah sich die entsprechenden Photos an. Eines Tages sollte sie nach Los Angeles fliegen, fürchtete sich jedoch vor einem Unglück. Ein negativer Gedanke kann uns solange keinen Schaden zufügen, solange er nicht mit dem entsprechenden Gefühl aufgeladen ist – einem starken Furchtgefühl. Er muß emotionalisiert werden, bevor er wirksam werden kann. Diese Dame war sich nicht bewußt, was sie sich da antat, sie hatte keine Ahnung von den Lebensgesetzen. Diese Ignoranz ist die Ursache aller Unfälle und allen Mißgeschicks. Da sie sich immer als Opfer eines Flugzeugunglücks gesehen und diesen Gedanken mit einem starken Furchtgefühl emotionalisiert hatte, mußte sich das Ganze zwangsläufig ereignen. Als sie zwei Monate später die Reise unternahm, geschah das Unglück, von dem sie »immer gewußt« hatte.

Nehmen wir einmal an, eine Frau fürchtet, von ihrem Mann verlassen zu werden. Dieses Furchtgefühl wird vom Unterbewußtsein des Ehemannes aufgenommen. Wenn er die Gesetze des Lebens nicht kennt, dann wird sich diese Überzeugung seiner Frau im äußeren Bereich manifestieren.

In anderen Worten: er wird genau das tun, was seine Frau befürchtet hatte, denn genau das war ihre Überzeugung von ihm. Wenn sie nun imstande ist, dieser negativen Stimmungen Herr zu werden, wenn sie ihren Mann mit ihrem geistigen Auge vor sich sieht, Frieden, Gesundheit und Glück ausstrahlend, dann wendet sie damit dieses Geschick von sich ab. In ihren Meditationen – morgens und abends – strahlt sie die Stimmungen von Liebe und Frieden aus und fühlt, daß ihr Ehemann der wunderbarste Mensch auf der Welt ist.

Sie weiß, er ist liebevoll, zuvorkommend, freundlich und ihr zugeneigt. Sie hört ihn sagen, daß er sie liebt, daß sie wundervoll sei und wie froh, glücklich und ausgeglichen er sei. Ihr Furchtgefühl ist nun durch ein Gefühl der Liebe und des Friedens ersetzt worden. Sie weiß jetzt: . . . *er tut nichts Unrechtes* (Zeph. 3:5), und . . . *vollkommene Liebe treibt die Furcht aus* . . . (1. Joh. 4:18).

Unser tägliches Gebet – unsere tägliche Stimmung – muß freudige Erwartung, vertrauensvolle Erwartung alles Guten beinhalten. Das ist unser größtes Gebet.

Wenn wir das Beste erwarten, dann wird uns das Beste zuteil werden. Unsere Stimmungen sind es, die unser Leben bestimmen.

Die moderne Metaphysik lehrt, daß Gott das Lebensprinzip im Menschen ist. Wenn Sie Glauben und Vertrauen ausdrükken, dann ist das der Ausdruck des Ihnen innewohnenden göttlichen Geistes, der allmächtig ist. . . . *und niemand kann seiner Hand wehren, noch zu ihm sagen: was machst du?* (Dan. 4:32). Das Bewußtsein des Menschen ist Gott; es gibt keinen anderen Gott. Und Bewußtsein bedeutet Existenz, Leben und Gewahrsein.

Sie, der Leser, wissen, daß Sie existieren. Dieses Wissen um Ihre Existenz ist Gott. Ihr Gewahrsein ist Ihr Gotteskonzept. Jeder muß sich fragen: »Wessen bin ich mir gewahr?« Die Antwort auf diese Frage offenbart sein Konzept von Gott. Es offenbart das, was er von Gott weiß. Sagt er sich: »Ich gewahre Mangel und Begrenzung, ich habe Angst, ich bin krank,« dann sind das Unwahrheiten – Feststellungen, die auch nicht den geringsten Wahrheitsgehalt haben. Sagt der Mensch nämlich: »Ich habe Angst,« dann behauptet er damit nicht weniger, als daß Gott Angst hat, und das ist selbstverständlich völlig unsinnig. Sagt er: »Ich leide Mangel,« dann spricht er auch damit eine Unwahrheit aus. Er verneint den göttlichen Überfluß, die göttliche Fülle. Er verneint die unendliche Versorgung. Er glaubt an Fehlschlag und hat mit diesem Glauben Erfolg. Er glaubt an eine Unwahrheit, deren Wahrheitsgehalt er nicht zu beweisen vermag. Der falsche Zustand erscheint ihm als Wirklichkeit, solange er über ihn nachsinnt. Sobald er aufhört, daran zu glauben, ist er frei und geheilt.

6

Wie Tele-PSI
die Macht Ihres Bewußtseins schärft

Ihr Unterbewußtsein ist der Erbauer und Wiedererbauer Ihres Körpers, mit Kontrolle über alle seine sogenannten unfreiwilligen Funktionen. Es beherrscht Atmung, Verdauung, Verwertung, Kreislauf, Ausscheidung und alle anderen automatischen Tätigkeiten. Das Unterbewußtsein ist zugleich ein großartiger Chemiker, der alle genossene Nahrung in Gewebe, Muskeln, Knochen, Blut und Haar verwandelt und ständig neue Zellstrukturen aufbaut.

Ihr Unterbewußtsein ist zugleich der Aufbewahrungsort Ihrer Erinnerungen. Alles, was von Ihrem wachbewußten Verstand als wahr akzeptiert wird, das wird von Ihrem Unterbewußtsein verwirklicht. Ihr tieferes Bewußtsein ist für Suggestionen empfänglich, es ist gleichzeitig der Sitz der Gewohnheiten.

Bei Hypnoseexperimenten werden Sie feststellen, daß Ihr Unterbewußtsein jede Suggestion akzeptiert, da es ausschließlich deduktiv wägt. Seine Deduktionen sind immer in Harmonie mit der Prämisse; deshalb sollten alle Suggestionen in ihrer Qualität lebengebend und konstruktiv sein.

Die Sprache Ihres Unterbewußtseins ist eine symbolische. Das kommt insbesondere in Ihren Träumen zum Ausdruck, die oftmals Ihre unerfüllten oder unterdrückten Wünsche dramatisieren. Ihr Unterbewußtsein ist ein wunderbarer Imitator; es wird alles personifizieren, was ihm lebhaft suggeriert wird. Als Sitz aller psychischen Erfahrungen empfängt es intuitiv und unabhängig von den Begrenzungen durch Zeit und Raum. Bedenken Sie auch, daß sich innerhalb Ihres Unterbewußtseins das Superbewußtsein befindet (von Emerson als die große Überseele bezeichnet), oder die Gegenwart Gottes oder der höchsten Intelligenz.

In anderen Worten: das ICH BIN oder der lebendige allmächtige Geist, der alles weiß und alles sieht, befindet sich in Ihrem Innern. Ihr Unterbewußtsein beherbergt unendliche Weisheit, unendliche Liebe und alle Eigenschaften und Attribute des unendlichen Seins, Gott genannt.

Ihr wachbewußter Verstand nimmt die äußere Welt durch das Mittel der fünf Sinne wahr: Er wägt durch Induktion, Deduktion, Analyse und Analogie. Sie bestimmen, selektieren und planen mit Ihrem Verstand, dem Sitz der Willenskraft. Ihr Wille wiederum setzt sich zusammen aus Wunsch, Entscheidung und Entschluß. Sie konzentrieren sich mit ihrem wachbewußten Verstand und prägen Ihrem Unterbewußtsein durch scharfgezogene Aufmerksamkeit Eindrücke auf. Da Sie Ihre Mentalbilder mit Ihrem Verstand imaginieren, können Sie Ihr Unterbewußtsein weitaus wirksamer imprägnieren, wenn Sie eine klarere Vision dessen erstellen, was Sie sein, tun oder haben wollen.

Ihr Wachbewußtsein kann Erfolg und Wohlstand erklären und behaupten durch seine Macht der bewußten Kontrolle in konstruktivem Denken, Reden und Vorstellungen. Sie können

Ihr Unterbewußtsein völlig durchtränken mit Gedanken des Wohlstands und Erfolgs.

Notfälle als Stimulatoren der mentalen Kräfte

Ihr wachbewußter Verstand wird in ausgesprochenen Notsituationen zu einem äußerst empfänglichen Organ für Eingebungen aus dem Unterbewußtsein. In solchen Augenblicken übernimmt die Weisheit und Intelligenz Ihres Unterbewußtseins die Kontrolle. Ihr Wachbewußtsein übernimmt dann eine rein rezeptive Rolle. Auf diese Weise verwirklichen sich psychische Phänomene. Ihr Verstand kann erleuchtet und inspiriert werden, durch Anrufen der Weisheit und Intelligenz Ihres tieferen Bewußtseins, das alles sieht und weiß.

Tele-PSI und der Trancezustand

Ich hatte die große Geraldine Cummins zu ihren Lebzeiten oftmals in ihren Häusern in London und Cork, Irland, besucht. (Sie ist die Autorin von *Unsichtbare Abenteuer, Die Schriften der Cleophas* und vieler anderer Bücher.) Sie ist bei vielen Gelegenheiten von den hervorragendsten Wissenschaftlern Englands untersucht worden. Alle waren sie der einhelligen Meinung, es bei ihr mit ganz bemerkenswerten psychischen Kräften zu tun zu haben.

Ich habe an vielen Sitzungen mit ihr teilgenommen, da ich mich von jeher für außersinnliche Wahrnehmung und psychische Phänomene aller Art interessiere. Bei solchen Sitzungen wurde Miss Cummins sehr still und gelangte in einen passiven, empfänglichen Zustand. Ihr wachbewußter Verstand war teilweise untergetaucht, und plötzlich behauptete sie, daß ihr

Kontrollgeist »Astor« übernommen habe und sie begann zu schreiben – Seite für Seite außergewöhnlicher Information.

In einem Fall sagte sie, daß meine Schwester Mary Agnes, die in die nächste Dimension übergewechselt war, sich gemeldet habe. Beim Überfliegen der Seiten machte ich die Entdeckung, daß viele Passagen in Gaelisch, Französisch und Latein abgefaßt waren – alles Sprachen, die Geraldine nicht beherrschte. Desgleichen hatte meine Schwester in das Geschriebene sechs besondere Merkmale eingeschlossen, an denen ich sie erkennen konnte, jedes von ihnen außerordentlich akkurat. Sie berichtete aus unserer Kindheit unter Berücksichtigung nur mir bekannter Details und machte außerdem einige bemerkenswerte Voraussagen, die alle inzwischen eingetroffen sind.

In dieser Hinsicht fungierte Geraldine lediglich als schreibendes Instrument, indem sie Dinge zu Papier brachte, von denen sie im Grunde nichts wußte. Als Geraldine mit dem Schreiben fertig war, hatte sie keine Ahnung von dem, was sie da eigentlich geschrieben hatte. In diesem Fall war die Beweislast überwältigend und ich bin selbstverständlich restlos überzeugt, daß es sich hier um meine Schwester gehandelt hatte, die sich aus der nächsten Dimension zu Wort gemeldet hatte.

Normale psychische Kraft

Es gibt viele psychisch begabte Menschen, die Ihr Unterbewußtsein anzuzapfen vermögen, während sie sich im Normalzustand befinden, d. h. völlig wachbewußt sind. Diese Befähigung ist latent in jedem Menschen angelegt, nur haben einige sie besser entwickelt als andere.

Abnorme psychische Kräfte

Bei anderer Gelegenheit hatte Geraldine Cummins mich zu
einer Sèance eingeladen, die eine Freundin von ihr in Südir-
land leitete. Dieses irische Medium fiel in eine Volltrance und
behauptete, von einem ägyptischen Priester kontrolliert zu
werden. In diesem Zustand enthüllte sie wunderbare psychische Kräfte. Wir saßen zu sechs Personen um den Tisch
herum, der mit einer erstaunlichen Leichtigkeit angehoben
wurde, allein durch die Kraft des Unterbewußtseins dieses
Mediums. Ein anwesender Professor war überzeugt, mit seiner
Mutter zu sprechen. Er machte geltend, daß es sich einwandfrei um ihre Stimme handelte, daß sie ihn mit seinem
Kosenamen angeredet habe, und daß sie sich auf griechisch
mit ihm unterhalten habe, ihrer Muttersprache, die das im
Trance befindliche Medium ohnehin nicht verstehen könne.

Viele materialisierte Formen erschienen noch – einige von
ihnen sprachen. Alle waren bekleidet und verfügten über Be-
fähigungen, wie sie auch Menschen zu eigen sind. Eine Frau
hielt einen Schwatz mit einem materialisierten jungen
Mädchen, das sie für ihre Tochter hielt. Diese Materialisatio-
nen hielten noch etwa fünf oder sechs Minuten an und ver-
schwanden dann völlig. Alles das spielte sich am Nachmittag
ab nicht bei gedämpftem Licht, sondern für alle Anwesenden
deutlich sichtbar. Die Formen waren aller Wahrscheinlichkeit
nach ektoplasmische Projektionen des Mediums.

Psychometrische Kontakte

Kürzlich machte Dr. David Howe aus Las Vegas mich mit
einer psychometrisch begabten Frau bekannt, die über die
außergewöhnliche Fähigkeit verfügte, die subjektive Seite der

Dinge lesen zu können. Lediglich durch Berührung eines Gegenstandes, der mit einer bestimmten Person verbunden ist, wie ein Ring, ein handgeschriebener Brief etc. ist sie imstande, eine detaillierte Beschreibung dieser Person zu geben, mit allen Charakteristiken, Neigungen, Beruf, Alter, familiären Verhältnissen und Zukunftsaussichten. Wenn sie einen Ring berührt, den der betreffende Mensch getragen hat, dann spürt sie eine bestimmte Schwingung und begibt sich in die mentale Atmosphäre dieser Person. Der Grund dafür liegt in der Tatsache, daß das Unterbewußtsein alles durchdringt und der Ring mit der mentalen Atmosphäre des betreffenden Menschen imprägniert ist, und es dadurch dem Medium ermöglicht, in sein innerstes Gedankenleben einzudringen.

Tele-PSI und innere Stimmen

Bei einem Seminar an Bord eines Schiffes, im letzten Jahr, erzählte mir ein Offizier bei Tisch, daß er zeitweilig innere Stimmen höre, besonders, wenn mit dem Schiff irgend etwas nicht in Ordnung ist. Diese Stimmen sagten ihm dann genau, um welche Schwierigkeiten es sich handele und wie sie zu beheben seien. Er war sich bewußt, daß er damit über eine bemerkenswerte Fähigkeit verfügte, die andere Besatzungsmitglieder nicht hatten, und daß es sich in den meisten Fällen auch um Warnungen irgendwelcher Art gehandelt habe.

Einmal, vor der italienischen Küste hörte er die innere Stimme sagen, ein Mannschaftsangehöriger sei auf dem Weg zu seiner Kabine, um ihn zu erschießen. Dieser Mann lief Amok. »Ich verriegelte meine Kabinentür«, sagte er mir, »rief den Kapitän und ließ den Mann einsperren. Als wir den Hafen erreichten, wurde er in eine Nervenheilanstalt geschafft.« Die innere Stimme war hundertprozentig richtig: der Mann war mit einer Pistole bewaffnet und hatte die Absicht, den Offizier umzubringen.

Solche Warnungen können uns auch im Traum und in Nachtvisionen zuteil werden.

Die innere Stimme dieses Offiziers war eine Realität, denn er hatte es sich zur Gewohnheit gemacht, sein Unterbewußtsein zu instruieren, durch eine Stimme jederzeit beschützt, behütet und auf jede Weise gesegnet zu sein. Diese Stimme ist die Stimme seines höheren Selbstes. Er machte sich ständig bewußt, daß alle Warnungen, Eingebungen und Instruktionen von der unendlichen Gegenwart innerhalb seines Unterbewußtseins kommen.

Gespräche mit Stimmen in Sèance-Räumen

Während vieler Sèancen, die ich in London, Johannesburg, Kapstadt und New York City miterlebt habe, mit Medien im Tieftrance, hatte es den Anschein, daß die Luft mit den Stimmen körperloser Wesenheiten angefüllt sei.

Ich habe mich des längeren mit einigen dieser Stimmen unterhalten und zum Teil erstaunlich intelligente Antworten erhalten. Oftmals waren andere Anwesende – Psychologen, Ärzte, Universitätsprofessoren – der Ansicht, es mit früheren Kollegen oder Angehörigen zu tun zu haben. Diese Annahme gründete sich auf die Sachkenntnis, Diktion, Charakteristiken, Umgangsformen und Besonderheiten derer, die in der vierten Dimension wirkten.

Was mich persönlich betrifft, so war ich keineswegs zufriedengestellt. Es blieben erhebliche Zweifel bezüglich derer, die sich als meine Angehörigen ausgaben. Ich war mir durchaus nicht im klaren, ob diese Stimmen auf das Unterbewußtsein des Mediums zurückzuführen waren, oder ob es sich in der Tat um die Stimmen meiner Verwandten in der nächsten Lebensdimension handelte.

Auf jeden Fall ist das Ganze ein spannendes, faszinierendes Erlebnis. Bei einer Gelegenheit glaubte ich die Stimme meines Vaters zu hören, der insgesamt vier Sprachen beherrschte: Gaelisch, Englisch, Französisch und Latein. Seine Stimme klang natürlich und vertraut – so, als ob er sich im Zimmer befände. Er sagte zu mir: »Joe, du wirst es jetzt wissen, daß es dein Vater ist, der zu dir spricht. Ich habe dir dieses Gebet beigebracht, als du fünf Jahre alt warst.« Dann sprach er das Vaterunser auf Gaelisch, Französisch und Lateinisch. Er bat sodann, allen Anwesenden vorgestellt zu werden und meinte, er würde keinen von ihnen erkennen. Er brachte mir viele Begebenheiten aus meiner frühen Kindheit in Erinnerung, die ich inzwischen vergessen hatte. Diese Begebenheiten wurden später von meiner noch lebenden Schwester bestätigt.

Man könnte jetzt sagen, daß das Medium mein Unterbewußtsein angezapft habe und damit imstande gewesen sei, meinen Vater zu kopieren und seine Stimme nachzuahmen, aber das dürfte in diesem Fall zu weit hergeholt sein. Sie können einen Menschen hypnotisieren und ihm erzählen, er sei jetzt Ihr Bruder. Da er aber Ihrem Bruder noch niemals begegnet ist, kann er weder seine Stimme nachahmen, noch seine Gestik oder Persönlichkeit kopieren.

Sie sah ihre Mutter, bevor sie überwechselte

Eine junge Lehrerin, die meine Sonntagsvorträge besucht, erzählte mir, daß sie sich eines Tages während der Mittagspause in der Schule allein im Klassenzimmer befand, um die nächste

Stunde vorzubereiten. Plötzlich sei ihre Mutter erschienen, hätte »Auf Wiedersehen« gesagt und sei verschwunden.

Diese Art der Erscheinung ist keineswegs ungewöhnlich. Ohne Zweifel hatte ihre Mutter in New York City unmittelbar vor ihrem Übergang in die nächste Lebensdimension an ihre Tochter gedacht und ihre Persönlichkeit zu ihr projektiert. Unter Berücksichtigung des Zeitunterschieds zwischen New York und Los Angeles war die Mutter ihr zum genauen Zeitpunkt ihres Übergangs erschienen.

Der Geist gab ihm eine Nachricht und verschwand

Bei anderer Gelegenheit machte Geraldine Cummins mich mit einem Mann bekannt, der das Gefühl hatte, sein Haus werde von Spukgeistern heimgesucht, da er regelmäßig laute Schritte die Treppe hinaufpoltern höre. Einmal hatte das Hausmädchen eine Erscheinung zu Gesicht bekommen und war minutenlang vor Schreck gelähmt. Sie war danach nicht mehr zum Bleiben zu bewegen und verließ das Haus am nächsten Morgen.

Ich erklärte ihm, daß es sich bei dem sogenannten Geist sehr wohl um eine Gedankenform handeln könne, wahrscheinlich von jemandem ausgesandt, dem Böses widerfahren sei und der vor seinem Tod den intensiven Wunsch gehabt hatte, das Geschehene anderen mitzuteilen. Dieser intensive Wunsch als Gedankenform nimmt oftmals die Gestalt einer Person an. Nachdem die Botschaft jedoch übermittelt worden ist, löst die Gedankenform sich auf. Ich beschwor ihn, sich diesem Geist zu stellen, in dem Moment, da er die Schritte auf der Treppe wieder hört, nach seiner Botschaft zu fragen und auf das zu hören, was er ihm zu sagen hat. Genau das tat er. Eines Abends sah er die Erscheinung und er sagte: »Gib mir deine

Nachricht.« Darauf erfuhr er, daß dieser Geist von seinem Bruder ermordet worden war. Unmittelbar nach dieser Eröffnung verschwand die Form.

Eine Gedankenform ist nicht die Persönlichkeit des Menschen; sie ist ein ausgesandtes Wort oder eben die Gedankenform und kann unter Umständen Hunderte von Jahren bestehen, bis jemand die Botschaft empfangen hat.

Die Bibel sagt: *So auch mein Wort, das aus meinem Munde kommt: es kehrt nicht leer zu mir zurück, sondern wirkt, was ich beschlossen, und führt durch, wozu ich es gesendet.* (Jes. 55 :11)

Im Falle dieser Erscheinung war das Wort der Gedanke und intensive Wunsch, jemandem mitzuteilen, daß er gewaltsam ums Leben gekommen sei. Dieses Wort (Gedankenform) hing dort in der Atmosphäre herum, bis jemand sich ihm stellte und zuhörte. Wie sich später herausstellte, war in dem Haus tatsächlich ein Mann ermordet worden, der Täter jedoch nie ermittelt.

Sie sagte: »Man praktiziert schwarze Magie gegen mich.«

Schwarze Magie, Hexerei und Teufelsanbetung sind seit urdenklichen Zeiten gelehrt und praktiziert worden. Genau betrachtet basiert das, was sich da Hexerei nennt, auf glatte Unwissenheit; sie bedeutet lediglich, über einen anderen Menschen negativ zu denken und ihm Übles zu wünschen. Einem anderen Übles zudenken heißt aber, das Gleiche für sich zu wünschen – was wir einem anderen wünschen, das wünschen wir im Grunde auch uns selbst.

Die Sekretärin, die den Terminus »Schwarze Magie« anwandte, sagte mir, daß eins der Mädchen im Büro ihr anvertraut habe, daß die anderen Voodoo-Zauber gegen sie praktizierten und mit ihren Gebeten sie zum Verlassen ihres Körpers bringen wollten. Das verängstigte sie natürlich ganz erheblich, sodaß sie mich schreckerfüllt um Rat ersuchte. Ich erklärte ihr, daß alle diese Gebete null und nichtig seien und daß alles, was sie zu tun hätte, sei, zu bejahen:

Ich bin lebendig im Leben Gottes. Gott ist Leben, und das ist jetzt mein Leben. Gottes Liebe erfüllt meine Seele. Seine Liebe umgibt mich, umhüllt mich und schließt mich ein. Ich führe ein wunderbares Leben. Der Strahl Gottes umhüllt mich jederzeit.

Ich wies sie an, dieses Gebet auswendig zu lernen und regelmäßig zu bejahen. Wenn diese Wahrheiten dem Gemüt regelmäßig unterbreitet würden, dann brächte das jedes Furchtgefühl zum Verschwinden. Jedesmal, wenn der Gedanke an Voodoo oder Schwarze Magie auftaucht, sollte sie bejahen: »Gott liebt mich und sorgt für mich.« Ich hob hervor, daß Geist (Gott) Einer ist, und daher unteilbar, und daß ein Teil des Geistes nicht im Gegensatz zum anderen Teil stehen kann. In anderen Worten: Geist kann nicht gegen sich selbst geteilt werden. Die Wahrheit ist endgültig, absolut und ewig. Diese einfache universelle Wahrheit erledigt damit die Frage der schwarzen Magie, der Hexerei und sonstiger bösartiger Praktiken ein für allemal.

Ich konnte sie überzeugen und sie befolgte meine Instruktionen auf das genaueste. Dann geschah etwas seltsames: Die drei Mädchen, die ihr Unglück und Verletzungen gewünscht hatten, wurden auf dem Weg zur Arbeit bei einem Verkehrsunfall getötet. Das Böse, das sie diesem Mädchen zugedacht hatten, fiel mit verstärkter Wirkung auf sie selbst zurück, da es im Gemüt der Empfängerin keine Entsprechung finden konnte, also nicht wußte, wohin es gehen sollte. Somit hatten sie sich im Grunde selbst zerstört.

In vielen Teilen der Welt gibt es Menschen, die versuchen, ihre mentalen Kräfte zum Schaden anderer einzusetzen. Niemand, der seinen Gleichklang mit dem Unendlichen begriffen hat, kann jedoch von solchen Praktiken berührt werden. Im Grunde verfügen Menschen, die schwarzmagische Praktiken, Hexerei oder Voodoo-Zauber anwenden, über keinerlei Macht. Sie gebrauchen Suggestionen, die zwar eine Macht, aber nicht die Macht darstellen. Die Macht ist allmächtig und bewegt sich als Einheit, Harmonie, Schönheit, Liebe und Frieden.

Ganz gleich, mit welchem Namen Sie diese Dinge auch belegen – sei es Satan, Schwarze Magie, Hexerei, bösartige Praktiken – alle diese Dinge sind einfach nur negative Suggestionen. Weigern Sie sich, den Suggestionen anderer irgendwelche Macht zuzugestehen. Geben Sie diese Macht nur der einen Gegenwart und Kraft. Lesen Sie den 91. Psalm und glauben Sie ihm, und Sie werden ein wunderbares Leben führen.

Sie schrieb Antworten ohne Schreibstift

Kürzlich war ich zu Gast im Haus eines alten Freundes in Mexico City. Mit uns war eine sehr schöne Frau eingeladen, die automatisches Schreiben praktizierte. Sie hielt einen Schreibstift in der Hand, die ganz plötzlich von ihrem Unterbewußtsein kontrolliert wurde. Wie sie sagte, würde ihre Hand von einer »entkörperten Wesenheit« geführt, Dr. Latella mit Namen, vermutlich ein früherer Arzt aus Spanien.

Sie brachte wunderbare Botschaften hervor, für alle acht Anwesenden, und alle waren sich einig, daß alles Geschriebene der Wahrheit entsprach. Sie enthüllte zukünftige Begebenheiten mit erstaunlicher Akkuratesse; am meisten faszinierte jedoch ihre Demonstration, bei der sie Stift und Papier auf den

Boden warf, und der Stift zu schreiben begann, ohne daß ihn jemand berührte.

Diese Botschaften hatten mit vergangenen Ereignissen in meinem Leben und im Leben anderer Anwesender zu tun. Eine Botschaft besagte, daß ein Mann aus Pennsylvania am nächsten Tag einen diplomatischen Posten bekleiden würde, was in der Tat zutraf. Man könnte jetzt Spekulationen anstellen und sagen, daß die unterbewußte Kraft der Anwesenden sich des Schreibstifts bemächtigt habe, oder daß es irgendwelche entkörperten Wesenheiten aus der nächsten Dimension waren, die den Stift führten. Hierbei müssen wir uns jedoch klarmachen, daß Wesenheiten aus der nächsten Dimension über einen weitaus verfeinerten Körper verfügen, als es unser dreidimensionaler Körper ist.

Psychische Phänomene werden von subjektiven Kräften verursacht und können unabhängig vom physischen Instrument durchgeführt werden. Menschen in der nächsten Dimension verfügen ebenfalls über ein subjektives Bewußtsein und befinden sich auch im Fleisch. (»Fleisch« in der Bibel bedeutet »Verkörperung«). Das bezieht sich natürlich nicht auf Gewebe, Muskeln, Knochen und Blut als solches; wir werden bis in alle Ewigkeit über einen Körper verfügen. Sie können niemals ohne einen Körper sein.

Bei streng wissenschaftlichen Untersuchungen in Seance-Räumlichkeiten wurde einwandfrei erwiesen, daß hier Objekte völlig unabhängig von physischer Berührung bewegt und gehandhabt wurden. Tische und Möbel sind bewegt worden und bei einer Gelegenheit in London war ich Zeuge, wie Geschirr gespült wurde, ohne von Hand berührt zu werden. In ASW-Kreisen wird das als telekinetische Energie bezeichnet, d. h. die Fähigkeit, bewegliche Objekte ohne die übliche physische Anstrengung und ohne den üblichen Kontakt zu handhaben.

Wer öffnete die Weinflasche?

Vor einigen Jahren, als ich Dr. Evelyn Fleet wieder einmal in London besuchte, machte sie mich mit einem Psychokineten bekannt, der uns Wein servieren sollte, ohne ein Glas oder eine Flasche zu berühren. Direkt vor unseren Augen wurde eine Flasche geöffnet, ohne daß irgend jemand irgend etwas angefaßt hätte, und ein Glas bis zum Rand vollgeschenkt. Das Glas wurde mir vor den Mund gehalten, worauf ich bestätigen konnte, daß es in der Tat *richtiger* Wein in einem *richtigen* Glas war.

Wie Dr. Fleet erklärte, war es das Unterbewußtsein des Telekineten, das dieses Phänomen zustandegebracht hatte. Offensichtlich hatte er das schon des öfteren in Gegenwart von Dr. Fleet getan.

Wir haben wunderbare Kräfte in uns, von denen viele uns noch nicht einmal bewußt sind. Man könnte sagen, daß psychische Phänomene von vierdimensionalen Wesenheiten oder dem Unterbewußtsein verursacht werden.

Das Wesentliche dabei ist, daß letztlich alle Phänomene durch Geisteskraft bewirkt werden, ob auf dieser Ebene oder der nächsten.

Ihr Unterbewußtsein ist imstande zu sehen, hören, fühlen, riechen, tasten und schmecken sowie zu reisen, ohne Zuhilfenahme des physischen Organismus.

Sie können sich selbst in eine Entfernung von mehreren tausend Meilen projektieren – sehen, was sich tut und auch nach Wunsch gesehen werden.

Vierdimensionales oder astrales Reisen ist wohlbekannt und findet auch allgemeine Anerkennung.

Solche Phänomene zu verneinen und ihre von Tausenden in aller Welt bewiesene Existenz abzustreiten, wäre glatte Ignoranz.

Weshalb viele Voraussagen zutreffen

Wenn Sie eine Eichel in den Boden senken, dann ist das vollkommene Muster der Eiche bereits darin enthalten. Die Idee der ausgewachsenen Eiche muß daher in der Saat vorhanden sein, anderenfalls könnte sie sich nicht verwirklichen. Die Saat macht in der Erde einen Zersetzungsprozeß durch und die subjektive Weisheit macht sich daran, eine mächtige Eiche zu bauen. Ihre Gedanken sind wie Samenkörner, und da Ihr Gemüt zeit- und raumlos ist, sind Ihre Gedanken und deren Manifestationen ein und dasselbe im Gemüt. In anderen Worten: Ihr Gemüt betrachtet Ihren Gedanken als vollendet. Gedanken sind Dinge. Ein gutes Medium, das Ihr Gemüt anzapft, sieht daher die vollzogene Manifestation Ihrer Gedanken, bevor sie sich auf dem Bildschirm des Raumes objektiviert haben.

Das Medium stimmt sich auf Ihre subjektiven Tendenzen ein – Ihre Überzeugungen, Pläne und Vorhaben und sieht sie als bereits verwirklicht an. Das Unterbewußtsein des Mediums – gleich dem Ihren – wägt nur deduktiv. Selbstverständlich können Sie jede Voraussage unwirksam machen, durch Veränderung des Denkens, wenn Sie das wünschen, denn eine veränderte Einstellung verändert auch alles andere.

Sie können bewußtes Gewahrsein praktizieren

Dr. Phineas Parkhurst Quimby, der in der Mitte des 19. Jahrhunderts im US Staat Maine lebte, war imstande, seine Identität zu kondensieren und anderen Menschen Hunderte von Meilen entfernt zu erscheinen. Dabei blieb er voll bewußt und verfiel auch niemals in Trance zu diesem Zweck oder um die Gedanken anderer zu lesen. Er konnte jede Krankheit auf das genaueste diagnostizieren und ihren Ursprung finden, und dadurch viele Heilungen bewirken. Er wurde hellsichtig, weil er jeden orthodoxen Falschglauben aus seinem Bewußtsein entfernt und sein Gemüt mit den Wahrheiten Gottes angefüllt hatte.

Alle seine wunderbaren Phänomene vollbrachte er in vollbewußtem Zustand. Quimby wußte, daß der Mensch unabhängig von seinem Körper wirken und sich dessen Gegenwart, d.h. seinen subtilen oder Astralkörper zunutze machen konnte. Sogar während eines Gesprächs mit einem Patienten konnte er die hellsichtige Vision eines anderen Patienten haben, der – Hunderte von Meilen entfernt – sich aus seinem Bett erhob und vollkommen geheilt nach unten ging. Alles das konnte er wahrnehmen, ohne dabei die Augen schließen zu müssen.

Sie verfügen auch noch über einen anderen Körper, der unabhängig von Ihrem dreidimensionalen wirkt. Zudem ist Ihr Gemüt imstande, die Materie zu beherrschen und zu bewegen. Wenn sich daher psychische Phänomene ereignen, so kann das aufgrund der Einwirkung Ihres Unterbewußtseins oder des Unterbewußtseins eines anderen, in der nächsten Dimension befindlichen geschehen. Wichtig ist hierbei nur, zu bedenken, daß es nur einen Geist gibt, der allen Individuen gemeinsam ist.

Zusammenfassung

1. Ihr Unterbewußtsein ist der Erbauer und Erhalter Ihres Körpers. Es kontrolliert alle Lebensfunktionen Ihres Körpers. Es ist der Sitz der Erinnerung und Gewohnheiten. Es urteilt nicht, sondern wägt nur deduktiv – es nimmt also nur an. Füttern Sie Ihr Unterbewußtsein mit Prämissen, die wahr und gut sind, und es wird entsprechend reagieren. Ihr Unterbe-

wußtsein kann ohne Augen sehen und ohne Ohren hören. In Ihrem Unterbewußtsein ist grenzenlose Weisheit und unendliche Intelligenz eingebettet. In anderen Worten: In Ihren subjektiven Tiefen sind alle Eigenschaften und Kräfte Gottes vorhanden.

2. Ihr Wachbewußtsein ist das abwägende analytische Gemüt. Sie wählen, sortieren und untersuchen induktiv, deduktiv und analog. Ihr wachbewußter Verstand kontrolliert Ihr Unterbewußtsein. Deshalb wird alles von Ihrem Wachbewußtsein akzeptierte von Ihrem Unterbewußtsein verwirklicht.

3. Geraldine Cummins, eine alte Freundin von mir, praktizierte automatisches Schreiben, indem sie sich in einen rezeptiven Zustand versetzte und ihren Kontrollgeist »Astor« übernehmen ließ. Dann konnte sie zuweilen in Fremdsprachen schreiben, die sie sonst nicht beherrschte. Sie war dann auch imstande, genaue Voraussagen zu machen, die alle eintrafen. Sie befand sich in Halb-Trance und hatte keine Ahnung, was sie da aufschrieb. Ich bin überzeugt, daß sie bei vielen Gelegenheiten das Diktat von Menschen aus der nächsten Lebensdimension entgegengenommen hatte.

4. Es gibt viele telekinetische Begabungen, die imstande sind, Ihr Unterbewußtsein anzuzapfen, während sie sich in normalem, wachbewußtem Zustand befinden.

5. Es gibt Medien, die imstande sind, im Trance schwere Möbelstücke zu bewegen. Ich habe solchen Demonstrationen mehrfach beigewohnt. Ein irisches Medium bedeutete einmal einem Professor, daß seine Mutter durch es zu ihm sprechen wolle. Die Mutter sprach zu ihrem Sohn in griechischer Sprache, etwa 15 Minuten lang. Er war überzeugt, es mit seiner Mutter zu tun gehabt zu haben. Bei dieser Sitzung wurden vielerlei Formen materialisiert, von denen einige sprachen und für fünf oder sechs Minuten ihre Form behielten, bevor sie sich auflösten.

6. Psychometriker sind imstande, eine genaue Beschreibung einer Person zu geben, wenn sie dazu einen dieser Person gehörenden Gegenstand in die Hand nehmen – etwa einen Ring oder einen Brief etc. Die Persönlichkeitsmerkmale sind diesen Gegenständen aufgeprägt und haften ihnen an. Das gibt ihm die Möglichkeit, sich auf die innersten Gedanken des Betreffenden einzustimmen.

7. Viele Menschen hören eine innere Stimme, die sie vor möglichen Gefahren warnt und ihnen sagt, wie sie sich wirkungsvoll schützen können. Manchmal erfolgen diese Warnungen in Träumen oder Visionen der Nacht. Ein Schiffsoffizier hatte sich angewöhnt, sein Unterbewußtsein entsprechend zu instruieren. Auf diese Weise war er immer vor allen Gefahren geschützt. Es war in jedem dieser Fälle sein höheres Selbst, das zu ihm sprach.

8. Wenn auf manchen Sèancen das Medium in Trance verfallen ist, ist die Luft dann von den Stimmen entkörperter Wesenheiten erfüllt. Ich habe mich des öfteren mit solchen Stimmen unterhalten und dabei zum Teil recht intelligente Antworten erhalten. Ich bin überzeugt, daß die meisten dieser Stimmen aus dem Unterbewußtsein des Mediums stammen, während andere aus der nächsten Lebensdimension kamen.

9. Es ist möglich, die Erscheinung eines nahen Angehörigen zu haben, wenn dieser unmittelbar vor dem Überwechseln in die nächste Dimension eine Mitteilung zu machen wünscht. Die wahrgenommene Erscheinung ist eine Projektion des vierdimensionalen Körpers und der Persönlichkeit des Angehörigen.

10. Eine Erscheinung in Form einer Stimme oder von Schritten kann unter Umständen eine Gedankenform sein, von einem, der in der Vergangenheit Schlimmes angetan worden war und die so der Nachwelt von der Tat berichten will. Nachdem das geschehen ist, löst sich die Gedankenform auf.

11. Schwarze Magie, Hexerei und bösartige Praktiken fallen alle in die gleiche Kategorie: Negatives, destruktives Denken und Mißbrauch der Gesetze des Geistes. Dieses negative Denken geht auf grobe Unwissenheit zurück. Suggestion ist eine Kraft, aber sie ist nicht die Kraft. Die Kraft ist die höchste Intelligenz oder der lebendige Geist in Ihrem Innern – unteilbarer Einer, der sich als Liebe, Harmonie und Schönheit bewegt. Sie können negative Suggestionen und Gedanken anderer jederzeit zurückweisen. Die Suggestionen anderer haben keine Macht, solange Sie Ihnen keine Macht zugestehen. Einem Mädchen wurde gesagt, daß andere ihr Übles zudachten. Sie bejahte ihr Einssein mit dem Unendlichen und daß Gottes Liebe sie umgab und sättigte mit diesen Wahrheiten ihr Gemüt. Sie gestand diesen Suggestionen keine Macht zu und wandte ihre Aufmerksamkeit der einen Macht und Gegenwart zu. Die übelwollenden Mädchen wurden bei einem Verkehrsunfall getötet, d. h. sie töteten sich im Grunde selbst, denn ihre negativen Gedanken kehrten mit verstärkter Kraft zu ihnen zurück. Achten Sie darauf, anderen ausschließlich Gutes zuzudenken, denn was sie anderen zudenken, das erschaffen Sie für sich selbst.

12. Die meisten automatischen Schreiber begeben sich in eine Halbtrance und sind dann imstande, wunderbare Botschaften zu übermitteln und Antworten auf die verworrensten Probleme zu finden. Automatisten schreiben ohne bewußte Kenntnis dessen, was sie tun. Man kann zuweilen auch einen Schreibstift in Bewegung sehen, ohne daß eine Hand ihn berührt. Solche Dinge habe ich oftmals beobachtet.

13. Einem guten Medium ist es auch möglich, Flaschen zu öffnen und Wein auszuschenken, ohne Glas oder Flasche zu berühren. Auch das gehört zu den Kräften Ihres Unterbewußtseins. Ihr Körper verfügt über keine dieser Kräfte – die Kraft liegt in Ihrem Geist und Gemüt.

14. Wenn sich eine sensitive Person auf Sie einstimmt, dann liest sie in Ihrem Gemüt. Ihre Gedanken und deren Manifestationen sind jedoch eins – so wie der Eichbaum in der Eichel enthalten ist. Daher sind Voraussagen solcher Personen erstaunlich genau.

Ein abschließendes Wort

Stimmen Sie sich ein auf die unendliche Gegenwart und Macht in Ihrem Innern und fühlen Sie, daß Sie von oben inspiriert werden und Gott durch Sie spricht und handelt. Erkennen Sie, daß Gott Sie liebt und für Sie sorgt und daß sein Frieden Ihr Herz erfüllt. Fühlen Sie sich eingetaucht in seine heilige Gegenwart, überflutet mit grenzenlosem Licht und berühren Sie den Einen, der ewig ist und erleben Sie den Moment, der ewig andauert.

7

Wie Tele-PSI zu richtigen Entscheidungen verhilft

Das Prinzip rechten Handelns ist ein Bestandteil des Universums. Wenn daher Ihre Motivation und Intention (Absicht) gut ist, gibt es keinen vernünftigen Grund für Sie, zu verzichten, unschlüssig zu sein oder bei einer Entscheidung zu zögern.

Erfolgreiche Männer und Frauen in allen Bereichen des Lebens haben eine herausragende Charaktereigenschaft gemeinsam: die Befähigung nämlich, rasche Entscheidungen zu fällen und das Beharren in deren restloser Durchführung.

Die Entscheidung zu entscheiden

Bei einer Konsultation sagte vor kurzem eine Frau zu mir: »Ich bin ganz durcheinander. Ich kann und will zu keiner Entscheidung kommen.« Dabei war sie sich ganz offensichtlich der Tatsache nicht bewußt, daß sie bereits eine Entscheidung gefällt hatte: die Entscheidung nämlich, nicht zu entscheiden, was bedeutet, sie hatte sich entschlossen, das irrationale Massengemüt für sich entscheiden zu lassen.

Wir alle sind eingetaucht in das große psychische Meer, in das Milliarden Menschen ständig ihre negativen Gedanken, Befürchtungen und Falschglauben hineingießen. Diese Frau begriff schließlich, daß sie, sofern sie sich nicht endlich einmal zu einem Entschluß durchringen würde, es immer wieder dem Massengemüt erlaubt, an ihrer Stelle Entscheidungen zu treffen. Dieser Zustand würde anhalten so lange sie es ablehnt, in ihrem eigenen Gemüt das Kommando zu übernehmen.

Sie begann zu verstehen, daß sie mit ihrem Unterbewußtsein ein leitendes Prinzip zu ihrer Verfügung hatte, das auf ihr Denken reagiert, sobald es angerufen wird. Wenn sie ihr Denken also nicht selbst besorgte, dann würde sie sich dem Gesetz des Durchschnitts weit öffnen – dem Massendenken der Menschheit – und dieses würde ihre Entscheidungen treffen. Sie änderte daraufhin ihre Haltung und leitete ihr Gemüt zu einer neuen Denkweise an, dem Sinn nach etwa so:

Ich bin mir meiner inneren Kapazität, zu denken, zu wählen und zu erwägen voll bewußt. Ich glaube an die Integrität der mentalen und spirituellen Vorgänge in meinem Innern. Ich habe die feste Absicht, das jeweils Richtige zu tun. Jedesmal, wenn ich eine klare Entscheidung herbeiführen möchte, frage ich mich: »Wenn ich Gott wäre, welche Entscheidung würde ich dann treffen?« Wenn meine Motive auf der goldenen Regel und auf gutem Wlllen gegenüber jedermann beruhen, dann muß jeder Entschluß, zu dem ich komme, rechtes Handeln bedeuten.

Diese Frau war bis dahin nicht imstande gewesen, sich zu entscheiden, ob sie den Heiratsantrag eines bestimmten Mannes akzeptieren sollte oder nicht. Nachdem sie die obige Bejahung eine Zeitlang mehrmals täglich angewandt hatte, sah sie diesen Mann im Traum in einem völlig verschmutzten Gewässer schwimmen. Mit seinen Schwimmbewegungen wühlte er ständig dunkle häßliche Schlammassen auf. Mit einem Mal wurde ihr bewußt, daß ihr Unterbewußtsein ihr signalisierte, es hier mit einer gestörten Persönlichkeit zu tun zu haben.

Am folgenden Tag erzählte sie ihm von diesem Traum und er gestand ihr, daß er von den Ärzten als paranoidschizophren diagnostiziert worden sei und sich in psychiatrischer Behandlung befände. Er fügte hinzu, daß er als weiteres Krankheitsmerkmal stark suizide Tendenzen aufweise, also zuweilen einen starken Hang zum Selbstmord verspüre. Sie kamen zu einer harmonischen Entscheidung, indem sie beide übereinkamen, ihr Verhältnis zu lösen. Diese junge Frau hatte entdeckt, daß die Weisheit in ihrem Innern auf die definitiven Entscheidungen ihres wachbewußten Verstandes reagiert, und sie war sehr dankbar, daß sie einen tragischen Fehler vermeiden konnte.

Sie haben die Macht zu wählen

Die Macht zu wählen und zu entscheiden ist die ausgeprägteste Eigenschaft und das höchste Vorrecht des Menschen. Josua sagt: *Erwählt euch heute, wem ihr dienen wollt . . .* (Josua 24:15). Fangen Sie jetzt damit an, die Dinge auszuwählen, die wahr, ehrlich, gerecht, rein und lieblich sind.

. . . wenn es irgendeine Tugend und wenn es irgendein Lob gibt, dem denket nach (Phil. 4:8).

Sein Mut zur Entscheidung veränderte sein Leben

Ein Mann verlor im Alter von fünfzig Jahren seine Position, die er Jahrzehnte innegehabt hatte, als die Firma in andere

Hände überging. Seine Freunde und Bekannten sagten zu ihm: »Tom, du mußt den Tatsachen des Lebens ins Gesicht sehen. Du bist immerhin Fünfzig jetzt, da ist es sehr schwierig für dich, eine andere Position zu bekommen.«

Ich empfahl ihm dringend, sich als allererstes dem Einfluß dieser Freunde zu entziehen, mit ihren trübsinnigen Ratschlägen, den »Tatsachen des Lebens« ins Gesicht zu sehen. Tatsachen sind niemals permanent; sie unterliegen immer der Veränderung. Er begriff sofort, daß es für ihn sinnvoller war, seine Aufmerksamkeit auf das zu richten, das sich niemals verändert: die Intelligenz, Weisheit und Macht des Unendlichen in seinem Innern.

Für ihn war es wichtig, zu einer Entscheidung zu kommen und mutig zu bejahen: »Ich werde göttlich geführt, zu einer neuen Position, bei der man meine Kenntnisse und Erfahrungen zu würdigen weiß, und ich verfüge über ein gutes Einkommen.« Ich erklärte ihm, daß sein Unterbewußtsein von dem Augenblick an reagieren würde, wo er mit seinem wachbewußten Verstand zu einer Entscheidung gelangt sei. Dann würde es den Plan zur Erfüllung seines Wunsches enthüllen.

Kurz darauf überkam ihn ein sehr starkes Verlangen, eine andere Firma aus der gleichen Branche zu besuchen, die ihm als stärkster Konkurrent vertraut war. Der dortigen Geschäftsleitung war sofort klar, daß sie hier einen wertvollen Mitarbeiter gewinnen könnte, der über glänzende Kontakte zu einem großen Kundenkreis verfügte und mit seinen außerordentlichen Fähigkeiten das Geschäftsvolumen der Organisation erheblich zu steigern vermochte. Er wurde auf der Stelle engagiert.

Wenn Sie zu einer Entscheidung gelangen und sich bewußt sind, daß Sie viel zu bieten haben und daß alles, was Sie suchen, ebenso Sie sucht und wenn Sie einem potentiellen Arbeitgeber klarmachen, welch ein Gewinn Sie für seine Organisation darstellen – wie Sie seinen Umsatz zu steigern oder Geld für ihn zu sparen vermögen –, wird es für Sie niemals ein Problem sein, eine Position zu finden. Bedenken Sie: Sie verkaufen weder Ihr Alter noch Ihre grauen Haare – Sie verkaufen einzig und allein Ihre Talente, Ihre Kenntnisse, Ihre Fähigkeiten und Ihre Erfahrungen, die Sie sich im Laufe der Zeit erworben haben – alles Eigenschaften, aus denen jede Firma nur Nutzen ziehen kann. Alter ist nicht die Flucht der Jahre, es ist die Dämmerung der Weisheit.

Es ist gut, sich an dieser Stelle zu erinnern, daß alles Wasser im Ozean nicht imstande ist, ein Schiff zum Sinken zu bringen, solange es nicht in das Schiffsinnere dringen kann. Ebensowenig können Probleme, Herausforderungen und Schwierigkeiten Ihnen etwas anhaben, solange Sie keinen Zutritt zu Ihrem Innern haben. Shakespeare war es, der sagte:

Uns're Zweifel sind Verräter
Und lassen uns das Gute, das wir
Oft gewinnen könnten, verlieren
Durch die Furcht vor dem Versuch
Maß für Maß

Eine einfache und praktische Bejahung für richtige Entscheidungen

Erinnern wir uns: Wir haben es mit einem universellen Gesetz der Aktion und Reaktion zu tun. Die Aktion ist die Entscheidung Ihres wachbewußten Verstandes – die Reaktion erfolgt automatisch aus den Tiefen Ihres Unbewußten, der Natur Ihrer Entscheidung gemäß. Hier ist eine Bejahung für rechtes Handeln:

Ich weiß, daß die unendliche Intelligenz meines Unterbewußtseins durch mich wirkt und mir alles enthüllt, was ich wissen muß. Ich weiß, daß die Antwort in meinem Innern bereits vorhanden ist und mir jetzt bewußt wird. Die unendliche Intelligenz und grenzenlose Weisheit meines Unterbewußtseins trifft alle Entscheidungen durch mich, und deshalb gibt es nur rechtes Handeln und richtige Entscheidungen in meinem Leben. Ich erkenne die Führung, die in meinen wachbewußten, abwägenden Verstand gelangt. Ich kann sie nicht verfehlen.

Die Antwort kommt klar und deutlich, und ich bin dankbar für die Freude des beantworteten Gebets.

Jedesmal, wenn Sie beunruhigt sein sollten über Dinge, die zu tun oder Entscheidungen, die zu treffen sind, können Sie sich dieser Bejahung bedienen. Setzen Sie sich ruhig hin, entspannen Sie sich, lassen Sie los und bejahen Sie die obigen Wahrheiten langsam, still, fühlend und wissend. Tun Sie das zwei- oder dreimal in entspannter, friedvoller Stimmung, dann werden Sie einen Impuls oder eine Eingebung aus Ihrem Unterbewußtsein erhalten – eine Art stillen inneren Wissens der Seele. Sie werden dann »wissen, daß Sie wissen«.

Die Antwort kommt Ihnen entweder als innere Gewißheit, als dominierende Vorahnung oder als eine spontane Idee, die glasklar in Ihr Bewußtsein aufsteigt.

Wie seine Entscheidung zwei Leben rettete

Dr. David Seabury, der berühmte Psychologe, erzählte mir einmal von einem Freund, der aufgrund zweier Schlaganfälle völlig gelähmt war. Als sein Wohnort einmal von einem schrecklichen Tornado heimgesucht wurde, befand er sich mit seinen zwei Enkeln allein im Haus. Durch Warnmeldungen im

Rundfunk wurde die Bevölkerung angehalten, die schützenden Keller aufzusuchen, aufgrund seines Zustands war ihm das jedoch nicht möglich. Wie Dr. Seabury mir berichtete, begann sein Freund daraufhin eine seiner liebsten Psalmen zu zitieren: *Sei still und wisse, daß ich Gott bin* ... (Psalm 46:10). Dann sagte er sich: »Jetzt werde ich meine Enkelkinder retten, die nebenan schlafen.«

Er war zu einer Entscheidung gelangt und wurde restlos von dem Verlangen beherrscht, die Kinder um jeden Preis zu retten. Mit einer geradezu herkulischen Anstrengung stand er auf und begann zu laufen. Er ging in das angrenzende Zimmer, packte die beiden Kinder und trug sie nach unten in den Keller. Wenige Minuten später wurde das ganze Haus von dem Wirbelsturm hinweggefegt. Durch seine übermenschliche Anstrengung hatte er die beiden Kinder und sich gerettet; und mehr noch – er erfuhr eine vollkommene Heilung und konnte für den Rest seines Lebens wieder laufen.

Die Kraft, gehen zu können, befand sich nach wie vor im Innern dieses Mannes – sie ruhte unerweckt in seinem Unbewußten. Im Augenblick höchster Gefahr jedoch war sein einziger Gedanke die Rettung der Kinder, so daß er völlig vergaß, daß er eigentlich gelähmt war. Die ganze Macht des Unendlichen war in diesem Moment in den Brennpunkt seiner Aufmerksamkeit geströmt.

Die Geschichte der Medizin ist angefüllt mit Tausenden solcher Beispiele, wo im Fall höchster Gefahr grenzenlose Kräfte mobilisiert werden konnten.

Der Mensch ist gelähmt, wenn er diesen Zustand im Bewußtsein als gegebene Tatsache anerkennt. Der Geist in ihm jedoch (Gott) kann nicht krank, verkrüppelt oder gelähmt sein: Er ist allmächtig, allwissend und allgegenwärtig. Der Geist (Spirit) ist die einzige Gegenwart, Macht, Ursache und Substanz im Universum.

Sie sagte:
»Ich will Gott für mich entscheiden lassen.«

Kürzlich hörte ich eine Frau sagen, sie wolle Gott für sich entscheiden lassen. Sie meinte damit einen Gott außerhalb,
irgendwo da oben in den Wolken. Ich erklärte ihr, daß Gott
oder die unendliche Intelligenz nur auf eine Art wirksam für
sie tätig würde – durch ihr Denken. Das Universelle muß zum
Individuum werden, um auf der individuellen Ebene wirken
zu können. Sie konnte von mir überzeugt werden, daß Gott der
lebendige Geist in ihrem Innern ist und ihr Denken eine schöpferische Kraft darstellt, die ihr jederzeit zur Verfügung steht.
Es wurde ihr auch klar, daß sie über die Initiative und die
Möglichkeit der Wahl verfügt und daß dies die Grundlage
ihrer Individualität darstellt. Sie entschloß sich kurz und bün-
dig, von nun an ihre Göttlichkeit und Entscheidungsverant-
wortlichkeit zu akzeptieren.

Bedenken Sie, daß kein anderer Mensch »es am besten
weiß«. Bedenken Sie auch, daß Sie mit Ihrer Weigerung,
eigene Entscheidungen zu treffen, Ihre Göttlichkeit verneinen
und somit aus der Sicht der Schwäche und Minderwertigkeit
heraus denken und handeln – nach Art des ergebenen Unter-
tans.

Wie seine Entscheidung sein Leben veränderte

Vor vielen Jahren hatte ich einmal den unvergessenen Dr.
Emmet Fox in das Zeughaus des Siebenten Regiments in New
York eingeladen. Dr. Fox zeigte sich sehr interessiert an den
historischen Ausstellungsstücken, den größten Sehenswürdig-
keiten in diesem prächtigen Gebäude. Beim Essen erzählte er

mir dann, daß er früher, als er noch Ingenieur in England war, die berühmten Vorträge von Richter Thomas Troward in London gehört hatte und die Darlegungen Trowards über die Wirkungsweise des Unterbewußtseins einen unauslöschlichen Eindruck auf ihn gemacht hatten.

»Während eines dieser brillanten Vorträge«, so berichtete Dr. Fox, »kam ich zu einer Entscheidung, und ich sagte mir: ‚Ich werde nach Amerika gehen und zu Tausenden sprechen.‹« An dieser Entscheidung hatte er bekanntlich festgehalten, was dazu führte, daß sich innerhalb nur weniger Monate alle Türen für ihn öffneten und er sich in New York wiederfand, wo er jahrelang jeden Sonntag vor etwa 5000 Zuhörern sprach. Seine Entscheidung wurde von seinem Unterbewußtsein registriert und dessen Weisheit veranlaßte alles weitere, um seinen definitiven Entschluß in die Tat umzusetzen.

. . . *Gehe hin, dir geschehe, wie du geglaubt hast* . . . (Matth. 8:13).

Zusammenfassung

1. Durch das gesamte Universum wirkt das Prinzip rechten Handelns. Wenn Ihre Motivation richtig und im Einklang mit dem universellen Prinzip der Harmonie und des guten Willens ist, dann zögern Sie nicht – treffen Sie Ihre Entscheidung.

2. Die erfolgreichsten Männer und Frauen der Welt haben alle eines gemeinsam: Die Befähigung, rasche Entscheidungen zu fällen und auch restlos durchzuführen.

3. In Wirklichkeit gibt es so etwas wie einen Zustand der »Unentschlossenheit« gar nicht. »Unentschlossenheit« besagt nichts anderes, als daß Sie entschieden haben, nicht zu entscheiden, und das ist recht töricht. Wenn Sie keine Entschei-

dung treffen, dann werden andere es für Sie tun oder das irrationale Massengemüt übernimmt und trifft Ihre Entscheidungen. Wenn Sie furchtsam und besorgt sind oder unstet und schwankend, dann sind nicht Sie es, der denkt, sondern das Massengemüt, das in Ihnen denkt. Wahres Denken ist frei von jeglicher Furcht, weil es aus der Sicht universeller Prinzipien und ewiger Wahrheiten geschieht.

4. Wenn Sie mit Ihrem wachbewußten Verstand zu einer definitiven, glasklaren Entscheidung gelangt sind, dann wird Ihr Unterbewußtsein ebenso definitiv reagieren. Das kann zuweilen in einer Traumhandlung geschehen, die so lebhaft und einprägsam sein wird, daß Sie keinerlei Schwierigkeiten haben werden, sie zu interpretieren.

5. Die Macht zu wählen und zu entscheiden gehört zu den vorherrschenden Eigenschaften und höchsten Vorzügen des Menschen.

6. Keine Tatsache ist von Dauer; alles unterliegt der Veränderung. Richten Sie Ihre Aufmerksamkeit und setzen Sie Ihr Vertrauen auf ewige Wahrheiten, die sich niemals verändern. Die Intelligenz, Weisheit und Macht Gottes sind ständig verfügbar; sie verändern sich nie. Wer eine bestimmte Position verliert, der kann sich an die Weisheit in seinem Innern wenden und eine andere Tür wird sich auftun, in göttlicher Ordnung. Was Sie suchen, das sucht auch Sie.

7. Sie verkaufen nicht Ihr Alter; Sie verkaufen vielmehr Ihre Talente, Ihre Fähigkeiten und Ihre Erfahrungen, die Sie im Lauf der Jahre erworben und gesammelt haben. Alter ist nicht die Flucht der Jahre, sondern die Dämmerung der Weisheit.

8. Aktion und Reaktion sind kosmisch und universell. Wenn Sie zu einer glasklaren, definitiven Entscheidung gelangt sind, dann bewirken Sie eine automatische Antwort aus Ihrem Unterbewußtsein, der Natur Ihrer Entscheidung gemäß.

9. Die Antwort aus Ihrem Unterbewußtsein erfolgt oftmals in Form einer inneren Gewißheit, einem dominierenden Vorgefühl oder einer spontanen Idee, die aus Ihren sublimen Tiefen aufsteigt.

10. In akuten Gefahrenmomenten, während einer Krise oder bei einem schweren Schock kann es geschehen, daß ein Mensch seinen verkrüppelten oder gelähmten Zustand völlig vergißt, weil er einzig von dem Gedanken beherrscht wird, das Leben geliebter Menschen zu retten. Als bei einem heranziehenden Tornado die entsprechende Warnung gegeben wurde, hatte ein völlig gelähmter Mann den intensiven Wunsch, das Leben seiner Enkel zu retten. Er erhob sich aus seinem Rollstuhl, lief in das angrenzende Zimmer, griff sich die beiden Kinder und trug sie in den schützenden Keller. Alle Macht des Unendlichen floß dabei in den Brennpunkt seiner Aufmerksamkeit. Er kam zu der Entscheidung, daß er sein Vorhaben ausführen konnte und die Macht des Unendlichen reagierte.

11. Wenn ein Mensch sagt: »Ich werde Gott entscheiden lassen«, dann meint er damit nur zu oft einen äußeren, fernen Gott. Sie sind jedoch ein selbständiges, mit Entschlußkraft ausgestattetes Wesen und durchaus in der Lage, auszuwählen und zu eigenen Entscheidungen zu gelangen. Das Universielle wird nur für Sie wirksam, wenn es *durch* Sie wirken kann – d. h. durch Ihr Denken, Ihre Imaginationen und Ihre Überzeugungen. Sie müssen die Auswahl treffen, dann wird die unendliche Intelligenz Ihres Unterbewußtseins reagieren. Akzeptieren Sie Ihre eigene Göttlichkeit; wenn Sie das ablehnen, dann verneinen Sie die Weisheit und Intelligenz des Unendlichen in Ihrem Innern.

12. Dr. Emmet Fox sagte: »Ich gehe nach Amerika und spreche dort zu Tausenden.« Er hielt an dieser Entscheidung fest und alle Türen öffneten sich daraufhin für ihn.

Innerhalb weniger Jahre nach diesem gefaßten Entschluß fand er sich in New York City wieder. Dort sprach er schließlich in der Carnegie Hall vor mehr als 5000 Zuhörern.

8

Die dynamische Kraft des übersinnlichen Denkens

Die Bibel sagt: *»Wie er in seinem Herzen* (Unterbewußtsein) *denkt, so ist er«* (Spr. 23:7) *»Am Anfang war das Wort, und das Wort war bei Gott, und das Wort war Gott.«* (Joh. 1:1) Das »Wort« ist ein klar geformter Gedanke, und wenn es in der Bibel heißt »das Wort war Gott«, dann bedeutet das: dieser klar geformte, mit Gefühl aufgeladene Gedanke ist schöpferisch – er ist von der schöpferischen Kraft durchdrungen und er wird von der schöpferischen Kraft getragen. Der einen schöpferischen Kraft, die das All durchdringt – dem Geist. Und die Funktion des Geistes ist das Denken.

Am besten ist es, wenn Sie Ihrer Denkfähigkeit gegenüber einen gesunden Respekt hegen. Der Grad Ihres Glücklichseins, Ihres Friedens, Ihres Wohlstandes und Erfolgs wird allein von Ihrem gewohnheitsmäßigen Denken bestimmt. Ihr Unterbewußtsein reproduziert ständig die Gedanken und Vorstellungen Ihres bewußten Verstandes.

Gedanken sind Dinge und Ihr Denken hat seine eigene Mechanik, sich auszudrücken. Wenn Sie bei einem Gedanken verweilen, setzen Sie die schöpferische Kraft Gottes oder der Unendlichen Intelligenz frei, um tätig zu werden. Emerson sagte: »Der Mensch ist, was er den ganzen Tag lang denkt.«

Wie er die Kraft des Denkens unter Beweis stellte

Dr. Arthur Thomas, Pfarrer der Church of Religious Science in Reno, Nevada, gab mir seine Erlaubnis für die folgenden Ausführungen:

Arthur war früher Leutnant zur See in der Britischen Marine. Später war er in Großhandelsunternehmungen und im Immobiliengeschäft tätig. Vor acht Jahren jedoch begann er, meine Sonntagmorgen-Vorträge in Los Angeles zu besuchen. Wie er sagte, begriff er plötzlich, daß seine Gedanken die einzig schöpferische Kraft darstellten, deren er sich bewußt war. »Ich faßte den Entschluß, das zu erschaffen, was ich wirklich wollte.«

Infolgedessen begann ich regelmäßig zu bejahen: »Ich bin jetzt ein Geistlicher. Ich lehre die Wahrheiten des Lebens.« Jeden Abend stellte er sich vor, wie er vor einer Gruppe aufgeschlossener Menschen meiner Kirche über die großen Wahrheiten sprach. Nach etwa einem Monat konsequenter Bejahungen belegte er einen Schulungskurs am Institute for Religious Science, in der festen Erwartung, daß das Endresultat seiner gedachten und empfundenen Vorstellung entsprechen würde. Er bestand alle Prüfungen und Tests in Göttlicher Ordnung und bekam sofort ein Angebot, als Geistlicher die Religious Science Church in Reno, Nevada, zu übernehmen.

Er übt jetzt genau die Tätigkeit aus, die er in seinen Bejahungen und den entsprechenden Vorstellungsbildern als wahr erklärt hatte. Er war sich bewußt, daß sein Unterbewußtsein mit mathematischer Akkuratesse seinem Denken gemäß handeln würde.

Lernen Sie die gewaltigste Kraft im Universum kennen

Der Gedanke ist die mächtigste Kraft im Universum. Ihr Wort ist ein ausgedrückter Gedanke. Das Wort eines Menschen in entsprechender Position kann über den Einsatz von Raketen, Atomenergie, Dynamit oder thermonuklearen Waffen verfügen. Ihr Denken entscheidet beispielsweise über den Gebrauch elektrischer Kraft. Ebenso entscheidet Ihr Denken über den Verlauf Ihres Lebens.

Das Zusammenwirken Ihres wachbewußten Verstandes mit Ihrem Unterbewußtsein könnte mit einem Eisberg verglichen werden. 90 Prozent des Eisberges befindet sich unterhalb der Wasserfläche. Ihr Unterbewußtsein leistet die Hauptarbeit, die ihm von Ihrem wachbewußten Verstand übertragen wird. Was Sie mit Ihrem Verstand denken, das wird von Ihrem Unterbewußtsein hervorgebracht.

Sie entdeckte die Wunder des rechten Denkens

Dr. Elsie McCoy in Beverly Hills, deren Erlebnisse mit ihrer Erlaubnis ich hier wiedergebe, gab ein bemerkenswertes Beispiel für die Auswirkung konstruktiven Denkens im Einklang mit dem allumfassenden Prinzip. Vor einigen Jahren war sie mit einem prominenten Chirurgen verlobt, durch ihre Studien in Europa und Asien jedoch oftmals lange von ihm getrennt.

Seit ihrem 18. Lebensjahr hatte sie es sich zur Gewohnheit gemacht, tagsüber des öfteren zu bejahen: »Mein Leben wird nur durch Göttliches rechtes Handeln bestimmt – was immer ich an Wissen und Informationen benötige, wird mir auf der Stelle zuteil durch das Wirken der Unendlichen Intelligenz in mir.« Allmählich wurde ihr Unterbewußtsein von dieser Wahrheitsbejahung durchdrungen und konnte entsprechend reagieren. Eines Nachts sah und hörte sie im Traum, wie ihr Verlobter sich mit einer Krankenschwester für das Wochenende verabredete. Sie hörte ihn sagen: »Du weißt wahrscheinlich, daß ich verlobt bin, aber Europa ist weit und meine Verlobte wird es nicht erfahren.«

Dr. McCoy rief ihn am nächsten Tag an und erwähnte dabei lachend, daß sie einen recht albernen Traum gehabt hätte. Zu ihrer Überraschung reagierte er mit einem Wutanfall und beschuldigte sie, Detektive engagiert zu haben, die hinter ihm herschnüffelten. Daraufhin löste sie die Verlobung. Spätere Ereignisse bewiesen ihr, daß sie von der Weisheit ihres Unterbewußtseins vor einer zutiefst unglücklichen Ehe bewahrt wurde. Ihr richtiges Denken aktivierte ihr Unterbewußtsein, das ihr seinerseits alles erforderliche Wissen offenbarte, bevor es zu spät war.

Ein bekannter Schauspieler erhält eine erstaunliche Antwort durch das Unterbewußsein eines anderen

Dr. Olive Gaze, eine meiner Mitarbeiterinnen, erzählte mir einmal, auf welch eine bemerkenswerte Weise das Unterbewußtsein ihrer Mutter, Josephine Wyndham, auf Fragen reagierte, die ihr von dem inzwischen verstorbenen Norman Trevor, einem seinerzeit bekannten Schauspieler, gestellt wurden. Er war mit einem unlösbar erscheinenden Problem konfrontiert und bat Mrs. Wyndham mit ihrer hochentwickelten Intuition um Hilfe.

Sie entspannte sich und dachte einige Minuten lang still, ruhig und gefühlvoll: »Richtige Antwort.« Von da an übernahm ihr Unterbewußtsein die Führung und beherrschte ihre rechte Hand. Sie begann zu schreiben, etwa zwei ganze Seiten füllend. Als sie es sich näher ansah, mußte sie feststellen, daß sie auch nicht ein Wort lesen konnte von dem Text, den sie selbst geschrieben hatte. Auch ihre Tochter war nicht in der Lage, das Geschriebene zu entziffern.

Sie übergab das Schriftmaterial an Norman Trevon, der nicht die geringsten Schwierigkeiten hatte, es zu lesen. Die seltsame Schrift war in Hindustani abgefaßt, einer Sprache, die er perfekt beherrschte, da er viele Jahre in Indien verbracht hatte. Die Botschaft stellte eine ausführliche und komplette Antwort auf sein Problem dar. Alle Beteiligten waren höchst erstaunt über die Wunder des rechten Denkens und die Art der Reaktion des Unterbewußtseins.

Meine Erklärung für diese außergewöhnliche Reaktion des Unterbewußtseins ist ganz einfach: »Die hochgradig intuitiv begabte Josephine Wyndham versetzte sich in einen sehr entspannten, ruhigen, passiven, empfänglichen Bewußtseinszustand, der ein Zutagetreten des Unterbewußtseins und ein teilweises Eintauchen des Wachbewußtseins bewirkt.

In dem Augenblick, als das Unterbewußtsein und das Wachbewußtsein miteinander Kontakt hatten, war sie auch *im Rapport* mit Norman Trevor's Unterbewußtsein und hatte Zugang zu dessen Inhalt, einschließlich der Hindustani-Sprache.

Da das Unterbewußtsein seiner Natur nach »kompulsiv« (zwingend antreibend) ist, übernahm es die Kontrolle über ihre rechte Hand und schrieb in einer Sprache und auf eine Art, die ihn restlos überzeugen würden. Die Wirkungsweise des Unterbewußtseins übersteigt jedes Vorstellungsvermögen.

Wie sie ihr Unterbewußtsein aktivierte

In den meisten Ländern der Welt gehört es zu den Gepflogenheiten, am Jahreswechsel neue Vorsätze zu fassen. Mrs. Louise Barrows erzählte mir, daß sie am Silvesterabend 1969/70 den Vorsatz faßte, eine Europareise zu unternehmen. Sie beauftragte ihr Unterbewußtsein, alles Erforderliche zu veranlassen. Sie bejahte wie folgt: »Meine beiden Jungen und ich werden im Sommer 1970 nach Europa fahren, in Göttlicher Ordnung. Ich akzeptiere diesen Gedanken jetzt verstandesgemäß und mein Unterbewußtsein sorgt für alles weitere.«

Im Februar 1970 fragte ein naher Verwandter bei ihr an, ob sie Lust hätte, zusammen mit ihren zwei Söhnen einen Urlaub in Europa zu verleben und dabei die Schweiz, Deutschland und Italien zu besuchen. Der Flug war bereits gebucht und alle Kosten bezahlt. Ihr Unterbewußtsein kannte den Weg zur Verwirklichung und wirkte auf das Bewußtsein des wohlhabenden Verwandten ein, und veranlaßte ihn zu seinem Angebot.

In anderen Worten: er war das Instrument, durch das sich Geld und Gelegenheiten manifestierten. Ihr Denken war ein Befehl an ihr Unterbewußtsein, ihr dieses Verlangen zu realisieren.

Erfolgbringendes Denken (Gebet)

Ihr Gedanke ist Ihr Gebet. Wenn Ihr Verstand eine wohlerwogene schöpferische Idee akzeptiert hat, und sie vertrauensvoll an das Unterbewußtsein weitergereicht hat, dann verfügt die Intelligenz Ihres Unterbewußtseins ihre Verwirklichung.

Ihr Unterbewußtsein fungiert als Gesetz und produziert mit mathematischer Genauigkeit das Äquivalent Ihrer Idee in Ihren Erfahrungsbereich.

Rechtes Denken verhalf ihr zu vierzig Pfund Gewichtsabnahme

Eine junge Dame aus Wichita, Kansas, schrieb mir, daß sie sich nach der Lektüre von »Die Macht Ihres Unterbewußtseins« entschlossen habe, dem Rat ihres Arztes zu folgen und 40 Pfund abzunehmen. Sie hatte bislang alle möglichen Diäten ausprobiert und Gewichtsverluste erzielt, nur um bald darauf wieder zuzunehmen. Nunmehr folgte sie jedoch den Anweisungen, die ich in meinem Buch gab: vor dem Einschlafen gab sie ihrem Unterbewußtsein die richtige Anweisung: »Ich wiege 118 Pfund in Göttlicher Ordnung. Die Unendliche Intelligenz meines Unterbewußtseins akzeptiert dieses Verlangen und wird in entsprechender Weise tätig. Ich schlafe friedvoll und erfüllt von Göttlichem rechtem Handeln«.

Nach einer Woche ungefähr mußte sie zu ihrer großen Verwunderung feststellen, daß sie ihren sprichwörtlichen Appetit auf Süßigkeiten und stärkehaltige Produkte verloren hatte. Es bereitete ihr nun nicht mehr die geringsten Schwierigkeiten, die verlangte Gewichtsminderung herbeizuführen. Vorher hatte sie sich bei jeder Diät großen Zwang auferlegen müssen, um nicht einem übermächtigen Verlangen nach Eiskrem, Schokolade und anderen Süßigkeiten nachzugeben.

Jeder, der behauptet: »Ich kann nicht abnehmen«, sagt in Wirklichkeit »Ich will nicht abnehmen«. Alles, was Sie hier nämlich zu tun haben ist, mit Ihrem Verstand zu einer glasklaren Entscheidung zu kommen, und Ihr Unterbewußtsein besorgt den Rest. Dann werden Sie sehr schnell feststellen, daß Sie nicht mehr das geringste Verlangen nach all den Nahrungsmitteln haben, die zu Ihrer Korpulenz beitrugen.

Sie sind der einzige Denker in Ihrem Universum

Sie haben es in der Hand, jeden konstruktiven Gedanken selbst auszuwählen – das ist Ihr Privileg. Sie treffen die Auswahl, fassen den Gedanken, halten ihn fest und nähren ihn mit Gefühl, im Wissen, daß eine Reaktion Ihres Unterbewußtseins zwangsläufig erfolgen muß. Die Weisheit Ihres Unterbewußtseins bearbeitet die von Ihnen erwählte Idee auf Ihre einzigartige Weise.

Die Macht der Gedanken und Ihr Körper

Sie kennen die Wirkung von Furchtgefühlen auf Puls, Herzschlag etc. Verlegenheit läßt erröten und Zorn und Ärger lassen Sie erbleichen. Das Haar manch eines jungen Mannes wurde über Nacht weiß nach irgendwelchen schrecklichen Erlebnissen. Unerwartete Nachricht vom plötzlichen Tod eines geliebten Menschen hat schon zu Erblindung und Taubheit geführt. Sorgegedanken wirken sich auf die Verdauung aus und können zu Magengeschwüren, Darmkatarrhen und anderen Krankheiten führen. Man braucht nur einen Blick in die Zeitungen und Magazine zu werfen, um zu sehen, welche verheerenden Folgen Haß, Neid, Eifersucht und Anspannung auf den Körper haben: Anämie, hoher Blutdruck, Herzstörungen und sogar Krebs.

Gebrauchen Sie die schöpferische Kraft
mit Klugheit

Ihr Bewußtsein ist die einzig schöpferische Kraft in Ihrem Leben. Ihr Bewußtsein umfaßt alles das, was Sie denken, fühlen, glauben und gutheißen. Es ist die Ursache aller Ihrer Erfahrungen, Zustände und Begebenheiten in Ihrem Leben. Machen Sie nicht die äußere Welt zur Ursache – sie ist eine Wirkung.

Weigern Sie sich mit Bestimmtheit ein für allemal, irgendwelchen Äußerlichkeiten Macht zu verleihen. Kein erschaffenes Ding besitzt irgendwelche Macht. Der wissenschaftliche Denker macht niemals eine Wirkung zu einer Ursache; er ist daher von der Welt und ihren Überzeugungen nicht mehr hypnotisiert. Der Schöpfer ist größer als seine Schöpfung. Der Denker ist größer als seine Gedanken, und der Künstler ist größer als sein Kunstwerk. Denken Sie Gutes und Gutes wird folgen; denken Sie negativ und Negatives wird folgen.

Denken und Gedanke – ihre wirkliche Bedeutung

Bei einem Vortrag, den ich voriges Jahr in Las Vegas hielt, stellte mir einer meiner Zuhörer die Frage: »Was ist Denken und Gedanke, und was ist eigentlich neu daran?«

Ich erklärte ihm, daß denken vergleichen bedeutet; d. h. ein Ding mit einem anderen zu vergleichen, eine Behauptung mit der anderen. Wenn der Verstand ausschließlich »ja« sagen könnte, bestünde keinerlei Vergleichsmöglichkeit. Sie haben die Möglichkeit der Wahl zwischen zwei Dingen. Zu dem einen sagen Sie »ja«, zu dem anderen »nein«. Fragen Sie »warum«, dann suchen Sie eine Begründung. Erwägen heißt, dieses auswählen, jenes ablehnen. Und das wäre wiederum nicht möglich ohne die Fähigkeit des Geistes zur Annahme oder Ablehnung.

Die meisten Menschen denken nicht bewußt. Wir denken, wenn unser Geist sich den ewigen Wahrheiten Gottes widmet, wenn wir alle Furcht abweisen in dem Wissen, daß es eine allmächtige Kraft gibt, die auf unser Denken reagiert, und das Gewünschte in Form bringt. Sie denken wirklich, wenn Sie diese Dinge mit Ihrem Verstand erwägen, und alle negativen Vorstellungen als für das Haus Gottes ungeeignet befinden und an der Realität der Göttlichen Lösung festhalten. Wissend, daß eine universelle Weisheit auf Ihr schöpferisches Denken reagiert, wenn Sie frei von Furcht sind. Diese Antwort schien ihn zufriedenzustellen, denn er sagte: »Ich habe nicht gewußt, was Denken ist – bis zu diesem Augenblick«.

Der Mensch ist Geist und immerfort
ergreift er das Werkzeug seines Denkens
und bringt hervor
Tausend Freuden
oder Tausend Plagen.

Zusammenfassung

1. Ihr Denken ist schöpferisch. Wenn Sie einen Gedanken fassen, dann setzen Sie latente Kräfte in Ihrem Innern frei. Jeder Gedanke hat das Bestreben, sich auszudrücken.

2. Durch ständige Wiederholung eines bestimmten Gedankenmusters mit Ihrem bewußten Verstand findet es Eingang in Ihr Unterbewußtsein, das daraufhin tätig wird und auf seine ureigenste Weise die Verwirklichung herbeiführt. Ihre geistige Vorstellung ist eine Gedankenform in Ihrem Gemüt. Wenn Sie sich systematisch und regelmäßig die begehrten Dinge vor-

stellen oder sich gewünschte Tätigkeiten ausführen sehen, dann wird Ihr Unterbewußtsein diese mentalen Vorstellungsbilder in der Dunkelkammer Ihres Geistes entwickeln und zum Vorschein bringen.

3. Ihr Gedanke ist die gewaltigste Kraft in der Welt. Das Wort ist ein ausgedrückter Gedanke. Durch sein Wort kann ein Mensch über den Einsatz atomarer Energie verfügen. Der Mensch ist der Herrscher seiner selbst. Er muß über den Gebrauch der Kräfte entscheiden, die ihm zur Verfügung stehen.

4. Wenn Sie bejahen: »Jede Kenntnis, die ich benötige, wird mir unverzüglich zuteil werden«, dann wird Ihr Unterbewußtsein Sie mit Sicherheit vor Fehlern und Irrtümern bewahren. Eine junge Ärztin, die ihr Unterbewußtsein mit dieser Wahrheit impfte, sah im Traum, daß ihr Verlobter Beziehungen zu einer anderen Frau unterhielt. Sie löste die Verlobung und stellte später fest, daß sie auf Göttliche Weise vor einem tragischen Fehler bewahrt wurde.

5. Es gibt viele außersinnlich begabte Menschen, die als »außersinnlich selbsttätig« (Psychic automatists) bezeichnet werden.

6. Eine Mutter von zwei Teenagern faßte den Vorsatz, eine Europareise zu unternehmen, in dem Bewußtsein, daß die Außersinnliche Intelligenz ihr den geeigneten Weg eröffnen würde. Das Resultat: ein wohlhabender Verwandter kam für alle Kosten auf und ermöglichte für sie und ihre beiden Söhne einen ausgedehnten Urlaub in Europa.

7. Gedanken der Furcht, Sorge, Anspannung und des Zornes machen sich bemerkbar an Ihrem Gesichtsausdruck, den Augen, dem Puls, dem Blutdruck oder einer Veränderung der Gesichtsfarbe. Sorgen, Haß, Eifersucht und Feindseligkeit sind die Ursachen vieler Krankheiten. Ihr psychisches Denken ist schöpferisch.

8. Bewußtheit ist die einzig schöpferische Kraft. Ihr Bewußtsein umfaßt Ihr gewohnheitsmäßiges Denken, Fühlen, Glauben, Ihre Überzeugung und alles, dem Sie bewußt zustimmen. Denken Sie Gutes und Gutes wird folgen.

9. Denken heißt vergleichen, d.h. ein Ding einem anderen bevorzugen. Ihr Verstand kann sowohl »ja« als auch »nein« sagen. Ihr Geist hat die Macht der Annahme und der Ablehnung. Sie denken erst wirklich, wenn Ihr Denken mit den ewigen Wahrheiten einhergeht. Emerson sagte: »Der Mensch ist, was er den ganzen Tag lang denkt.«

9

Denkmodelle sind schöpferisch

Die Imagination – das Vorstellungsvermögen – ist eine Befähigung, die von den Massen der Weltbevölkerung und sogar
von vermeintlich hochgebildeten Menschen bei weitem unter-
schätzt wird. Viele räumen der Imagination einen weitaus
niedrigeren Stellenwert ein als ihren intellektuellen Kräften.
Mehr und mehr erweist sich jedoch, daß diese Wertungen
grundfalsch sind. Seien wir uns daher bewußt, daß die Imagination in Wahrheit eine der höchsten und wichtigsten Kräfte
ist, über die wir verfügen.

Imagination ist die formative Macht Ihres Gemüts. Sie besitzt schöpferische Kraft. Gott hat das Universum und die
Galaxien geschaffen. Er schuf sie nach seinem Bilde und er
wurde zu dem, was er sich vorstellte. Gott stellte sich den
Menschen vor, um ihn in die Erscheinung zu rufen.

Denken wir doch nur einmal an einen Romanschriftsteller
und an den Umstand, daß alle von ihm erdachten Figuren und
Szenen Produkte einer lebhaften Imagination sind. Fiktion ist
im etymologischen Sinne etwas von der Imagination Erschaffenes. Dichtung ist eine mentale Schöpfung. Imagination ist
die Befähigung, Ideen zu formen, die auf den Bildschirm des
Raumes projiziert werden.

Die Imagination ist die bedeutendste Befähigung des Menschen. Sie ist eine spirituelle Macht und verfügt über schöpferische Kraft. Die bloße Tatsache, daß ein Mensch sich als leidend vorstellt, ist der Beweis, daß er es auch ist, denn das Leiden ist nur die Auswirkung eines Mißbrauchs – einer abnormen Handhabung – dieser schöpferischen Kraft. Wenn wir die Entstehungsgeschichte einer jeden Krankheit zurückverfolgen, dann stoßen wir letztendlich immer wieder auf die Macht einer fehlgeleiteten Imagination.

Jede Kraft läßt sich auf zwei Arten anwenden. Vergewissern Sie sich daher immer, daß Sie disziplinierte, kontrollierte und zielgerichtete Vorstellungen anwenden – Imaginationen, die auf universellen Prinzipien und ewigen Wahrheiten gegründet sind. Stellen Sie sich nur Dinge vor, die lieblich, edel, erhaben und gottgleich sind. Imagination mit Glauben gekoppelt wirkt Wunder bei der Heilung von Krankheiten aller Art. Mit diesen beiden spirituellen Kräften – Imagination und Glauben – verfügen wir über die wichtigsten aller schöpferischen Anlagen.

Glaube und Vorstellungskraft heilten sie

Dr. Carrick Cook, der viele Jahre lang Mitarbeiter von Ernest Holmes, dem Begründer der Science of Mind und Geistlicher in San Francisco war, erzählte mir einmal von einer schwarzen Frau, die eine bemerkenswerte Heilerin war. Offenbar hatte ihr jemand eine Knochenreliquie verkauft und behauptet, daß es sich um Gebeine eines Heiligen handele. Sie war von der Heilkraft dieses Knochens restlos überzeugt, sie glaubte, daß ein Heilungsuchender diese Reliquie nur zu berühren brauchte, um von seinem Leiden geheilt zu sein. Und in der Tat wurden viele geheilt. Die wunderwirkende Reliquie erwies sich jedoch – wie Carrick Cook erzählte – als der Knochen eines Hundes. Die Patienten glaubten das, was die Frau ihnen erzählte, ihr Vertrauen und ihre Imagination taten das übrige. Später hatte ein Arzt die Reliquie untersucht und erklärt, daß es sich um den Knochen eines Hundes handele. Das ist ein Beweis für die Macht des Glaubens und der Imagination, mittels derer die innere Heilkraft der Patienten erweckt wurde, die alles akzeptierten, was die Heilerin ihnen gesagt hatte. Es war selbstverständlich blinder Glaube, denn sie hatten keine Ahnung, warum und auf welche Weise sie geheilt wurden. Wahrer Glaube ist die Vereinigung Ihres wachbewußten Verstandes mit Ihrem Unterbewußtsein, wissenschaftlich angeleitet.

Die gewaltigsten Kräfte in der Natur wirken in der Stille, völlig geräuschlos. Ihre Gedanken haben Macht über Ihren Körper. Ihre Gedanken können sowohl morbide – krankmachend – sein als auch heilsam und konstruktiv und damit Gesundheit bewirkend. Ihr Gedanken- und Gefühlsleben ist die Ursache ihrer körperlichen Beschaffenheit.

Gedanken und Ideen repräsentieren die zugrundeliegenden Realitäten aller äußeren, sichtbaren Objekte. Wenn Sie die äußere Welt betrachten: alles, was Sie sehen – den gestirnten Himmel, die Berge, das Meer, die Seen, Bäume etc. – ist ein Gedanke Gottes. Durch Betrachtung der Natur halten wir Zwiesprache mit dem Unendlichen. Das gleiche tun wir mit den Gedanken eines Autors, wenn wir sein Buch lesen.

Die Macht der Gedanken

Alles, was vom Menschen bewußt kreiert oder erfunden wird, ist jedesmal zuerst ein Gedanke, eine klar umrissene Idee in seinem Gemüt, bevor es im Äußeren Form annehmen kann.

Das Haus, in dem Sie leben, das Auto, das Sie fahren, oder das Flugzeug, mit dem Sie fliegen – alles das war zunächst ein Gedanke im Bewußtsein des Menschen. Das Gemälde ist zunächst im Gemüt des Malers, und die herrliche Statue, die Sie bewundern, war erst einmal eine Idee des Bildhauers.

Plato lehrte, daß alles zunächst als Idee oder Gedankenform besteht, ehe es äußere Wirklichkeit werden kann. Es gibt falsche und wahre Ideen, eine richtige und eine falsche Denkweise. Eine falsche oder fehlerhafte Idee kann sich im Körper als Krankheit niederschlagen. Fulton's Idee manifestierte sich als das Dampfschiff, und Morse's als der Telegraf. Eine Fabrik oder ein Kaufhaus ist der Gedanke des Unternehmers, in objektive Manifestation kondensiert.

Die Menschen beginnen allmählich den Einfluß zu erkennen, den Ideen, Vorstellungen, Glauben und Fühlen auf körperliche Zustände und alle physiologischen Funktionen unseres Wesens ausüben.

Wo sind die Feinde?

Gelegentlich bekomme ich Briefe von Menschen, die mich fragen: »Wie kann man denen vergeben, die vergewaltigen, morden, stehlen, plündern, rauben, ihre Kinder mißhandeln und in einigen Fällen sogar umbringen?« Und dann erwähnen sie auch die Iraner, die Amerikaner als Geiseln genommen und so grausam behandelt haben.

In der Bibel heißt es: . . . *Liebet eure Feinde; tut Gutes denen, die euch hassen; segnet die, welche euch fluchen; bittet für die, welche euch beleidigen* (Luk. 6:27, 28).

Die wahre Bedeutung der Forderung »Liebet eure Feinde« ist von vielen Menschen mißinterpretiert und mißverstanden worden. Es wird uns nämlich auch gesagt, daß die Feinde sich

154

in unserem eigenen Haushalt (Gemüt) befinden. Wenn die Gedanken in Ihrem Gemüt haß- oder grollerfüllt sind, voller Zorn und Bitterkeit, dann sind Sie emotionell gestört. Dann leidet Ihre Gesundheit – Sie könnten über Magengeschwüre oder hohen Blutdruck zu klagen haben –, dann leidet auch Ihr Geschäfts- oder Berufsleben oder Ihre zwischenmenschlichen Beziehungen.

Weshalb er nicht vorwärtskam

Ein brillanter Geschäftsmann, der auf seinem Gebiet bisher außerordentlich erfolgreich war, beklagte sich bei mir, daß der Umsatz merklich nachließ, seine Angestellten ihn bestahlen, und viele seiner langjährigen Kunden zur Konkurrenz gegangen seien.

Der Grund war in seinen schweren Eheproblemen zu suchen. Er war mit einem heftig angefochtenen Scheidungsverfahren befaßt, haßte seine Frau, und hatte sein Gemüt mit Ärger, unterdrückten Zorngefühlen und Furcht angefüllt und verschmutzt. Die Feinde waren seine eigene Schöpfung.

Ich machte ihm klar, daß er der einzige Denker in seiner Welt ist und daher auch verantwortlich für die Gedanken über seine Frau. Er konnte daraufhin klar erkennen, daß nicht das, was ihm widerfährt, wesentlich ist, sondern seine Reaktion darauf – seine Gedanken darüber. Nur das ist ausschlaggebend für den Erfolg oder Mißerfolg, für Gesundheit oder Krankheit.

Meinem Rat gemäß begann er nunmehr das Gesetz der Substitution anzuwenden. Er ersetzte seine negativen Gedanken durch konstruktive und bejahte, daß es für seinen Scheidungsprozeß eine göttliche, harmonische Lösung gab und göttliche Gerechtigkeit vorherrschte.

Er entdeckte, daß die wahren Feinde in seinem Denken zu suchen waren – von ihm selbst erschaffen; daraufhin übte er sich in rechtem Denken, rechtem Fühlen und rechtem Handeln. Sein einfaches Gebet war: »Gott denkt, redet und handelt durch mich. Gott liebt mich und sorgt für mich.« Jedesmal wenn ihm Furcht- oder Grollgedanken in den Sinn kamen, bejahte er sofort: »Gottes Liebe erfüllt meine Seele.« Damit heilte er sich und auch sein Geschäft florierte wieder.

Psychosomatische Medizin

Der Begriff *Psychosomatik* setzt sich aus zwei griechischen Wörtern zusammen: Psyche = Gemüt und Soma = Körper.

Das ist ein Hinweis darauf, daß dem Körper nichts widerfahren kann ohne das dazugehörige mentale Äquivalent. Dr. Frank Varese aus Laguna Hills ist ein hervorragender Arzt, der gelegentlich Referate über die Wechselbeziehung von Gemüt und Körper bei Krankheiten hält. Wie auch andere Praktiker holistischer Medizin, weist er immer wieder auf die Zusammenhänge zwischen körperlichen Störungen und Krankheiten und destruktiven Emotionen der Patienten hin.

Krebsspezialisten haben schon mehrfach darauf hingewiesen, daß sie bei ihren Patienten zumeist tiefsitzende Grollgefühle, Feindseligkeit und Frustrationen, gekoppelt mit Selbstverurteilung und Schuldgefühlen festgestellt hatten. Dazu kam eine geradezu verbohrte Unversöhnlichkeit. Sie waren nicht bereit zu vergeben. Das Leiden ist somit die Auswirkung der vorherrschenden Denkmuster des Patienten. Dr. Varese richtet daher sein hauptsächlichstes Augenmerk auf die Wiederherstellung einer harmonischen Gemütsverfassung.

Es ist daher leicht einzusehen, daß es ausgesprochen weise ist, seine Feinde zu lieben, da diese Feinde von uns selbst erschaffen worden sind. Sie bestehen in der Tat nur in unserem Denken, sie sind eine Bewegung unseres Gemüts. Wenn Sie daher gottgleiche Gedanken an die Stelle der negativen setzen, die auf ewigen Wahrheiten gegründet sind, dann verwandelt sich das negative Denken in konstruktive Energie, die Ihnen Heilung und Segen bringt.

Die zwei Schwestern

Zwei Zwillingsschwestern hatten zu gleicher Zeit geheiratet und waren offensichtlich auch sehr in ihre Ehepartner verliebt. Nach einigen Jahren jedoch wurden sie plötzlich von ihren Ehemännern verlassen. Beide setzten sich ins Ausland ab und ließen nichts mehr von sich hören. Sie trafen auch keinerlei Vorkehrungen für die Versorgung ihrer Familien und die künftige Schulbildung ihrer Kinder.

Die eine der beiden Schwestern, eine Wahrheitssucherin und Studentin der Science of Mind, nahm ihren alten Beruf als Krankenschwester wieder auf. Sie bewahrte Haltung, blieb besonnen und erhielt sich damit ihr inneres Gleichgewicht. Sie ließ sich weiterhin kosmetisch behandeln, ging schwimmen und Golfspielen und achtete darauf, sich ihren Gemütsfrieden zu erhalten. Sie sann auch weiterhin über die großen Wahrheiten nach, die in meinem Buch *Finde Dein höheres Selbst** enthalten sind. Niemals verlor sie die Fassung. Wie Joseph hielt sie an der Überzeugung fest, daß ihr ausschließlich Gutes aus dieser Erfahrung erwachsen könne. Schon bald konnte sie die Scheidung erwirken und bekam sofort einen Heiratsantrag von dem Kinderarzt, der ihre kleine Tochter betreut hatte. Sie sind jetzt glücklich verheiratet.

---

* Verlag Peter Erd

Die andere Schwester hingegen schwelgte in Haßgefühlen ihrem Ex-Ehemann gegenüber, sie wünschte ihm die Pest an den Hals und alles mögliche andere dazu. Sie kochte vor Wut und Feindseligkeit und zog sich dadurch eine schwere Arthritis zu, die sie für lange Zeit an das Krankenbett fesselte.

Beide Schwestern hatten die gleiche Erfahrung; nicht das Geschehnis an sich, sondern ihre jeweilige Reaktion darauf war es, die den Unterschied ausmachte.

Sie wissen, wo der Feind zu suchen ist. Haß, Feindseligkeit, Ressentiments oder emotionaler Streß sind Gefühle, die Sie sich einfach nicht leisten können! Sie berauben Sie Ihrer Vitalität, Ihres Gemütsfriedens, Ihrer Gesundheit und jeglicher Einsicht! Sie machen Sie zu einem physischen und mentalen Wrack! Es macht sich wahrhaftig bezahlt, seine Feinde zu lieben.

Die Herrschaft des Gemüts

Es gibt keinen Teil des Körpers, der nicht der Herrschaft des Gemüts unterliegt und der nicht von einer intelligenten absichtlichen Handlung beeinflußt werden könnte. Ich kenne einen Inder, der imstande ist, seinen Pulsschlag nach Belieben aussetzen zu lassen. Eine solche Fähigkeit ist heute in einschlägigen Forscherkreisen wohlbekannt.

Es gab noch andere Lehrer in diesem Ashram, die bewußt Schweißausbrüche verursachen konnten. Andere wiederum konnten ihre Pupillen nach Belieben verengen oder erweitern. Sie brauchten dabei – wie sie mir sagten – nur an einen sehr dunklen Ort zu denken, und die Pupillen würden sich erweitern. Der Gedanke an gleißendes Licht würde eine Verengung zur Folge haben. Solche Fähigkeiten lassen sich durchaus trainieren. Denken Sie nur einmal an etwas Saures, etwa an

Zitronensaft. Das hat sofort einen Einfluß auf Ihre Speichel-drüsen und läßt Ihnen das Wasser im Mund zusammenlaufen.

Somit kann sich eine Idee, ein Gedanke, eine Vorstellung als Medizin oder auch als Gift erweisen. *Denn wie er in sei-nem Herzen denkt, so ist er . . .* (Spr. 23:7). Das ist einer der weisesten Aussprüche, die Salomon je getätigt hat. In Ihrem Unterbewußtsein residieren alle aktiven, vitalen Kräfte. Einem bestimmten Mentalzustand folgt die entsprechende körperli-che Beschaffenheit mit der unfehlbaren Sicherheit des Gesetzes von Ursache und Wirkung. Die Macht der Gedanken wirkt auf alle Organe unseres Körpers ein, eine Tatsache, die den Massen nicht bewußt ist.

Wahrhaft leben heißt wahrhaft denken und die Wahrheit auszumachen. Es ist von alleräußerster Wichtigkeit, sich im-mer der Tatsache bewußt zu bleiben, daß die Imagination ein Denkvorgang ist, und daß jede Idee im Gemüt ihrem inne-wohnenden Wesen nach zu einer Auswirkung im körperlichen Bereich neigt. Die einzige lebendige Macht des Körpers ist das Gemüt.

Prägen Sie sich eine einfache Wahrheit ein: Ihr Denken – der von Ihnen erschaffene Gedanke ist der wahre Feind. Treffen Sie eine Entscheidung über diese Feinde in Ihrem Gemüt und werfen Sie sie kurzerhand hinaus. Sorgen Sie dafür, daß sie vom Feuer der göttlichen Liebe aufgezehrt wer-den. Es wäre selbstverständlich töricht, eine Feindesliebe dahingehend zu interpretieren, daß man Verbrecher, Mörder und Rauschgiftsüchtige in seine Wohnung einlädt und ihnen eine Party gibt, daß man den Arm um sie legt und ihnen sagt, wie sehr man sie liebe. Das ist absurd!

Schließlich kennen Sie die zugrundeliegenden Ursachen für das Verhalten solcher Menschen. Sie handeln unter dem Zwang negativer, destruktiver und irrationaler Emotionen. Sie sind voller Haß auf sich selbst und projizieren diesen Eigenhaß auf andere. Wenn Sie nun ein gewisses Maß an Verständnis und Toleranz dafür aufbringen, dann sanktionieren Sie damit ja beileibe nicht ihre Verbrechen, sondern Sie sind sich lediglich im klaren über die zerstörerischen Kräfte, die in ihren Gemütern am Werk sind. Darüber hinaus sehen Sie ein, daß Rechtsprechung und verdiente Bestrafung die Oberherrschaft behalten werden.

Mörder, Sittlichkeitsverbrecher etc. sollten hinter Schloß und Riegel bleiben, damit die Gesellschaft vor ihnen sicher sein kann. Einige Weltverbesserer mit wenig oder gar keinem Verständnis und auch nicht gerade von Weisheit beglänzt, haben in ihrer Eigenschaft als Gnadenausschußmitglieder solche hartgesottenen Kriminellen wieder auf die Menschheit losgelassen, nur damit sie sich a Tempo wieder an ihr vergehen konnten. Einer von ihnen hat mir gegenüber einmal freimütig eingestanden, daß er sich streng religiös gegeben und als bekehrter Sünder aufgeführt hätte und daraufhin begnadigt worden war. Eine solche Gefühlsduselei ist nicht Liebe. Es gibt keine Liebe ohne Weisheit und keine Weisheit ohne Liebe.

Machen Sie sich mit den mentalen und spirituellen Gesetzen des Lebens vertraut

Es ist für Sie viel wichtiger, zu wissen: unsere Feinde lieben, heißt allen selbsterzeugten Haß, alle selbsterzeugten Ängste, alle selbsterzeugte Eifersucht, allen Zorn und Groll, die gleichfalls selbsterzeugt sind, aus unserem Gemüt zu entfernen, denn das sind unsere wahren Feinde. Sofern diese negativen Emotionen in Ihrem Gemüt vorherrschen und Kontrolle ausüben, können Sie absolut sicher sein, daß Sie deren Auswirkungen zu spüren bekommen – in Ihrem Körper, Ihrem häuslichen Leben, Ihrem Geschäft oder Beruf, und in Ihren zwischenmenschlichen Beziehungen. Es ist ganz einfach das mentale und spirituelle Gesetz, das in jedem Menschen am Werk ist, ohne Rücksicht auf seine religiösen Bindungen und sein Glaubensbekenntnis. Jeder Großwildjäger kann bestätigen, daß ein Tier eventuelle Furchtschwingungen durch Witterung aufnimmt und sofort angriffslustig wird.

Während ich dieses Kapitel schrieb, suchte mich eine Dame auf, um sich Rat zu holen. Wie sie freimütig bekannte, lebte sie in ständiger Furcht, eines Tages ihre Wohnung ausgeraubt vorzufinden. Eines Sonntags, als sie gerade in der Kirche weilte, war es dann soweit. Die Einbrecher fuhren am hellen Tag mit einem Lastwagen direkt vor ihr Haus. Mit einer beispiellosen Dreistigkeit luden sie ihre kostbaren Möbel auf und fuhren auf Nimmerwiedersehen davon. Man hatte sie restlos ausgeraubt.

Ihre beständige Furcht – morgens, mittags und abends – war natürlich der wahre Dieb, und ihr Unterbewußtsein hatte es Wirklichkeit werden lassen. Das Gesetz ist völlig unpersönlich – es sieht, wie es in der Bibel heißt, die Person nicht an. Dieb und Bestohlener kommen zwangsläufig zusammen, aufgrund ihrer mentalen Beschaffenheit. Wenn Sie in Furcht vor Einbruch und Diebstahl leben, dann nützen Ihnen auch die besten Alarmanlagen der Welt nichts. Jetzt wendet sie regelmäßig den großen Psalm des Schutzes – den 91. Psalm* – an, und baut sich damit eine absolute Immunität gegen jegliches Ungemach auf.

Sorgen Sie dafür, daß alle Gedanken, die Sie in Ihrem Gemüt beherbergen, harmonisch, friedvoll, liebevoll und auf Gott gegründet sind. Vertrauen Sie auf Gott. Bedenken Sie, daß Sie nur von ihm abhängig sind, der eigentlichen Quelle

*Finde Dein höheres Selbst, Verlag Peter Erd

aller Segnungen. Sobald Ihre Gedanken Gottes Gedanken sind, haben Sie die gesamte Macht Gottes auf Ihrer Seite.

»Von der Seele der Körper die Form sich nimmt, denn die Seele ist Form, die den Körper bestimmt.«

Die Macht der Heilungssuggestion

Dr. Warren Evans, der um das Jahr 1850 ein Schüler von Phineas Parkhurst Quimby war, berichtete in einem Artikel von einem interessanten historischen Ereignis: bei der Belagerung von Buda, im Jahre 1625, als die Garnison infolge einer erschreckend hohen Zahl von Skorbuterkrankungen bereits im Begriff stand zu kapitulieren, veranlaßte der Prinz von Oranien, daß einige Flaschen einer Scheinmedizin den Kranken als neues Wundermittel zur sicheren Heilung beschrieben wurden. Es wurde den Kranken sodann tropfenweise verabreicht und brachte die erstaunlichsten Ergebnisse.

Viele, die seit Monaten ihre Glieder nicht bewegen konnten, liefen plötzlich in den Straßen herum, aufrecht und gerade; und viele, denen es nach der Einnahme von anderer Medizin nur noch schlechter gegangen war, erholten sich innerhalb weniger Tage. Es war, wie Sie inzwischen wissen, nicht die Wirkung der verabreichten Medizin, die nicht den geringsten therapeutischen Wert besaß, sondern der Glaube und das Vertrauen der Betroffenen, die dieses erstaunliche Resultat zustande brachten.

Es wäre einfach wunderbar, wenn alle Menschen sich der unendlichen heilenden Gegenwart in ihrem Innern bewußt würden. Wenn sie einsehen könnten, daß ihr Vertrauen in diese heilende Gegenwart seinen Widerhall findet, dann würde das Wunder bewirken, in ihrem Leben. Sie könnten dann ihre Imagination wissentlich einsetzen. Wenn sie sich dabei mit ihrem geistigen Auge alles das tun sehen würden, was sie mit einem gesunden Körper alles tun möchten, dann würde ihr Unterbewußtsein entsprechend reagieren.

Das wäre dann der Ausdruck eines aufrichtigen Glaubens an Gott – eine Bewegung des Gemüts und Herzens auf die unendliche Heilungsgegenwart zu, die uns erschaffen hat, und damit die belebende Verbindung mit der göttlichen Gegenwart, die uns allen innewohnt. Es würden buchstäblich Wunder geschehen, wenn wir wissend und liebevoll beteten.

Sie sind hier, um zu wachsen und sich zu entfalten

Lesen Sie den ersten Psalm. Sein Handlungsablauf ist eine großartige Beschreibung der Geschehnisse, die dem Menschen widerfahren, wenn er sich um sein spirituelles Wachstum bemüht. Hier wird uns aufgezeigt, wie der Mensch die ihm innewohnende Göttlichkeit freisetzen und sich auf höchster Ebene ausdrücken kann. *Der ist wie ein Baum, gepflanzt an Wasserbächen, der seine Frucht bringt zu seiner Zeit und dessen Blätter nicht verwelken, und alles, was er tut, gerät ihm wohl* (Psalm 1:3).

Die Analogie ist klar ersichtlich. Der Baum hat seine Wurzeln im furchtbaren Boden, die subjektive Weisheit innerhalb des Baumes läßt seine Wurzeln alle zu seinem Gedeihen notwendigen Chemikalien aus dem Erdreich ziehen. Die Wurzeln reichen tief in den Boden hinein und gewinnen von ihm das Wasser des Lebens für den Baum.

Gleichermaßen sind auch Sie im Lebensprinzip verwurzelt, und wenn Sie sich an den unendlichen Geist in Ihrem Innern wenden und sich mental und spirituell mit dem lebendigen Geist verbinden, dann werden Sie erfrischt, revitalisiert, regeneriert und von oben her inspiriert. Der Baum des Lebens befindet sich in Ihrem Innern und die Früchte dieses Baumes sind Liebe, Freude, Frieden, Harmonie, Führung, rechtes Handeln und Erleuchtung. Aus Ihren inneren Tiefen können Sie alles ziehen, was Sie zu einem vollkommenen und glücklichen Leben brauchen.

Das Wort ward Fleisch

Im Anfang war das Wort, und das Wort war bei Gott, und das Wort war Gott (Joh. 1:1). Das Wort in der Bibel ist ein zum Ausdruck gebrachter Gedanke und besitzt Schöpferkraft. Es ist die einzige stofflose Macht, die wir kennen. Ihr Gedanke ist Gott insoweit, wie er eine schöpferische Macht auf der Ebene des individuellen Bewußtseins darstellt. Er ist nicht Gott im Sinne von universellem Gemüt und unendlichem Geist.

Das Wort Gottes, von dem die Rede ist, repräsentiert die Wahrheit Gottes, welcher der gleiche ist – gestern, heute und in Ewigkeit. Die Bibel sagt: . . . *Sprich nur ein Wort, so wird mein Knecht geheilt werden* (Luk. 7: 7).

Wenn Sie für einen anderen Menschen beten und Heilung bejahen, dann behaupten Sie, daß alles, was von Gott wahr ist, auch für den Kranken zutrifft. Sie wenden sich damit an die innewohnende Gegenwart und Macht (Gott) und verweilen gedanklich bei Gefühlen des Friedens, der absoluten Harmonie, vollkommener Schönheit, schrankenloser Liebe und unbegrenzter Macht. Denken Sie keinesfalls an Symptome, Organe oder irgendeinen Körperteil. Machen Sie sich bewußt und fühlen Sie, daß es nur eine heilende Gegenwart und Macht gibt; bejahen Sie still und liebevoll die erhebende, heilende, stärkende Kraft der unendlichen heilenden Gegenwart, die den Patienten durchströmt und ihn heilt und vollkommen macht.

Wissen und fühlen Sie, daß die Harmonie, Schönheit, Vollkommenheit und Liebe Gottes sich im anderen manifestiert. Schaffen Sie sich eine glasklare Realisation davon – dann senden Sie das Wort aus, das heilt.

Entfernen Sie die mentalen Blockierungen

Während meiner Tätigkeit als Lebensberater habe ich schon mit vielen jungen Menschen gesprochen. Die meisten davon waren charmant, intelligent, gut erzogen und hatten Sinn für Humor. An einem fehlte es ihnen jedoch: sie besaßen keinerlei Selbstvertrauen. Sie erniedrigten sich selbst, um es einmal so auszudrücken. Es erwies sich dabei jedesmal, daß man ihnen in frühester Kindheit einen Minderwertigkeitskomplex eingeredet hatte. Man hatte sie dumm, zurückgeblieben und ungeschickt gescholten, und mit diesen vorgefaßten Meinungen von Schwäche und Unvermögen hatten sie nun zu leben. Sie schienen in einer negativen Illusion zu leben, die keineswegs zutraf.

Den jungen Männern empfehle ich, des Morgens in den Spiegel zu blicken und etwa fünf Minuten lang hörbar und gefühlvoll zu bejahen: »ICH BIN ein Sohn des lebendigen Gottes. Ich erhöhe Gott in meiner Mitte. Ich vermag alles durch die Gotteskraft, die mich mächtig macht.« Ich lege ihnen nahe, das regelmäßig zu praktizieren, und jedesmal, wenn sie die Versuchung ankommt, sich selbst zu kritisieren oder herabzusetzen, auf der Stelle zu bejahen: »Ich erhöhe Gott in meiner Mitte.« Das neutralisiert den negativen Gedanken und verwandelt ihn in konstruktive Energie.

Auch den jungen Frauen empfehle ich die Spiegel-Behandlung mit der Bejahung: »ICH BIN eine Tochter des Unendlichen. ICH BIN ein Kind der Ewigkeit. Gott ist mein Vater, der mich liebt und für mich sorgt.« Sobald sich eine Neigung zur Selbstkritik oder Selbsterniedrigung einstellt, bejahen sie sofort: »Gott liebt mich und sorgt für mich.«

Nach und nach verschwinden so alle in der Kindheit eingepflanzten negativen Denkmuster, bis sie schließlich völlig ausgelöscht sind. Ihre Gemüter waren diesen negativen Suggestionen im Kindesalter hilflos ausgesetzt – in einem Alter, da ihre Gemüter noch beeindruck- und formbar waren. Zu der Zeit verfügten sie noch nicht über die erforderliche Weisheit und ein entsprechendes Unterscheidungsvermögen, um sie zurückweisen zu können.

Aus reiner Gedankenlosigkeit oder vielleicht auch Unwissenheit der Eltern wird ein Kind so manches Mal zu einem Lügner gestempelt oder als dumm und zurückgeblieben bezeichnet; man ist auf dem besten Weg, es dazu zu machen, wenn man eine solche Suggestion oft genug wiederholt. Das Kind beginnt die Suggestion zu akzeptieren und sein Unterbewußtsein, als Sitz der Gewohnheit und seinem Wesen nach kompulsiv (zwanghaft), bringt diese Überzeugung zum Ausdruck.

Eine Vorstandssekretärin in einem größeren Betrieb beklagte sich einmal bei mir, daß ihre Bürokolleginnen alle möglichen Lügen über sie verbreiteten. So beschuldigte man sie sexueller Abirrungen der verschiedensten Art, um ihren Ruf zu ruinieren, und erzeugte damit viel Feindseligkeit und Übelwollen im Betrieb.

Ich riet ihr dringend, diesen Lügen nicht die geringste Beachtung zu schenken. Dieser übelwollende Klatsch hatte aus sich heraus keinerlei Macht und schöpferische Kraft. Sie hingegen verfügte durchaus über die Macht, diese üblen Suggestionen zurückzuweisen und sie zu ignorieren. Sie begann über die innere Bedeutung des 91. Psalms nachzusinnen und bejahte diese großen Wahrheiten Tag für Tag. Sie besaß den Mut und die Charakterstärke, sich voll und ganz auf die unendliche Gegenwart in ihrem Innern zu verlassen. Die übelwollenden Kolleginnen mußten sehr bald einsehen, daß ihre negativen Einflüsterungen nicht die geringste Wirkung zeitigten.

Die Folgeerscheinung war recht interessant: diejenigen, welche diese Gerüchte in Umlauf gesetzt hatten, wurden versetzt, und die Chefsekretärin gab den anderen ihre Verlobung mit dem Präsidenten der Gesellschaft bekannt.

Das folgende Gebet wandte sie häufig an: *»Gott ist alles, was ist. Einer mit Gott stellt eine Mehrheit dar. Wenn Gott für mich ist, wer mag wider mich sein?* (Röm. 8:31). Ich weiß und ich glaube, daß Gott der lebendige allmächtige Geist ist, – der ewige Eine, der allweise Eine – und daß es keine Macht gibt, die Gott herausfordern kann. Ich weiß – und das akzeptiere ich vollkommen –, daß, sobald meine Gedanken Gottes Gedanken sind, die gesamte Macht Gottes mit mir und meinen Gedanken des Guten ist. Ich weiß: ich kann nichts empfangen, was ich nicht gebe und ich gebe Gedanken voller Liebe, Frieden, Licht und Wohlwollen an meine Umwelt und an alle Menschen. Ich bin immunisiert und Gott-durchtränkt und immer umgeben vom heiligen Kreis der Liebe Gottes. Die gesamte Rüstung Gottes umgibt und umhüllt mich. Ich werde göttlich geführt und geleitet und ich erfreue mich meines Lebens. *In deiner Gegenwart ist Freude die Fülle und Wonnen zu deiner Rechten ewiglich* (Psalm 16:11).*

---

* *Finde Dein höheres Selbst*, Verlag Peter Erd

10

Die Wunder einer
disziplinierten schöpferischen Imagination
(Vorstellung)

Die großen Denker aller Zeiten haben die Imagination (Verbildlichung) als den Grundstein bezeichnet, auf den sich jeder
Erfolg im Leben aufbaut. Hier sind einige Zitate:

In der einen oder anderen Form sind wir alle imaginativ, denn
Vorstellungen sind die Brut des Wunsches
   Georg Eliot

Imagination beherrscht die Welt
   Napoleon

Eine Seele ohne Imagination ist wie ein Observatorium ohne
Teleskop
   H.W. Beecher

Denken überzeugt; Fühlen festigt die Überzeugung. Wenn
Imagination die Fakten mit Flügeln versieht, dann ist Gefühl
der große, starke Muskel, der die Flügel betätigt und sie vom
Boden erhebt. Denken sieht die Schönheit; Emotion fühlt sie
   Theodor Parker

Imagination, die Vorstellung – die schaffende Kraft; allen vertraut, welche die Gabe des Träumens besitzen
I.R. Lowell

Imagination bewegt alles; sie erschafft Schönheit, Gerechtigkeit und Glück – und das schließt alles in sich ein
Pascal

Imagination ist das Auge der Seele
Joubert

Des Dichters Auge sieht vom Himmel zur Erde, von der Erde zum Himmel, und wie die Imagination die Form der unbekannten Dinge einkörpert, so formt sie des Dichters Feder, und gibt einer eitlen Nichtigkeit Wohnung und Name
Shakespeare

Imagination ist mächtiger als Wissen
Albert Einstein

Im Lexikon wird der Begriff Imagination definiert als das Formen geistiger Vorstellungen und Konzepte dessen, was den Sinnen nicht direkt gegenwärtig und greifbar ist. Imagination ist danach Ihre Befähigung, allen Schwierigkeiten zu begegnen und sie zu lösen; sie ist Selbsthilfe und überhaupt der Ausgangspunkt jedes Erfolges.

Imagination ist eine der primären Anlagen Ihres Geistes, und wie jede andere Kraft kann sie entweder auf konstruktive oder auf destruktive Weise betätigt werden. Die Resultate werden mit mathematischer Genauigkeit Ihren geistigen Vorstellungsbildern entsprechen. In diesem Kapitel wollen wir uns jedoch ausschließlich mit disziplinierten, kontrollierten und Göttlich geführten Imaginationen befassen.

Wie sie das Unmögliche möglich machte

Vor einigen Monaten hatte ich ein langes Telefongespräch mit einer Frau in Georgia – nennen wir sie Mrs. X. Sie hatte ihr Haus zum Verkauf angeboten, aber wegen der hohen monatlichen Belastungen und des relativ hohen Kaufpreises hatte jeder Interessent sofort abgewinkt, ohne das Haus überhaupt gesehen zu haben. Ihr Mann war kurz zuvor verstorben, und sie lebte allein in dem großen Haus und sah sich nicht mehr in der Lage, die Steuern und andere monatliche Verbindlichkeiten aufzubringen.

Ich gab ihr die folgende einfache Technik: setzen Sie sich still hin, entspannen Sie sich, bringen Sie den Fluß der Gedanken zum Stillstand und fixieren Sie Ihre Aufmerksamkeit auf einen 100 000 Dollar-Scheck – den verlangten Kaufpreis. Berühren Sie diesen Scheck in Ihrer gedanklichen Vorstellung mit Ihren imaginären Händen, fühlen Sie ihn als tatsächlich vorhandene Realität, sagen Sie Dank dafür und wiederholen Sie dieses »Mentalkino« fünf Minuten lang mehrmals täglich; Sie werden feststellen, daß diese Impression nach und nach in Ihr Unterbewußtsein sinkt. Nachdem es Ihnen gelungen ist, diese Mentalvorstellung auf Ihr Unterbewußtsein zu übertragen, übernimmt das letztere sofort alles Weitere und bringt die Verwirklichung.

Nach einigen Wochen erhielt ich einen Brief von Mrs. X. Sie hatte das Haus an einen Universitätsprofessor verkauft, der mit seiner sechsköpfigen Familie von New York nach Georgia übersiedeln wollte. Sie war genau nach meinen Weisungen verfahren. Sie war in die Stille gegangen und hatte sich einen Scheck von 100 000 Dollar vorgestellt, ausgestellt auf ihren Namen. Weiterhin stellte Sie sich vor, wie sie diesen Scheck bei ihrer Bank einreichte. Dieser gesamte Handlungsablauf war eine lebhafte Imagination auf dem Bildschirm ihres Geistes. Sie hatte das jeweils fünf Minuten lang durchgeführt in stündlichen Abständen – zwei Wochen lang. Danach verspürte sie keinerlei Verlangen, die geistige Imaginationsarbeit fortzusetzen. Stattdessen fühlte sie sich erfüllt von einem wunderbaren Gefühl des Friedens, der Ruhe und des Entspanntseins und sie wußte intuitiv, daß ihr Gebet beantwortet war. Dieser Professor wiederum sah das Schild »Zu verkaufen, Informationen beim Eigentümer«, und schon als er zur Tür hereinkam sagte er: »Genau das habe ich gesucht!«

Bedenken Sie: die Imagination ist das erhabenste, das nobelste Attribut des Menschen, wenn sie diszipliniert, geistig, kontrolliert und zielgerichtet angewendet wird.

Wie eine 72jährige Witwe die Einsamkeit überwand

Bei einer Beratung hörte ich Mrs. M. zu, die mir alle die Gründe aufzählte, weshalb sie nicht wieder heiraten konnte, statt mir die Gründe, die für eine Heirat sprachen, zu nennen. Mrs. M. beklagte sich, daß sich, obgleich sie Gebetshilfe von mehreren neugeistlichen Kirchen und Centern erhalten hatte, kein Erfolg zeigen wollte. Ihre Kinder waren erwachsen, hatten inzwischen eigene Familien und wohnten fast 5000 km entfernt von ihr. Sie hatte zwar einige Witwer kennengelernt, doch hatte ihr keiner einen Heiratsantrag gemacht.

Nach meinen Anleitungen praktizierte Mrs. M. eine imaginäre Szene. Sie sah sich in meinem Arbeitszimmer, wo ich die Trauung vornahm. Sie hörte meine Stimme: »Ich erkläre euch nun für Mann und Frau«. In dieser imaginären Handlung fühlte sie auch den imaginären Ring am Finger. Diesen imaginären Handlungsablauf stellte sie sich wieder und wieder vor, bis er ihr derart vertraut geworden war, daß sie sich auch mit offenen Augen vorstellen konnte, in meinem Arbeitszimmer zu sein. Sie hatte sich in der Tat den gesamten Handlungsablauf so gegenwartsnah und lebendig gestaltet, daß sie plötzlich kein Verlangen hatte, das Mentalschauspiel fortzusetzen. Sie hatte einen starken Wahrnehmungssinn entwickelt.

Kurz darauf lernte sie auf der Reise nach New York einen pensionierten Arzt kennen. Während ihres Aufenthaltes in der Millionenstadt gingen sie ein paarmal miteinander aus und kurz darauf machte er ihr einen Heiratsantrag. Sie war klug vorgegangen bei der Anwendung ihrer Imaginationskraft – sie hatte sich das Ende vorgestellt, die vollendete Tatsache und ihrem Unterbewußtsein damit die Möglichkeit gegeben, auf seine eigene Weise tätig zu werden.

Sie hatte ihrem Unterbewußtsein die bereits vollzogene Eheschließung übermittelt, indem sie mich sagen hörte: »Ich erkläre euch nun für Mann und Frau« und den Ehering an ihrem Finger spürte. Sie sah und fühlte sich mit dem idealen Mann verheiratet, einem Ehepartner, mit dem sie in jeder Weise harmonierte. Wenn Sie beten, dann sehen Sie in der Betrachtung das Happy-End. Seien Sie glücklich darüber und Sie werden die große Freude einer Gebetsbeantwortung erfahren.

Wie sie sich das mentale Äquivalent für eine Million Dollar schuf

Einer der außergewöhnlichsten Anrufe, die ich jemals hatte, kam von dem Ehemann von Mrs. H.: »Meine Frau hat gerade eine Million Dollar geerbt. Sie hatten ihr gesagt, wie sie das anstellen müßte«. Natürlich gratulierte ich ganz herzlich und wünschte beiden alle Segnungen des Lebens. Ich konnte mich erinnern, mit ihr nach einem Vortrag im Wilshire Ebell Theatre in Los Angeles gesprochen zu haben. Damals erwähnte sie, daß sie eine Million benötigte für ein bestimmtes Projekt. Das Ganze hörte sich recht vernünftig an. Ich erklärte ihr, daß sie in ihrem Geist zunächst ein mentales Äquivalent (eine geistige Entsprechung) für eine Million etablieren müsse. Die beste Möglichkeit dazu wäre, sich ein geistiges Vorstellungsbild des fertigen Projektes zu machen und es dankbar frohen Herzens als vollendete Tatsache zu sehen.

Genau das tat sie. Sie sah das fertiggestellte Projekt in allen seinen Einzelheiten vor sich, und jede Nacht vor dem Einschlafen bejahte sie: »Eine Million, eine Million, eine Million«, wieder und wieder, als ihr »Wiegenlied«, bis sie in den Schlummer hinüberglitt. Sie wußte, daß ihr Unterbewußtsein das Bejahte früher oder später akzeptieren würde. Nach Ablauf eines Monats erhielt sie eine Nachricht von einem Anwalt, daß sie über eine Million Dollar geerbt habe. Es war, wie ihr Mann sagte, »völlig aus heiterem Himmel«. Mrs. H. hatte das getan, was Shakespeare so wunderbar ausgedrückt hatte. Sie gab »einer eitlen Nichtigkeit Wohnung und Name«. Durch ständiges »Wohnen« in ihrem Bewußtsein wurde die »eitle Nichtigkeit« zu einer Realität. Ihr Unterbewußtsein brachte die Verwirklichung zustande, auf Wegen, von denen sie nichts wußte.

Wie Sie mit dem Schöpfer und Gestalter in Ihrem Innern bekannt werden

In Ihrem Innern wohnen ein Designer, ein Architekt und ein Weber. Sie übernehmen die Vorstellung Ihres Geistes und bringen sie in eine Form, die sich schließlich im Äußeren manifestiert und Ihnen Frieden, Freude und Sieg bringt.

Die größten und kostbarsten Säulenhallen sind die Säulen-hallen des Geistes, die der Weisheit, Wahrheit und Schönheit gewidmet sind. Verbildlichen Sie sich Ihr Lebensideal, leben Sie im Geiste mit diesem Ideal. Lassen Sie Ihre ganze Vorstellungskraft von diesem Ideal eingenommen sein. Wenn es Ihr ganzes Denken beherrscht, dann werden Sie sich in Richtung auf das mental Vorgestellte bewegen.

Die Ideale des Lebens sind wie der Ton des Himmels, der auf die dürren Felder Ihres Geistes fällt und Sie erfrischt und belebt. Mit der disziplinierten, schöpferischen Imagination können Sie sich über alle Erscheinungen erheben, über jeden Mißklang, jeden scheinbaren Gegenbeweis der Sinne. Mit Ihrer schöpferischen Imagination verbildlichen Sie sich die Dinge, wie sie sein sollten, in der gleichzeitigen Erkenntnis des erhabenen Prinzips der Harmonie, das sich durch alle Dinge bewegt, in allen Dingen wirkt und hinter allen Dingen steht. Weisen Sie den Anschein des Äußeren, den »Beweis« der Sinne zurück, und erkennen Sie, daß Ihr Inneres die äußeren Manifestationen bewirkt. Ihr mentales Vorstellungsbild ist die Wirklichkeit oder das Innere. Seine Manifestation, Form oder Gestalt ist das Äußere.

Schöpferische Imagination – die Werkstatt Gottes

Kürzlich war ich mit einem außergewöhnlichen jungen Mann zum Essen verabredet. Er ist im Radio und Kommunikationsbereich tätig. Er hatte mein Buch »Entfalte deine unbegrenzten Innenkräfte und werde reich« gelesen und meinte: »Ich könnte es auswendig hersagen«. Zum Wochenende fuhr er zumeist mit seiner Frau zum Caliente Rennplatz hinaus und dort verlor er für gewöhnlich zwischen 10 und 15 Dollar am Totalisator. Einmal meinte seine Frau scherzhaft, er könne

174

doch mal sein Unterbewußtsein einsetzen und eine größere Summe gewinnen, damit sie sich ein Haus in Beverly Hills kaufen könnten.

Er nahm diese Herausforderung an, ging jeden Abend für etwa 15 Minuten in die Stille und stellte sich vor, wie der Kassierer ihm einen Scheck über 50000 Dollar aushändigte und sagte: »Sie sind ein Glückspilz«. Er sah und fühlte sich vor dem Kassenschalter stehen und hörte die Stimme des Kassiers. Er sah den Scheck, berührte ihn mit seinen imaginären Händen, freute sich und sagte Dank für alles. Im weiteren Handlungsablauf zeigte er den Scheck seiner Frau und sagte: »Schatz, das Haus, das du immer haben wolltest, ist da!« Dann hörte er ihre jubelnde Antwort: »Das ist ja wunderbar«, wieder und wieder.

Diese innere Spielhandlung spulte er etwa einen Monat lang Abend für Abend ab. Wie er sagte, war ihm dieses innere Schauspiel manchmal so real gegenwärtig und greifbar, daß er nach dem Öffnen seiner Augen baß erstaunt war, sich in seinem Schlafzimmer zu befinden und nicht auf dem Rennplatz. Dieser Zustand ist ein sicherer Beweis dafür, daß das Vorstellungsbild dem Unterbewußtsein erfolgreich aufgeprägt wurde.

Am fünften Wochenende nach Beginn dieser Technik fuhr er nach Caliente und war, wie er sagte, absolut sicher, den Scheck zu bekommen, so wie er es sich in seiner schöpferischen Vorstellung verbildlicht hatte. Er plazierte größere Summen bei sechs Rennen und seine Pferde waren ausnahmslos alle Gewinner. Als er dem Kassierer seine Tickets präsentierte, händigte der ihm einen Scheck aus mit den Worten: »Sie sind ein Glückspilz!«

Er lebt jetzt in einem entzückenden Haus in Beverly Hills, das genau 50000 Dollar gekostet hatte. Durch den rapiden Anstieg der Grundstückspreise in den letzten Jahren ist es inzwischen bereits das Doppelte wert. Weder er noch seine

Frau haben seither wieder einen Rennplatz besucht. Sie sind viel zu beschäftigt, im Radio und Fernsehen ihren Teil beizutragen, die Wunden den Menschen zu heilen.

Sir Winston Churchill hat einmal gesagt: »Dies ist ein Zeitalter, in dem die geistige Einstellung über das Glück der Menschen entscheidet, und nicht das Glück die Einstellung bestimmt«. Die alten Hebräer sagten: »Imagination ist die Werkstatt Gottes«. Außersinnliche Wahrnehmung ist Ihr Schlüssel zu konstruktiver Imagination.

Zusammenfassung

1. Ihre Imagination ist Ihre Befähigung, mentale Vorstellungsbilder oder Konzepte dessen zu schaffen, was für die fünf Sinne nicht gegenständlich ist.

2. Imagination ist eine der primären Anlagen Ihres Geistes. Diszipliniert angewandt, können Sie mit ihr den Ideen und Wunschträumen Form verleihen und auf den Bildschirm des unendlichen Raumes projizieren.

3. Ohne Berücksichtigung äußerer Umstände können Sie sich den Verkauf eines Hauses als vollendete Tatsache vorstellen. Dazu muß die bereits abgeschlossene Transaktion geistig gesehen und gefühlt werden – ein imaginärer Scheck über die Kaufsumme in imaginären Händen gespürt werden, solange, bis ein Gefühl der persönlichen Wirklichkeit des Bejahten entsteht. Das macht sich zumeist bemerkbar durch ein Gefühl des Friedens und der inneren Gewißheit – eines intuitiven Gewahrseins.

4. Eine einfache Technik, um den richtigen Ehepartner heranzuziehen, wurde von einer 72jährigen Witwe angewandt. Sie sah sich in meinem Arbeitszimmer und hörte mich sagen: »Ich erkläre euch nun für Mann und Frau«. In Ihrer geistigen

Vorstellung hörte sie diese Worte wieder und wieder. Sie fühlte einen imaginären Ehering an ihrem Finger als Beweis der vollzogenen Eheschließung. Das ganze mentale Schauspiel vermittelte ihr den Eindruck, mit dem idealen Ehepartner bereits verheiratet zu sein, einem Mann, mit dem sie in jeder Weise harmonierte. Nach einigen Wochen lernte sie den Mann ihrer Träume kennen und sie heirateten. Nach dem geistigen Gesetz sinkt alles, was Sie im Denken und Fühlen als wahr annehmen, in Ihr Unterbewußtsein, das seinerseits tätig wird und die Verwirklichung betreibt.

5. Eine Frau benötigt eine Million Dollar, um ein ausgedehntes Projekt realisieren zu können. Sie war sich bewußt, daß sie dafür zunächst ein mentales Äquivalent (geistige Entsprechung) etablieren mußte. Jeden Abend vor dem Einschlafen schaute sie im Geiste auf das fertiggestellte Projekt und sagte Dank für all die Wunder. Zugleich lullte sie sich in den Schlaf mit dem Gedanken an eine Million Dollar. Nach Ablauf eines Monats bekam ich einen Anruf von dem Ehemann, der mir sagte: »Meine Frau hat gerade aus heiterem Himmel eine Million Dollar geerbt«. Sie hatte mit Erfolg das mentale Äquivalent für eine Million Dollar erstellt. Sie wußte, daß stark gefühlsbetonte und ständig wiederholte Gedanken vom Unterbewußtsein angenommen und entsprechend weiterverarbeitet werden.

6. Verbildlichen Sie sich Ihr Lebensideal, leben Sie geistig mit diesem Ideal. Wenn es Ihr ganzes Denken beherrscht, dann werden Sie sich in Richtung auf das mental Vorgestellte bewegen.

7. Ein junger Mann wollte ein Haus kaufen, verfügte jedoch nicht über die erforderlichen Mittel. Er verwettete wöchentlich zwischen 10 und 15 Dollar auf dem Rennplatz ohne jemals zu gewinnen. Er hatte mein Buch »Entfalte deine unbegrenzten Innenkräfte und werde reich« gelesen, und be-

gann, von seiner Frau dazu herausgefordert, seine schöpferische Imagination anzuwenden. Er stellte sich vor, wie er am Kassenschalter des Caliente-Rennplatzes einen Scheck über 50000 Dollar entgegennahm. Die ganze Imagination war für ihn sehr gegenständlich, hautnah und greifbar. Er hörte sogar den Kassierer sagen: »Sie sind ein Glückspilz!« Nach etwa einem Monat war das Vorstellungsbild dem Unterbewußtsein erfolgreich aufgeprägt und beim nächsten Rennplatzbesuch gewann er tatsächlich 50000 Dollar.

11

Wie Tele-PSI angewandt wird, für das Gebet, das nie versagt

Von vielen Leuten habe ich schon wiederholt zu hören bekommen: Wir haben uns schon einiges ernsthaft und aufrichtig gewünscht, ohne es jedoch bekommen zu haben. Wir haben gebetet, uns gesehnt, gewartet und doch keine Antwort bekommen. Dann stellten sie die übliche Frage: »Warum?« Die Antwort lautet: Euch geschehe nach eurem Glauben.

Was ist Glauben?

Der Glaube, von dem in diesem Buch die Rede ist, bezieht sich nicht auf Dogmen, Lehrmeinungen, Tradition, Rituale, Zeremonien oder irgendeine besondere religiöse Überzeugung. Betrachten Sie Glauben als eine Geisteshaltung – eine bestimmte Denkweise. Glaube ist ein bewußtes Potential – das Wissen, daß jeder mit Gefühl aufgeladene und als wahr empfundene Gedanke dem Unterbewußtsein aufgeprägt wird. Wenn das tiefere Bewußtsein jedoch erfolgreich imprägniert wurde, mit Ideen, Plänen oder Vorhaben, dann wird letzteres diese Impressionen objektivieren. Ihr Unterbewußtsein ist die schöpferische Kraft in Ihrem Innern. Ihr wachbewußter Verstand wählt aus, aber er erschafft nicht. Ob Sie es glauben oder nicht: Sie sind im Grunde die Totalsumme des von Ihnen ausgewählten. Die meisten Menschen sind sich über diese Tatsache nicht im klaren, während Millionen diese Wahrheit rundherum ablehnen. Glaube ist somit eine Art des Denkens, ein Fürwahrhalten, eine geistige Annahme.

Ein Chemiker hat Vertrauen in die Gesetze der Chemie – für ihn sind sie verläßlich, ein Farmer hat Vertrauen in die Gesetze der Agrikultur und ein Ingenieur hat Vertrauen in die Gesetze der Mathematik. Ebenso sollte der Mensch lernen, sein Vertrauen in die Gesetze des Geistes zu setzen und mit der Arbeitsweise seines Unterbewußtseins und seines Verstandes vertraut werden, um die Wechselwirkung dieser beiden Phasen seines Gemüts zu begreifen.

Das Gebet des Glaubens – und wie es angewandt wird

Um das Gebet des Glaubens zu erklären, würde ich sagen, man kann es als eine geistige oder spirituelle Überzeugung betrachten, daß in Ihrem Unterbewußtsein eine unendliche Intelligenz am Werk ist, die Ihnen antwortet, indem sie gemäß Ihren zum Ausdruck gebrachten Überzeugungen reagiert.

Die Bibel sagt: . . . *Euch geschehe nach eurem Glauben* (Matth. 9:29) . . . *Wenn du glauben kannst, alle Dinge sind möglich dem, der glaubt.* (Markus 9:23)

Das bedeutet, daß die Weisheit und Macht Ihres Unterbewußtseins genau im Verhältnis zu Ihrem Glauben wirksam ist. Glauben heißt, etwas als wahr akzeptieren. Wenn man das englische Wort »Believe« (Glauben) analysiert, findet man, daß es aus *Be* (Sein) und *lieve* = *live* (Leben) besteht. Es bedeutet demnach, lebendig zu sein – sich in einem Zustand des Seins zu befinden; in anderen Worten, den Wahrheiten des Lebens gegenüber lebendig zu sein – sie mit Leben zu erfüllen, zu beseelen, ihre Wirklichkeit zu fühlen.

Tun Sie genau das, und Sie werden in kürzester Zeit die Resultate dessen erfahren, was Sie Ihrem Unterbewußtsein eingegeben haben.

Weshalb einige Gebete beantwortet werden und andere nicht

Ein Mann beklagte sich bei mir: »Die Gebete meiner Frau werden immer beantwortet und meine nicht. Warum?« Er fügte hinzu, daß er überzeugt sei, Gott würde ihm aus irgendwelchen obskuren Gründen Gutes vorenthalten, während er seine Frau aufgrund ihres Religionsbekenntnisses bevorzugte. Meine Erwiderung auf diese Hypothese war etwa wie folgt: Gott macht keinen Unterschied der Person. Die Anwendung der Naturgesetze ist für jeden Menschen erlernbar, sofern er sich mit dem nötigen Wissen vertraut macht.

Jeder Mensch ist imstande, die Gesetze der Elektrizität zu erlernen und aufgrund dieser Kenntnisse ein Haus zu verkabeln und zu beleuchten; ebenso kann er die Gesetze der Navigation lernen oder jedes andere Gesetz, und alle diese Gesetze ihrer Natur gemäß anwenden. Ein Atheist erhält seine Antworten aus dem Unterbewußtsein genauso wie ein Heiliger – die einzige Voraussetzung ist Glauben und völlige geistige Hingabe.

Ein Astronaut zum Beispiel, der die Existenz einer Göttlichen Gegenwart leugnet, ist aufgrund seiner Kenntnisse und Ausbildung imstande, den Mars, die Venus und andere Planeten zu erreichen – vorausgesetzt, er verfügt über genügend

Glauben und Vertrauen, daß er von der schöpferischen Intelligenz seines Unterbewußtseins mit allem erforderlichen Wissen versorgt wird, denn letzteres reagiert auf die Überzeugungen des wachbewußten Verstandes.

Die Annahme, Gott oder die Unendliche Intelligenz reagiere auf die Gebete eines bestimmten Personenkreises nur wegen seines Religionsbekenntnisses, hieße, Gott die Absonderlichkeiten, Launenhaftigkeiten und Widersprüchlichkeiten eines Menschengemüts zuzuschreiben. Gott oder die schöpferische Kraft existierte, noch bevor irgendein Mensch seinen Fuß auf diese Erde gesetzt hatte und irgendeine Kirche gegründet wurde. Es war allein der Mensch, der alle die verschiedenen religiösen Glaubensbekenntnisse, Formen, Rituale und Dogmen erfand. Gott ist derselbe, gestern, heute und in alle Ewigkeit. Es ist eine Torheit, anzunehmen, Gott würde einigen etwas vorenthalten, was er anderen gewährt. Das würde auf Favoritismus (Bevorzugungen) hinauslaufen, und das ist undenkbar und völlig absurd.

. . . *dir geschehe, wie du geglaubt hast*. . . (Matth. 8:13) Das bezieht sich auf das Gesetz von Ursache und Wirkung – ein kosmisches und universelles Gesetz, das wahrhaftig keinen Unterschied der Person macht. Die Ursache ist die Überzeugung Ihres wachbewußten Verstandes, und die Wirkung ist die Antwort aus Ihrem Unterbewußtsein.

Er hatte das Bejahte unbewußt wieder verneint

Der erwähnte Mann hatte um Wohlstand gebetet und dabei bejaht: »Gott ist meine unmittelbare Versorgung und sein Überfluß zirkuliert jetzt in meinem Leben.« Andererseits kreiste sein Denken, wie er mir eingestand, zumeist um Mangel und Begrenzung. Letzteres hatte sich somit in seinem

Unterbewußtsein verankert. Damit wurde seine bewußte Bejahung von seiner unbewußten Überzeugung wieder verneint.

Die Gebete seiner Frau wurden beantwortet, weil sie wirklichen Glauben demonstrierte; sie war von dem, was sie bejahte, auch tatsächlich überzeugt. Für sie war es einleuchtend, daß eine unpersönliche Gegenwart und Macht in ihrem Unterbewußtsein tätig ist, die auf ihr gewohnheitsmäßiges Denken reagiert und daß diese Kraft einem jeden Menschen innewohnt.

Wie er seine Überzeugung änderte

Dieser Mann lernte eine einfache Wahrheit: Ein Gedanke verwirklicht sich auf die gleiche Weise, wie der Samen zu einer Pflanze wird. Er war imstande, seinen Falschglauben an Mangel zu überwinden, durch ständige Repetition der Wahrheit. Er sah ein, daß Wohlstand eine Gedankenimpression in seinem Gemüt ist und daß alle Dinge aus dem unsichtbaren Geist des Menschen oder Gottes hervorgehen. Durch dieses neue Verständnis gewann er Glauben und Überzeugung.

Er hatte klar erkannt: Wenn eine mit verschmutztem Wasser angefüllte Flasche unter einem tropfenden Wasserhahn steht, dann wird das stetige Tropfen schließlich dazu führen, daß sich nur noch sauberes Wasser in der Flasche vorfindet. Der Schlüssel ist Repetition. Eine falsche Überzeugung – von diesem Mann auch als falsch erkannt – wurde ersetzt durch ständige Repetition des Gedankens an Wohlstand – an frei und im Überfluß zirkulierenden Reichtum.

Am Anfang war es für ihn nichts anderes als eine rein intellektuelle Feststellung, bei der Emotion, Gefühl noch keine Rolle spielte; je mehr er jedoch wiederholte: »Geld zirkuliert immer in meinem Leben und es ist immer ein Überschuß vorhanden«, und das mit dem festen Willen, es auch zu glauben, desto mehr wurde diese Bejahung zu einer Überzeugung, und schließlich kam der Augenblick, da auch der letzte Widerstand beseitigt war – so, wie der ständige Tropfen klaren Wassers am Ende den letzten Rest schmutzigen Wassers aus der Flasche fortgespült hatte.

Wenn ein Gebet kein wirkliches Gebet mehr ist

Eine Frau schrieb mir kürzlich, daß sie am 15. des kommenden Monats 6000 Dollar aufzubringen hätte, um eine fällige Zahlung auf ihre Hypothek leisten zu können, anderenfalls würde sie ihr Haus verlieren. Sie fügte hinzu, daß sie verzweifelt gebetet habe, bislang jedoch ohne den geringsten Erfolg. Alle in Frage kommenden Quellen resp. Kanäle hätten negativ reagiert. Diese Frau war besorgt, angespannt und voller Furcht. Ich machte ihr klar, daß eine solche Geisteshaltung nur noch mehr Verluste, Mangel, Begrenzungen und Hindernisse aller Art nach sich zieht.

Hiob sagte: *»Denn was ich gefürchtet habe, ist über mich gekommen.«* (Hiob 3:25) Die Bibel gibt die Antwort auf Furcht und Besorgnis auf ganz einfache Art, wenn sie sagt: *». . . In Stillehalten und Vertrauen besteht eure Stärke.«* (Jesaia 30:15) Ich wies sie an, die folgenden großen Wahrheiten zu kontemplieren – Wahrheiten, die ihr zwar vertraut waren, mit denen sie sich jedoch bislang nicht zu identifizieren vermochte.

Nunmehr begann sie damit, sie in ihrer ganzen Bedeutung zu erfassen. Sie bejahte jetzt, wissend und fühlend:

. . . Aber mit Gott sind alle Dinge möglich.

(Matth. 19:26)

184

. . . Ehe sie rufen, werde ich antworten; und während
sie noch sprechen, werde ich hören. (Jesaja 65 :24)
. . . Euch geschehe nach eurem Glauben. (Matth. 9:29)
. . . Wenn du glauben könntest, alle Dinge sind möglich
dem, der glaubt. (Markus 9:23)
Er ruft mich an, und ich erhöre ihn; ich bin bei ihm in
der Not, reiße ihn heraus und bringe ihn zu Ehren.
(Psalm 91:15)
Ich hebe meine Augen auf zu den Bergen, von wo mir
Hilfe kommt. (Psalm 121:1)
Alle Dinge sind bereit, wenn das Gemüt es ebenfalls ist
(Shakespeare)
Der Herr ist mein Licht und mein Heil; vor wem
sollte ich mich fürchten? (Psalm 27:1)

Sie gab jeden Gedanken an die benötigte Summe und den
Fälligkeitstermin auf. Statt dessen wiederholte sie diese gro-
ßen Wahrheiten. Sie wußte jetzt: Wenn ihr Gemüt ruhig und
friedvoll ist, dann kommt die Lösung. Sie hielt sich auf das
Unendlich eingestimmt, weil sie einsah, daß Gott für alle ihre
Nöte sorgen würde – daß er ihre unmittelbare und dauernde
Versorgung und Hilfe ist.

Eine einfache Wahrheit hob ich besonders hervor: Wenn
unser Gemüt ruhig und friedvoll ist, und »göttlichen Gleichmut« offenbart, dann kommt die Antwort – die Lösung mit
unfehlbarer Sicherheit. Göttlicher Gleichmut bedeutet das
sichere Gefühl zu haben, daß alles in Ordnung ist – daß unser
Gebet niemals versagen kann. So, wie es uns nicht in den Sinn
kommen würde, an der Tatsache zu zweifeln, daß an jedem
Morgen die Sonne aufgeht. Natürlich wissen wir nicht, auf
welche Weise die Antwort kommen wird, aber das braucht uns
auch nicht zu kümmern, weil wir wissen, daß alles, was
geschieht, gut und sehr gut ist.

Diese Frau nun erreichte ein Gefühl des Friedens im Gemüt durch Kontemplation der großen Wahrheiten, die sich niemals verändern. Nach Ablauf einer Woche traf sie beim Einkauf in einem Drugstore auf einen alten Schulfreund, den sie seit Jahren nicht mehr gesehen hatte. Er war Witwer und sie Witwe. Er machte ihr einen Heiratsantrag, sie nahm ihn an und er kümmerte sich um die Hypothek. Sie hatte nichts verloren, nicht das Geringste; sie hatte gewonnen. Ihr Unterbewußtsein hatte das ihm aufgeprägte bei weitem vervielfältigt und verstärkt.

Furcht und Sorge ziehen Verlust an. Glauben und Vertrauen in die geistigen Gesetze hingegen ziehen alle Segnungen in Ihr Leben. Sollten Sie jemals eine bestimmte Geldsumme zu einem bestimmten Zeitpunkt benötigen, dann seien Sie sich bitte im klaren darüber, daß um Geld und Banktermin kreisende Gedanken üblicherweise Anspannung, Besorgnis und Furcht mit sich bringen und damit nur noch mehr Ungemach verursachen. Weitere Verluste sind die unausweichliche Folge! Gehen Sie statt dessen zurück zur Quelle aller Segnungen. Identifizieren Sie sich mit dem Unendlichen und beanspruchen Sie Frieden, Führung, Harmonie, rechtes Handeln und Überfluß. Halten Sie diesen Kontakt aufrecht, dann wird der Tag anbrechen und alle Schatten werden fliehen.

Sie hatte absolutes Vertrauen in das Zustandekommen des Vertrags

Eine Schauspielerin erzählte mir, daß sie einen unerschütterlichen Glauben an das Zustandekommen eines bestimmten Vertrages gehabt habe, zumal da sie fernmündlich aufgefordert worden war, zur Unterzeichnung nach New York zu kommen. Dort mußte sie jedoch feststellen, daß der Produzent, der ihr das Angebot gemacht hatte, in der Nacht zuvor gestorben war. Etwas enttäuscht und deprimiert war sie daraufhin nach Los Angeles zurückgekehrt.

Ich erklärte ihr, daß das einzige, in das sie absolutes Vertrauen setzen könne, die Tatsache sei, daß Gott immer Gott ist, und die Gesetze des Universums immer die gleichen sind - gestern, heute und in Ewigkeit. Diese Gesetze sind absolut verläßlich, denn Gott und seine Gesetze sind konstant und unveränderlich. Ich erklärte ihr weiterhin, daß schließlich nicht sie es ist, die das Universum kontrolliert. Daher habe sie auch keine Macht über das Leben anderer Menschen. Wenn also für ihren Vertragspartner der Zeitpunkt des Überwechselns in die nächste Lebensdimension gekommen war, so sei das nicht ihre Angelegenheit. Eines hingegen sei immer sicher: Gott ist Gott – allmächtig, ewig und unveränderlich.

Tele-PSI in Aktion

Daraufhin änderte sie ihre Geisteshaltung. Es wurde ihr klar, daß ihr Unterbewußtsein über Mittel und Wege verfügte, ihre Wünsche zu realisieren – Wege, die bei weitem über dem Fassungsvermögen ihrer fünf Sinne lagen. Sie brachte ihr Gemüt zur Ruhe und bejahte:

Ich weiß, daß die unendliche Intelligenz in meinem Unterbewußtsein über alle Möglichkeiten verfügt, mir einen Vertrag zu verschaffen – Möglichkeiten, die meinem Intellekt nicht zugänglich sind. Ich erkenne diese transzendentale Weisheit und akzeptiere jetzt einen Vertrag, ähnlich oder besser, als der vorher angebotene. Die Weisheit meines tieferen Bewußtseins wird nur das Beste für mich hervorbringen.

Innerhalb weniger Wochen erhielt sie daraufhin einen wesentlich besseren Vertrag als der, den sie in New York unterzeichnen sollte. Sollte Ihnen jemals etwas Ähnliches widerfahren, dann freuen Sie sich und seien Sie dankbar, weil die unendliche Intelligenz in Ihrem Innern etwas viel Besseres für Sie bereithält und es in Ihr Leben bringen wird, auf Wegen, von denen Sie noch nichts wissen.

Tele-PSI lehrt Sie, Ihr Vertrauen richtig einzusetzen

Eine brilliante Geschäftsfrau, Aufsichtsratsvorsitzende eines großen Unternehmens, war absolut sicher, einen bestimmten Mann zu heiraten. Alles war bereits arrangiert – die Trauungszeremonie vorbereitet, die Gäste eingeladen, das Bankett bereits bezahlt; wenige Minuten vor der Trauung jedoch erlitt der Bräutigam einen Herzanfall und starb.

Sie fragte: »Warum hat Gott mir das angetan?« Selbstverständlich war Gott nicht »verantwortlich« für das Ableben dieses Mannes. Wie wir alle, so hatte auch dieser Mann während seines Lebens die Möglichkeit zu wählen und sein Leben auf seine Weise zu gestalten. Wie sich herausstellte, war er Alkoholiker gewesen (was seine Verlobte nicht gewußt hatte) und schon mehrmals wegen Herzanfällen stationär behandelt worden. Alles das hatte er ihr verschwiegen.

Ich wies sie darauf hin, daß sie es nicht ist, die über das Leben dieses Mannes zu entscheiden hat und somit auch nicht bestimmt, zu welchem Zeitpunkt er in die nächste Dimension überwechseln wird. Ich sagte ihr, sie solle froh sein, daß die Weisheit ihres Unterbewußtseins, die immer bestrebt ist, sie zu beschützen, zu heilen und zu führen, sie davor bewahrt hat, sich auf eine Heirat einzulassen, die mit Sicherheit unglücklich verlaufen wäre.

Gleichzeitig lernte sie eine einfache Wahrheit: Wir können uns keiner Sache in diesem Universum absolut sicher sein, außer der einen, daß Gott Gott ist, und die Gesetze des Universums konstant und unveränderlich sind. Wer von uns wollte mit unfehlbarer Sicherheit behaupten, morgen in San Francisco anzukommen? Vielleicht gibt es Nebel und alle Flüge werden annulliert. Wie können wir absolut sicher sein, daß unser Pferd das Rennen gewinnt? Vielleicht bekommt es einen Herzanfall. Wer wollte wirklich sicher sein, ein bestimmtes Mädchen zu heiraten? Vielleicht läuft sie mit einem anderen Mann davon. Besitzen wir die Kontrolle über andere Menschen oder die Welt? In einer alten Hymne heißt es:

Wechsel und Verfall, wohin ich blicke.
O Du Unveränderlicher verbleibe mit mir.

Vergegenwärtigen Sie sich allezeit, daß die Weisheit Ihres Unterbewußtseins über Mittel und Wege verfügt, um eine Antwort auf Ihr Gebet hervorzubringen – Mittel und Wege, die Ihrem wachbewußten Verstand nicht bekannt sind und von diesem nicht einmal erfaßt werden können.

Diese Frau, von der die Rede war, hatte niemals auf die richtige Weise um einen Ehemann gebetet. Sie hatte diesen Mann in einer Bar kennengelernt, und die Romanze zusammen mit allen Lügen und Täuschungen nahm von dort ihren Ausgang. Bei einem solchen Gebet darf man nicht an einen bestimmten Mann denken. Man heiratet Charakter. Sie erhalten nicht das, was Sie wollen, auf der Welt, sondern das, was Sie sind, und Sie sind das, was sie kontemplieren.

Um sich also den richtigen Partner heranzuziehen, muß man zunächst die Qualitäten, die man in einem Menschen bewundert, seinem Unterbewußtsein eingeben, indem man mit Interesse über diese Charakteristiken nachsinnt.

Ich wies sie an, das folgende Gebet abends und morgens anzuwenden:

Ich weiß, daß ich jetzt eins mit Gott bin. In ihm lebe ich, in ihm bewege ich mich und in ihm habe ich mein Sein.

Gott ist Leben; dieses Leben ist das Leben aller Männer und Frauen. Wir alle sind Söhne und Töchter des einen Vaters.

Ich weiß und ich bin überzeugt, daß es einen Mann gibt, der darauf wartet, mich zu lieben und für mich zu sorgen. Ich weiß, daß ich zu seinem Glück und Wohlergehen beitragen kann.

Er liebt meine Ideale und ich liebe seine. Weder beabsichtigt er, mich zu verändern, noch ich ihn. Es gibt nur gegenseitige Liebe, Freiheit und Achtung.

Es gibt nur ein Gemüt, in diesem Bewußtsein kenne ich ihn bereits. Ich vereinige mich jetzt mit den Vorzügen und Eigenschaften, die ich verehre und durch meinen Partner zum Ausdruck gebracht sehen möchte.

Ich bin eins mit ihnen im Geist. Im göttlichen Gemüt kennen und lieben wir uns bereits. Ich sehe den Gott in ihm; er sieht den Gott in mir. Da ich ihm im Innern bereits begegnet bin, muß ich ihm auch im Äußeren begegnen, denn das ist das Gesetz des Geistes, meines Geistes.

Diese Worte gehen von mir aus und vollbringen das, wofür sie ausgesandt wurden. Ich weiß: Es ist jetzt getan, erreicht und vollendet in Gott. Danke, Vater.

Diese Worte sanken nach und nach in ihr Unterbewußtsein, und die Weisheit ihres tieferen Bewußtseins brachte ihr einen jungen Zahnarzt, der in jeder Weise mit ihr harmonierte. Sie hatte gelernt, den Gesetzen ihres Geistes zu vertrauen – Ge-

setzen, die niemals versagen. Sie war sich auch des Zeit-
punkts bewußt, an dem der Gebetinhalt ihr Unterbewußtsein
erreicht hatte. Sie hatte nämlich plötzlich kein Bedürfnis mehr,
um einen Ehemann zu beten. Sie war mit einem Mal von einer
Überzeugung durchdrungen, und das wiederum verursachte
die augenblickliche Antwort.

Wie man durch Tele-PSI
mit allen möglichen Rückschlägen fertig wird

Nehmen wir einmal an, Sie haben eine wichtige Verabredung
in Houston, Dallas oder Boston und Sie verspäten sich wegen
Nebel, Krankheit oder aus irgendeinem anderen Grund. Sie
könnten jetzt sagen, daß Sie für ein zufriedenstellendes
Interview in göttlicher Ordnung gebetet haben. Sie waren sich
bewußt, daß göttliche Ordnung vorherrschen würde – deshalb
entspannen Sie sich, lassen Sie los; wenden Sie sich an die
unendliche Intelligenz Ihres Unterbewußtseins und machen
Sie sich klar, daß die innere Weisheit bessere Wege kennt, dieses Interview zustande zu bringen – oder diesen Vertrag, oder
was auch immer.

Bewahren Sie Haltung, bleiben Sie ruhig, denken Sie daran,
daß göttliches rechtes Handeln vorherrscht. Machen Sie sich
bewußt, daß Ihr wachbewußter Verstand nicht wissen kann,
auf welche Weise sich göttliches rechtes Handeln verwirklichen wird. . . . *In Stillehalten und Vertrauen besteht eure
Stärke.* (Jes. 30:15)

Seien Sie sich bewußt, daß Gott immer Gott ist, und wenn
Sie bejahen und glauben, daß Gott in Ihrem Leben tätig ist,
dann wird alles, was geschieht, gut sein – gut und sehr gut.
Das ist das Gebet, das niemals versagt.

Zusammenfassung

1. Glauben ist eine Art des Denkens. Es ist eine Geisteshaltung. Vertrauen in die Gesetze des Geistes haben Sie, wenn Sie wissen, daß alles, was Ihrem Unterbewußtsein aufgeprägt wird, sich als Erfahrung und Begebenheit in Ihrem Leben zeigt. Jeder emotionalisierte und als wahr empfundene Gedanke – egal, ob gut oder böse – wird von Ihrem Unterbewußtsein angenommen und verwirklicht.

2. Ein Farmer hat volles Vertrauen in die Gesetze der Landwirtschaft. Der Kapitän eines Schiffes vertraut auf die Gesetze der Navigation. Beide machen Gebrauch von Prinzipien, die schon existierten, als noch kein Mensch diese Erde bevölkerte. Ebenso können Sie mit den Gesetzen Ihres Geistes vertraut werden und Ihr gesamtes Leben verändern. Denken Sie Gutes, und Gutes wird folgen; denken Sie Verlust und Begrenzung, und Misere wird die Folge sein.

3. Uns geschieht genau nach unserem Glauben. Aus diesem Grunde sagte Dr. Quimby 1847: »Der Mensch ist zum Ausdruck gebrachte Überzeugung.« Glaube ist ein Gedanke in Ihrem Gemüt. Es bedeutet, etwas als wahr zu akzeptieren. Es bedeutet, den Wahrheiten des Lebens gegenüber lebendig zu sein – sein Gemüt mit den ewigen Wahrheiten zu durchdringen und damit sein ganzes Leben zu verändern.

4. Gott macht keinen Unterschied der Person, und er bevorzugt niemanden. Die Behauptung, Gott erhöre nur die Gebete von Angehörigen eines bestimmten Glaubensbekenntnisses oder er reagiere nur auf dogmatisch geprägtes Verhalten, ist kindisch alberne Sentimentalität. Gott ist die universelle Macht und Weisheit – allen Menschen verfügbar, gemäß ihrem Glauben und ihrer mentalen Annahmebereitschaft.

5. Viele Menschen neigen dazu, das Bejahte unbewußt wieder zu verneinen. Ein Mann kann, zum Beispiel, äußerlich

bejahen, Gott sei die Quelle seiner Versorgung, und dabei unterbewußt an Mangel glauben. Diesen Mangelglauben muß er ändern und statt dessen Gottes Reichtümer und das Gesetz des Überflusses kontemplieren, dann wird sein Unterbewußtsein auf die neue wachbewußte Überzeugung reagieren.

6. Wenn Sie die Tatsache erfaßt und begriffen haben, daß Wohlstand eine gedankliche Vorstellung in Ihrem Gemüt ist und Sie die Wahrheit ständig wiederholen, daß Gottes Reichtümer in Ihrem Leben ständig zirkulieren, werden Sie damit jeden unterbewußten Armutsgedanken auslöschen und durch Wohlstandsimpressionen ersetzen, und die Resultate werden nicht auf sich warten lassen. Dieser Vorgang ist vergleichbar mit dem Einfüllen von klarem Wasser in eine Flasche, die mit verschmutztem Wasser angefüllt ist. Der Moment ist absehbar, da die Flasche nur noch klares Wasser enthalten wird.

7. Sollten Sie eine bestimmte Summe Geldes zu einem bestimmten Termin benötigen, dann vergessen Sie bitte sowohl die Summe als auch den Termin, da Gedanken, die um nicht vorhandenes Geld und Fälligkeitstermine kreisen, naturgemäß Anspannung, Besorgnis und Furcht mit sich bringen. Das wiederum bewirkt Verzögerungen, Hindernisse, Schwierigkeiten und weitere Sorgen. Kontemplieren Sie statt dessen einige der großen Wahrheiten aus den Psalmen oder anderen Teilen der Bibel, um Ihr Gemüt ruhigzustellen. Kontemplieren Sie Gott als die Quelle Ihrer unmittelbaren und immerwährenden Versorgung, die jetzt Ihren gesamten Bedarf reichlich deckt und das in alle Ewigkeit tun wird. Wenn Sie »göttlichen Gleichmut« beweisen, wird Ihr Gebet immer beantwortet werden – auf Wegen, *von denen Sie nichts wissen.*

8. Ewiger Wechsel ist die Wurzel aller Dinge. Gott hingegen verändert sich nie. Absolutes Vertrauen können Sie nur in die Tatsache setzen, daß Gott immer Gott ist, gestern, heute und in alle Ewigkeit. Wenn Sie sagen würden, Sie hätten abso-

lutes Vertrauen, daß Sie morgen einen Vertrag mit John Jones unterzeichnen würden, dann gibt es vielerlei Möglichkeiten, die das verhindern könnten. Vertrauen Sie der unendlichen Kraft Ihres Unterbewußtseins, Ihren Wunsch in einem solchen Fall auf andere Weise zustande zu bringen, dann wird das geschehen.

9. Geben Sie den Gedanken auf, über irgend etwas Kontrolle auszuüben. Sie kontrollieren weder die Elemente, noch bestimmen Sie die Lebensdauer oder das Schicksal anderer. Setzen Sie Ihr Vertrauen in die Gottesgegenwart in Ihrem Innern, in dem Bewußtsein, daß Gott in Ihrem Leben tätig ist, und ausschließlich göttliches rechtes Handeln vorherrscht; dann wird, was immer geschehen mag, gut sein gut und sehr gut. Sie können absolutes Vertrauen in Gottes Güte und Liebe haben. Wenn Sie diese Wahrheit akzeptieren, werden Wunder in Ihrem Leben geschehen.

10. Wenn Sie um einen Ehepartner beten, dann dürfen Sie dabei niemals an einen bestimmten Menschen denken. In anderen Worten: Machen Sie niemals den Versuch, das Bewußtsein eines anderen Menschen zu manipulieren. Der künftige Ehepartner ist zunächst ein Gedanke im Bewußtsein, ausgestattet mit den erwünschten Eigenschaften. Man heiratet sozusagen einen Charakter. Durch intensives Nachsinnen über die Charakteristiken und Qualitäten, die Sie in Ihrem künftigen Ehepartner zu finden wünschen, werden die tieferen Ströme Ihres Bewußtseins veranlaßt, Sie beide in göttlicher Ordnung zusammenbringen.

11. Bejahen Sie, daß Gott in Ihrem Leben tätig ist, glauben Sie, daß alles Gott in Aktion ist, dann wird alles, was geschieht, gut und sehr gut sein. Ein solches Gebet versagt niemals.

12

Höhepunkte des 27. Psalms

27. Psalm

1. Der Herr ist mein Licht und mein Heil; vor wem sollte ich mich fürchten? Der Herr ist meines Lebens Kraft; vor wem sollte mir grauen ?
2. Wenn die Übeltater an mich wollen, um mich zu verschlingen, meine Widersacher und Feinde, sollen sie selber straucheln und fallen.
3. Wenn sich auch ein Heer wider mich lagert, so fürchtet sich dennoch mein Herz nicht; wenn sich Krieg wider mich erhebt, so verlasse ich mich auf ihn.
4. Eines bitte ich vom Herrn, das hätte ich gerne: daß ich im Hause des Herrn bleiben könne mein Leben lang, zu schauen die schönen Gottesdienste des Herrn und seinen Tempel zu betrachten.
5. Denn er deckt mich in seiner Hütte zur bösen Zeit, er birgt mich im Schutz seines Zeltes und erhöht mich auf einen Felsen.
6. Und nun erhebt sich mein Haupt über meine Feinde, die um mich her sind; darum will ich Lob opfern in seinem Zelt, ich will singen und Lob sagen dem Herrn.

7. Herr, höre meine Stimme, wenn ich rufe; sei mir gnädig und erhöre mich!

8. Mein Herz hält dir vor dein Wort: »Ihr sollt mein Antlitz suchen.« Darum suche ich auch, Herr, dein Antlitz.

9. Verbirg dein Antlitz nicht vor mir, verstoße nicht im Zorn deinen Knecht! Denn du bist meine Hilfe; verlaß mich nicht und tu die Hand nicht von mir ab, Gott, mein Heil!

10. Denn mein Vater und meine Mutter verlassen mich, aber der Herr nimmt mich auf.

11. Herr, weise mir deinen Weg und leite mich auf ebener Bahn um meiner Feinde willen.

12. Gib mich nicht preis dem Willen meiner Feinde! Denn es stehen falsche Zeugen wider mich auf und tun mir Unrecht ohne Scheu.

13. Ich glaube aber doch, daß ich sehen werde die Güte des Herrn im Lande der Lebendigen.

14. Harre des Herrn! Sei getrost und unverzagt und harre des Herrn!

Der 27. Psalm wird zuweilen auch »Psalm der Verwandlung« genannt. Wenn du die Wahrheiten dieses großen Psalms bejahst, dann wirken seine heilenden, lindernden, vitalisierenden Schwingungen auf alle Nervenzentren deines Körpers ein. Mehr noch, diese spirituellen Schwingungen dringen in dein Unterbewußtsein und zerstören gleich einem spirituellen Penicillin die Bakterien der Furcht, Sorge, Anspannung und Depression.

Dieser Psalm ist in der heutigen Welt der größte Gegenpol zur Furcht.

Im Lauf der Jahre habe ich diesen Psalm vielen, vielen Menschen empfohlen, wobei ich sie darauf hinwies, daß unzählige andere diesen Psalm in Notlagen angewandt und damit ihr Leben gerettet haben. Dabei war es ganz gleich, worum es sich handelte, ob Schiffskatastrophen, Feuersbrünste, Tod und Zerstörung, vermeintlich unheilbare Krankheiten, Schuldenberge oder andere Probleme. Die Akasha-Chronik enthält unauslöschlich eben diese Erfahrungen all dieser Menschen (das universelle subjektive Gemüt).

Dieser Psalm – auch wenn seine innere spirituelle Bedeutung nicht völlig verstanden wird – erzeugt die gleichen Schwingungen, die andere in ähnlichen Situationen erfahren haben. In anderen Worten: Du stimmst dich subjektiv auf die herrlichen und wundersamen Resultate ein, die andere erreicht haben. Lies ihn langsam, still und ehrfürchtig, wissend, daß du die Unendliche Heilungsgegenwart in dir wiedererweckst, die alles weiß und alles sieht.

Durch die Anwendung dieses Psalms kannst du jede Schwierigkeit überwinden. Wenn du über diesen Psalm still meditierst, erhebst du deinen Bewußtseinszustand auf eine spirituelle Ebene, auf der das Ungemach sich auflöst. *Ich aber, wenn ich erhöht werde von der Erde, so will ich alle zu mir ziehen* (Joh. 12,32). Das heißt, wenn dein Gedanke bis zum Punkt der Annahme erhoben ist, ist dein Gebet beantwortet.

Sinne über die spirituelle Bedeutung dieses Psalms nach, die ich auf den folgenden Seiten erläutern werde; mache dir diese Wahrheiten zu eigen; weise alle negativen Gedanken, die dir in den Sinn kommen konnten, zurück und ersetze sie durch konstruktive spirituelle Gedanken.

Vers 1: *Der Herr ist mein Licht und mein Heil; vor wem sollte ich mich fürchten? Der Herr ist meines Lebens Kraft; vor wem sollte mir grauen?*

Der Herr steht für die Eine Gegenwart – Gott – den Lebendigen Allmächtigen Geist in dir. Es gibt nur eine Macht, und dieser einen Macht kann sich nichts entgegenstellen, nichts kann sie herausfordern oder ihr Wirken durchkreuzen.

Sie hat keine Widersacher, weil es für eine Allgegenwart nichts geben kann, das sich ihr entgegenstellt.

Dieser Vers informiert dich unumwunden, daß es nur eine Macht gibt, die nur Licht ist, und das heißt Höchste Intelligenz. Licht bedeutet Intelligenz.

Die Bibel sagt: *Ich, der Herr, das ist mein Name, ich will meine Ehre keinem andern geben noch meinen Ruhm den Götzen* (Jes. 42,8). *Ich bin* ist der in dir wohnende Gott. Der Psalmist sagt damit, daß die Unendliche Intelligenz die Antwort auf alles weiß. Das Licht löst die Dunkelheit auf. Erlösung heißt Lösung all deiner Probleme. Du wirst von der Krankheit gerettet durch die Erkenntnis, daß die heilende Kraft Gottes dein ganzes Sein durchdringt. Du wirst von Unwissenheit gerettet durch die Erkenntnis, daß die Unendliche Intelligenz, die das Licht der Welt ist, die Antwort auf alle Probleme kennt.

Du lernst, daß Gedanken Dinge sind – daß du das zu dir heranziehst, was du fühlst, daß du zu dem wirst, was du dir vorstellst. Die Unwissenheit stirbt in dir, wenn du weißt, daß jeder Gedanke schöpferisch ist und du zu dem wirst, was du den ganzen Tag lang denkst. Wenn du dir darüber im klaren bist, wirst du es dir zur Gewohnheit machen, nur über Wahres, Erfreuliches, Edles und Gottgleiches nachzusinnen. Von Armut und Mangel wirst du befreit, wenn du weißt, daß Gott die Quelle deiner Versorgung ist, die deine Bedürfnisse zu jeder Zeit und überall erfüllt. Wenn du dein spirituelles Gutes beanspruchst, werden die spirituellen Kräfte in dir sofort das materielle Gute aktivieren, und alles, was du benötigst, um ein volles und glückliches Leben zu führen, wird dir gegeben werden. Vor Armut wirst du bewahrt, indem du Gottes Reichtümer anerkennst, die dich überall umgeben, wenn du dein Gutes beanspruchst, das dir von Anbeginn aller Zeiten gegeben war.

Eine Frau in Laguna Hills fragte mich, was sie für die Wiederauffindung einiger Goldmünzen tun könnte, die ihr Ehemann kurz vor seinem Ableben erworben hatte. Wie sie mir berichtete, hatte er in Nevada Goldmünzen im Wert von 25000 Dollar gekauft. Von dort zurückgekehrt, sagte er, daß er sie irgendwo im Haus verstecken wollte, wo sie von niemandem gefunden werden könnten. In der Zwischenzeit hatte sie ihre kranke Schwester besucht und fand bei ihrer Rückkehr, daß ihr Mann im Schlaf verstorben war. Er hatte ihr keinerlei Hinweise über den Verbleib der Münzen hinterlassen. Nach dem Begräbnis suchte sie überall vergeblich nach dem Gold.

Auf meine Empfehlung hin bat sie ihr Unterbewußtsein, Licht in die Angelegenheit zu bringen. Vor dem Einschlafen wies sie ihr Unterbewußtsein an: »Unendliche Intelligenz, du bist allwissend. Enthülle mir den Ort, wo das von meinem Mann erworbene Gold versteckt ist. Ich sage Dank für die Antwort.«

Dieses Ersuchen wiederholte sie langsam und still mehrere Minuten lang und, bevor sie sich dem Schlaf überließ, kontemplierte sie das eine Wort »Antwort«. Während sie fest schlief, erschien ihr Mann und sagte: »Ich bin sehr glücklich, dort, wo ich jetzt bin. Das Gold ist hinten im Garten neben dem großen Baum. Grab dort, und du wirst es in einem großen Vorratsglas finden.«

Am nächsten Morgen nahm sie einen Spaten und grub genau an der im Traum bezeichneten Stelle. Und dort befand sich das Gold in dem Einmachglas.

Das ist das Licht, von dem der Psalmist spricht. Ob es nun ihr verstorbener Mann war, der ihr im Traum erschien, oder nur etwas von ihrem Unterbewußtsein in Szene gesetzt wurde, ist dabei unerheblich, denn die unendliche Intelligenz ihres Unterbewußtseins antwortet in Formen und auf Wegen, die wir nicht kennen.

Vers 1: ... *Der Herr ist meines Lebens Kraft* ... Heute besuchte mich ein Mann, der um die Weihnachtszeit in der Klinik ans Bett gefesselt war, unfähig, sich zu bewegen. Ich hatte mehrere Male mit ihm telefoniert und ihm empfohlen, häufig am Tag zu bejahen »Gott geht und spricht in mir«. Dann sollte er sich vorstellen, wie er mühelos das Saddleback-Valley-Lichtspielhaus an der El Toro Road betrat, um sich meine sonntäglichen Vorträge anzuhören, mir die Hand schüttelte und meine Glückwünsche für seine wunderbare Heilung entgegennahm.

Alles das stellte er sich wirklich und lebhaft vor. Er spürte den Händedruck und hörte meine Worte klar und deutlich. In seiner lebhaften Vorstellung ging er den Mittelgang entlang und spürte den bequemen Kinosessel, in den er sich niederließ. Alles das gestaltete er lebhaft und real. Er vertraute darauf, daß dieses Vorstellungsbild in sein Unterbewußtsein sinken und sich verwirklichen würde.

Am letzten Sonntag kam er herein. Ohne Krücken. Und er erfuhr im Äußeren das, was er sich subjektiv so lebhaft vorgestellt hatte. Gerade vorhin, als ich mit dieser Niederschrift beschäftigt war, kam er in mein Arbeitszimmer, um mir von seiner wundervollen Erfahrung in der Klinik zu berichten... *Dem Gott die Gerechtigkeit zurechnet, ohne auf seine Werke zu sehen* ... (Röm. 4,17).

Er erkannte, daß in ihm eine Kraft war, die ihn befähigte, seine Probleme zu überwinden. Er hatte Frieden und Harmonie erfahren, das, was die eigentliche Bedeutung des Begriffs »Erlösung« ausmacht.

Vers 2: *Wenn die Übeltäter an mich wollten, um mich zu verschlingen, meine Widersacher und Feinde, strauchelten und fielen sie.*

Die *Feinde* befinden sich immer in deinem Gemüt, von dir selbst erschaffen, etwa Furcht, Zweifel, Sorge, Groll, Feindseligkeit. Die *Übeltäter* sind negative oder destruktive Emotionen eigener Machart. Die Phrase *mich zu verschlingen* ist eine Metapher, die besagt, daß unsere Gedanken des Grolls, des Zorns und der Feindschaft uns irritieren und belästigen und uns dabei unsere Vitalität, Energie und unseren Gemütsfrieden rauben. Die Lösung besteht darin, das Gemüt zu beruhigen und langsam und ruhig zu bejahen: »Das heilende Licht Gottes durchdringt mein Gemüt und mein Herz, und Gottes Liebe erfüllt meine Seele. Das Licht Gottes umgibt mich und hüllt mich ein.« Wenn du diese Wahrheiten bejahst, werden alle negativen Gedanken neutralisiert und zerstört.

Vers 3: *Wenn sich auch ein Heer wider mich lagert, so fürchtet sich dennoch mein Herz nicht; wenn sich Krieg wider mich erhebt, so verlasse ich mich auf ihn.*

Du hast nichts zu fürchten, du bist auf das Unendliche ausgerichtet, das allmächtig und allweise ist. Es gibt keine Macht, die es herausfordern kann. Deshalb *fürchte ich kein Unglück; denn du bist bei mir* . . . (Psalm 23,4). Du setzt dein Vertrauen in die Allmächtige Kraft, die niemals versagt.

Ich bekam einen Anruf von einer Frau, die von einer Wahrsagerin hypnotisiert worden war. Diese hatte ihr weisgemacht, daß die »Geister« in der nächsten Dimension verlangten, daß sie ihr ein Grundstück übertrage, damit sie imstande sei, ihre Dienstleistungen als Wahrsagerin und Lebensberaterin zu erweitern. Sie überließ dieser Frau das Grundstück, erkannte aber schon bald, daß sie von ihr betrogen und einer Gehirnwäsche unterzogen worden war. Die Leichtgläubigkeit einiger Menschen spottet einfach jeder Beschreibung! Der Wert des Grundstücks betrug mehr als eine viertel Million Dollar.

Ihr Anwalt war ein spirituell orientierter Mann, der sich in der Wirkungsweise des Gemüts auskannte. Die Frau war von größter Panik erfüllt, da die Wahrsagerin ihr durch Boten ausrichten ließ, daß sie das »Todesgebet« gegen sie anwenden würde, wenn sie es wagen sollte, den Handel gerichtlich anzufechten. Dann würde sie mit Sicherheit sterben.

Ich wies sie an, den 27. Psalm dreimal täglich laut zu lesen, morgens, mittags und abends vor dem Einschlafen. Dann würde sie erkennen, daß diese Frau über keine wirkliche Macht verfügte. Sie sollte – so sagte ich ihr – die negative Suggestion ganz und gar zurückweisen. Oftmals liegt die Heilung bereits in der Erklärung, sie befand sich in diesen Zeilen: *Denn es gibt kein Zaubern in Jakob und kein Wahrsagen in Israel. Zu rechter Zeit wird Jakob und Israel gesagt, welche Wunder Gott tut* (4. Mos. 23,23).

Was von manchen Menschen als Todesgebet und Schwarze Magie bezeichnet wird, ist einfach eine Umkehrung des geistigen Gesetzes. Wenn ich einem anderen Böses wünsche, dann muß ich wohl selbst in einer sehr negativen Verfassung sein; und damit ziehe ich mir selbst Böses zu und werde von ihm befallen, denn meine Stimmungen sind schöpferisch. Mein negatives oder destruktives Denken kann andere nur dann verletzen, wenn sie so töricht sind, die Suggestion zu akzeptieren und mir die Macht zugestehen, sie verletzen zu können. Dann allerdings werden sie zum Opfer.

Sollte der andere sich jedoch über meine angeblichen Kräfte lustig machen und ihnen nicht die geringste Macht zuschreiben, dann würden alle meine negativen Gedanken – alle meine Verwünschungen – wie ein Bumerang auf mich zurückfallen und mir schaden. Sie alle waren selbstzerstörend. Der Voodoo-Zauberer in Australien oder der Medizinmann im Dschungel Afrikas schickt seinem Opfer immer zuvor eine Botschaft, die besagt, daß es sterben wird, da er eine seiner Gestalt nachgebildete Puppe verbrannt habe. Und die dadurch im anderen Menschen erzeugte Furcht tötet ihn. In anderen Worten: Er tötet sich selbst. Schwarze Magie wird nur durch den wirksam gemacht, der sich als ihr Opfer sieht.

Wenn ein Schwarzmagier auch in negativer Weise gegen dich tätig sein sollte, indem er dich mit Verwünschungen überhäuft und dich als tot visualisiert, ist er in Wirklichkeit doch außerstande, das zu tun, denn schließlich möchte er ja selbst nicht zugrunde gehen. Diese Erklärung überzeugte sie.

Sie begann wie folgt zu beten: »Das Unendliche Gesetz der Gerechtigkeit, Wahrheit und Harmonie arbeitet in vollkommener Weise für mich und alle an diesem Rechtsstreit Beteiligten. Mein Anwalt ist ein Mann Gottes, und Gott führt ihn. Nichts ist verborgen, was nicht offenbar wird. Nichts ist verdeckt, das nicht bekannt wird. Frau . . . übergebe ich Gott. Jedesmal, wenn sie mir in den Sinn kommt, werde ich bejahen: Ich überlasse dich Gott. Gott sei mit dir.« Mehrmals am Tag las sie den 27. Psalm laut, und wenn sich Furchtgedanken einschleichen wollten, ersetzte sie sie durch: »Der Herr ist mein Licht und mein Heil. Vor wem sollte ich mich fürchten?«

Die Wahrsagerin wurde plötzlich sehr krank und stand schon bald darauf an der Schwelle des Todes. Sie rief die Frau an und bat sie um ihren Besuch, zusammen mit ihrem Anwalt. Sie gab ihr das Grundstück zurück, die Urkunden wurden unterzeichnet, alles ging seinen rechtlichen Gang. Die Negativität der Wahrsagerin war auf sie selbst zurückgefallen, und nun suchte sie um Vergebung nach, die ihr selbstverständlich gewährt wurde. Nachdem die Angelegenheit aus der Welt geschafft war, erholte die Wahrsagerin sich wieder. Es gibt immer eine Antwort.

Verse 4 und 5: *Eines bitte ich vom Herrn, das hätte ich gern; daß ich im Hause des Herrn bleiben könne mein Leben lang, zu schauen die schönen Gottesdienste des Herrn und seinen Tempel zu betrachten. Denn er deckt mich in seiner Hütte zur bösen Zeit, er birgt mich im Schutz seines Zeltes und erhöht mich auf einen Felsen.*

Du verweilst im Hause des Herrn – deinem eigenen Gemüt –, wenn du mit der Unendlichen Gegenwart in dir sprichst, wo immer du gehst und stehst. Du bleibst oder verweilst dort, weil du es dir zur Gewohnheit gemacht hast, über die Wahrheit nachzusinnen, daß Gott dein Leben ist und daß der Geist oder Gott dir innewohnt, dich liebt und für dich sorgt. Ganz gleich, wo du dich befindest, ob du die Straße entlang fährst, mit Kuchenbacken beschäftigt bist oder spazierengehst, immer kannst du dir von Zeit zu Zeit ins Gedächtnis zurückrufen, daß Gott durch dich denkt, spricht und handelt. Dann bist du auf das Unendliche eingestimmt und bist dir bewußt, daß du der Tempel des Lebendigen Gottes bist. Die unbeschreibliche Schönheit des Unendlichen animiert und erhält dich. Diese beiden Verse weisen darauf hin, daß es das Wichtigste in deinem Leben ist, Gott an die erste Stelle zu setzen in der Erkenntnis, daß diese unendliche Gegenwart und Macht dein Führer, Berater, Wegweiser, Zahlmeister und die Quelle aller Segnungen ist. Wenn du das weißt, gibst du keinerlei Macht an äußere Dinge und Geschehnisse, andere Menschen oder irgendwelchen Zuständen und Begebenheiten, denn du erkennst, daß die Ursache zu allem im Innern liegt. Du gibst erschaffenen Dingen keine Macht. Die Macht gibst du dem Schöpfer, nicht der Schöpfung. Nichts kann dich verstimmen, nichts dich stören. Alles auf der Welt vergeht, nur Gott nicht – und Gott allein genügt.

Du bist der Tempel Gottes, und du verweilst an dem geheimen Ort, wenn du die Liebe, das Licht und die Herrlichkeit des Unendlichen kontemplierst, die dir alles, was du wissen mußt, enthüllt – zu jeder Zeit und überall. Wenn du dir bewußt machst, daß du in die Heilige Allgegenwart eingetaucht bist und vom heiligen Kreis der ewigen Liebe Gottes umgeben bist, dann stehst du auf einem Fels. Das bedeutet, daß du von keinem Unheil berührt werden kannst. Du bist unbesiegbar, unüberwindbar. Du bist von der Rüstung Gottes umgeben, und dein Leben ist sicher, zu jeder Zeit und an jedem Ort.

Vers 6: *Und nun erhebt sich mein Haupt über meine Feinde, die um mich her sind; darum will ich Lob opfern in seinem Zelt, ich will singen und Lob sagen dem Herrn.*

Opfern bedeutet das Geringere für das Größere aufgeben. Du ersetzt Traurigkeit durch Freude, und wenn du beginnst, die Gottgegenwart in dir zu erhöhen, dann strömen alle Kräfte der Gottgegenwart dir zu, um für dich tätig zu werden. Die Feinde sind immer Schöpfungen deines eigenen Gemüts, wie Furcht, Sorge, Anspannung, Groll. Und wenn der Psalmist davon spricht, das Haupt über die Feinde zu erheben, dann meint er, daß du die negativen Gedanken mit dem Feuer der göttlichen Liebe verbrennst. Das Haupt steht symbolisch für Wissen und dein Bewußtsein, daß die Eine Gegenwart und Macht in dir alle Furchtgedanken aus deinem Gemüt vertreibt.

Eine Sängerin hatte durch einen plötzlichen Schock ihre Stimme verloren. Sie konnte einen ganzen Monat lang nicht laut singen oder sprechen. Ich wies sie an, still und unhörbar zu sich selbst zu singen – die Worte lautlos zu formen und zu bejahen: »Ich will singen, ja, ich will dem Herrn Loblieder singen.«

Das tat sie still 15 oder 20 Minuten lang, drei- oder viermal am Tag. Sie formte die Worte in der Stille und stellte sich dabei vor, daß sie vor einem Publikum sang. Die Ärzte konnten bei ihr weder einen pathologischen Zustand noch eine Lähmung oder Infektion irgendwelcher Art feststellen. Der Verlust der Stimme kam als Folge eines durch ein Erlebnis ausgelösten großen Schocks. Nach vier Tagen war ihre Stimme wiederhergestellt. *Er erquickt meine Seele. . .* (Psalm 23,3).

Vers 7: *Herr, höre meine Stimme, wenn ich rufe; sei mir gnädig und erhöre mich!*

Wenn du die Unendliche Intelligenz anrufst, dann bekommst du eine Erwiderung, das will der Psalmist damit sagen.... *Bevor sie rufen, will ich antworten; und während sie noch reden, will ich hören* (Jes. 65,24).

Die Natur der Unendlichen Intelligenz ist es, Antwort, Erwiderung zu geben.

Vers 8: *Mein Herz hält dir vor dein Wort: Ihr sollt mein Antlitz suchen; darum suche ich auch, Herr, dein Antlitz.*

Gott hat kein Antlitz, keine Form, keine Gestalt. Gott ist der Lebendige Geist im Innern. *Antlitz* bedeutet Wahrheit. Wenn ich dir ins Antlitz blicke, dann erkenne ich dich. Erkenne den Unendlichen Geist in dir und du weißt, daß er dir erwidern wird; dann wirst du *das Antlitz Gottes suchen,* und du wirst die Freude des beantworteten Gebets erfahren.

Vers 9: *Verbirg dein Antlitz nicht vor mir, verstoße nicht im Zorn deinen Knecht! Denn du bist meine Hilfe; verlaß mich nicht und tu die Hand nicht von mir ab, Gott, mein Heil!*

Gott ist allgegenwärtig und uns zu keiner Zeit verborgen, denn Gott ist unser eigentliches Leben. Wenn wir angsterfüllt und besorgt sind und auf Biegen oder Brechen versuchen, eine Antwort zu bekommen, dann erscheint es uns, als sei Gott vor uns verborgen. Geistiges Erzwingen und Willenskraft versagen völlig. Es ist vielmehr das stille empfängliche Gemüt, dem die Antwort zuteil wird, denn das Gebet ist anstrengungsloses Bemühen. Wenn wir zweifeln oder angsterfüllt sind, blockieren wir unser Gutes. Gott spricht im Frieden, nicht in der Verwirrung.

Vers 10: *Denn mein Vater und meine Mutter verlassen mich, aber der Herr nimmt mich auf.*

Die Gottesgegenwart versagt niemals und läßt dich niemals im Stich. Du bist ein Sohn oder eine Tochter des Unendlichen, und Gott ist Liebe. Der Wille des Unendlichen für dich ist immer ein größeres Maß an Leben, Liebe, Wahrheit und

Schönheit; in anderen Worten: Ein reicheres Leben. Gott sucht immer ein heiliges Gefäß, damit er sich auf höherer Ebene durch dich ausdrücken kann. Gott ist Grenzenlose Liebe, und Liebe kann nichts Liebloses tun.

Vers 11 und 12: *Herr, weise mir den Weg und leite mich auf ebener Bahn um meiner Feinde willen. Gib mich nicht preis dem Willen meiner Feinde! Denn es stehen falsche Zeugen wider mich auf und tun mir Unrecht ohne Scheu.*

Hier betet der Psalmist um die Führung Gottes zu Pfaden der Freude und Wegen des Friedens. Die falschen Zeugen sind die Ängste und Zweifel, die sich in deinem Gemüt erheben. Nichts kann die Allmacht herausfordern. Gott ist allmächtig, allweise, der Ewig Lebende Eine. Wenn du dich in deinem Denken mit dem innewohnenden Gott verbindest, neutralisierst du jede Negativität. Alle deine Ängste beruhen auf einem Mangel an Gottvertrauen. Ängste sind grausam, sie sind immer Geschöpfe deines eigenen Gemüts und werden ausgetrieben, wenn göttliche Liebe deine Seele erfüllt.

Vers 13 und 14: *Ich glaube aber doch, daß ich sehen werde die Güte des Herrn im Land der Lebendigen. Harre des Herrn! Sei getrost und unverzagt und harre des Herrn!*

Woran glaubst du? Glauben heißt etwas als wahr akzeptieren. Die wunderbarste Antwort, die du geben könntest, wäre folgende: »Ich glaube an die Güte Gottes im Land der Lebenden. Mein Glaube, Vertrauen und völliges Sich-Verlassen beruht wahrlich voll und ganz auf der Göttlichen Gegenwart im Innern und nicht auf meinem Intellekt, auf anderen Menschen oder Äußerlichkeiten. Mein Vertrauen ist in Gott, der Einzigen Gegenwart und Macht.«

Der Schluß dieses Psalms stellt eine kraftvolle und wunderbare Mahnung dar, im Gebet beharrlich zu sein. »Des Herrn harren« bedeutet nicht Untätigkeit oder Vernachlässigung in der Hoffnung, daß Gott mal vorbeikommt und deine Probleme löst. Es bedeutet vielmehr, daß du glaubst, weißt und eine göttliche Lösung erwartest, weil du dich im Glauben und Vertrauen an die Unendliche Gegenwart und Macht gewandt hast und weißt, daß die Lösung oder Antwort kommen wird.

Des Herrn harren bedeutet regelmäßig und systematisch für die Beseitigung deiner Probleme beten. Es bedeutet Geduld und Beharrlichkeit. Die Wirkung deiner konstanten Wiederholungen der Wahrheiten Gottes wird dein Herz stärken und dir größeren Glauben verleihen. Wenn du dir weiterhin klarmachst, daß die Macht Gottes in deinem Sinne tätig ist, dann wird schließlich der Tag heraufdämmern und alle Schatten werden fliehen.

13

Höhepunkte
des 37., 38. und 40. Psalms

37. Psalm

1. Entrüste dich nicht über die Bösen, sei nicht neidisch auf die Übeltäter.
2. Denn wie das Gras werden sie bald verdorren, und wie das grüne Kraut werden sie verwelken.
3. Hoffe auf den Herrn und tu Gutes, bleibe im Land und nähre dich redlich.
4. Habe deine Lust am Herrn; der wird dir geben, was dein Herz wünscht.
5. Befiehl dem Herrn deine Wege und hoffe auf ihn, er wird's wohl machen.
6. Und wird deine Gerechtigkeit heraufführen wie das Licht und dein Recht wie den Mittag.
7. Sei stille dem Herrn und warte auf ihn. Entrüste dich nicht über den, dem es gutgeht, der seinen Mutwillen treibt.

Hier wird dir mit Bestimmtheit bedeutet, dich gedanklich nicht mit Übeltätern zu befassen. Mach dir über sie keine Sorgen. Denke daran, du bist nur für eines verantwortlich: Für die Art deines Denkens über andere Menschen. Deine Gedanken sind schöpferisch; was du daher vom anderen denkst, das erschaffst du auch in deinem eigenen Leben.

Wenn ein Mensch betrügt, stiehlt, vergewaltigt, mordet, dann hast du ihn schließlich nicht dazu aufgefordert. Er ist für seine Handlungen selbst verantwortlich. Wenn er die Gesetze des Geistes mißbraucht, bekommt er die Reaktion des Gesetzes zu spüren. Früher oder später wird er feststellen, daß er das, was er im Gemüt gesät hat, ernten wird. Es wird dir auch bedeutet, nicht neidisch auf solche Übeltater zu sein.

Oftmals kommt dir die Tatsache zu Bewußtsein, daß es Menschen gibt, die durch Machenschaften aller Art reich geworden sind, wie Pornographie, Prostitution, betrügerische Aktienverkäufe und vielerlei andere kriminelle Handlungen, mit denen sie andere Menschen um Millionen betrügen. Hier kommen wir wieder an den gleichen Punkt. Als Bürger kannst du bei der Wahl deine Stimme für jene abgeben, die aufrichtig und ehrlich sind. Du kannst die Kommunal-, Landes- oder Bundespolitiker anschreiben und deine konstruktiven Ansichten geltend machen und um gewisse Änderungen nachsuchen.

Auf andere und ihren Besitz jedoch neidisch zu sein, bringt dir unweigerlich selbst Mangel, Begrenzung und Verarmung. Deshalb kannst du es dir nicht leisten, auf andere neidisch oder eifersüchtig zu sein. Wenn du einen Mann wöchentlich 10000 Mark auf sein Konto einzahlen siehst, wo du nur 1000 Mark zurücklegen kannst, und bist dann neidisch, dann wirst du dir noch mehr Mangel und Begrenzung zuziehen.

Dann verneinst du die Quelle, die dir zur Verfügung steht. Du kannst beanspruchen, was du willst. Das, was du annimmst und glaubst, das wird der Geist in dir vollbringen. Was du kritisierst und verdammst, bekommt Flügel und fliegt davon. Bedenke, du brauchst selbst mehr Geld; dann ist es töricht, das Geld, das ein anderer verdient, zu verdammen.

In Vers 2 steht geschrieben: *Denn wie das Gras werden sie bald verdorren, und wie das grüne Kraut werden sie verwelken.* Vor Jahren in New York City war mir der Fall eines Mannes bekannt, der gefälschte Aktien und Wertpapiere an Witwen und andere mehr oder weniger hilflose Menschen verkauft und sie damit um ihre Ersparnisse gebracht hatte. Dieser Mann schien tatsächlich finanziell zu gedeihen: Er hatte ein hübsches Haus, viel Geld und gab großzügige Parties. Viele sagten: »Sieh dir diesen Mann an! Der hat die richtige Masche heraus! Er hält sich an die Buchstaben des Gesetzes, und dennoch bestiehlt er alle rund um sich herum!«

Zwanzig Jahre später las ich über ihn in der Zeitung. Er war jetzt Patient in einer Nervenheilanstalt, litt an Gehirnschwund und war völlig mittellos. Das Gesetz des Geistes antwortet auf seine eigene Weise. Wenn du das Gesetz der Harmonie, der Ehrlichkeit, der Gerechtigkeit und Liebe mißbrauchst, dann reagiert das Gesetz auf seine eigene Weise nach eigenem Zeitermessen. Und das kann durchaus ein Zeitraum von 20 oder 25 Jahren sein . . . *und die Rache ist mein; ich will vergelten, spricht der Herr* (Röm. 12,19).

In Vers 3 meint dein Vertrauen in den Herrn deinen Glauben, daß alles, was du deinem Unterbewußtsein aufprägst, zum Vorschein kommt und in deinen Erfahrungsbereich gelangt. Dein Herzenswunsch könnte Gesundheit, ein wahrer Platz, eine Partnerschaft, Wohlstand oder Erfolg sein; wenn du dir bewußt machst, daß die Unendliche Gegenwart und Macht dir den Wunsch eingab, dann weißt du auch, daß die gleiche Gegenwart und Macht seine Verwirklichung vollbringen wird, vorausgesetzt, du wendest dich an die Höchste Intelligenz im Glauben und Vertrauen. Deinem Glauben und deiner geistigen Annahme gemäß wird es sich verwirklichen.

Der Begriff »Gerechtigkeit« im 6. Vers bedeutet rechtes Denken, rechtes Fühlen und rechtes Handeln. Du denkst richtig, wenn du vom Standpunkt universeller und ewiger Wahrheiten aus denkst. Um die Mittagszeit wirft die Sonne keine Schatten; deshalb sollte dein Urteil sich immer an dem ausrichten, was für den Unendlichen Geist wahr ist, unabhängig davon, ob für dich selbst oder für einen anderen. Dann urteilst du gerecht.

Aber die Sanftmütigen werden das Land erben und ihre Freude haben am großen Frieden (Psalm 37,11). Hier handelt es sich nicht um eine leere Platitüde; im Gegenteil, es ist etwas sehr Praktisches. Das Land, die Erde oder das Erdreich steht in der Bibel immer für jeden manifestierten Zustand, und hinter jeder Manifestation gibt es eine Ursache. Deshalb sind dein Heim, dein Beruf, dein Geschäft, dein finanzieller Status und all deine Erfahrungen nichts anderes als Manifestationen deiner geistigen Zustände.

Das Wort »sanftmütig« repräsentiert ein Gemüt, das lehrbar, offen, empfänglich und vom Glauben an Gott erfüllt ist, zusammmen mit dem Bewußtsein, daß der Wille des Unendlichen für dich immer etwas Herrliches, Großartiges, Freudiges und Vitales ist. Diese geistige Einstellung ist der Schlüssel zum Erfolg, Wohlstand und zum Gemütsfrieden. Es gibt ein altes orientalisches Sprichwort: »Sanftmut zwingt sogar Gott selbst.«

Der Gottlose droht dem Gerechten und knirscht mit seinen Zähnen wider ihn (Psalm 37,12). Die Gottlosen sind jene, die negativ und destruktiv denken. Wenn wir uns der Furcht, dem Haß, Zorn oder Groll hingeben, dann sind wir schlecht oder gottlos. Wenn wir es versäumen, recht zu denken, recht zu handeln und recht zu fühlen, wenn wir versucht sind, falsch über eine Situation oder einen Menschen zu denken, oder wenn wir Gefühlen der Verzweiflung oder Selbstverurteilung nachgeben, dann lassen wir die Negation die edlen, gottgleichen Gedanken in unserem Gemüt angreifen. Spirituelles

Wachstum beinhaltet ein Ringen mit unserer alten Natur, die das gewohnheitsmäßige negative Denken fortsetzen will.

Vers 13 sagt: *Aber der Herr lacht seiner . . .* und das heißt: Wenn du gottgleiche Gedanken in deinem Gemüt inthronisierst und wenn dir klar ist, daß spirituelle Gedanken alle negativen Gedanken zerstören, dann wirst du alles negative, destruktive Denken zurückweisen. Wisse, wenn deine Gedanken Gottes Gedanken sind, ist die ganze Macht Gottes mit deinen Gedanken des Guten.

Nicht das, was ein anderer sagt oder tut, ist es, was dich belästigt oder stört, es ist dein eigenes Denken darüber. Du bist der einzige Denker in deiner Welt. Andere haben keine Macht, dich zu verstören. Kein anderer verfügt über diese Macht, nur du selbst. Die Ursache davon ist immer eine Bewegung deines ureigensten Denkens. Denke daran: Nichts kann in deinen Erfahrungsbereich gelangen, wenn es nicht etwas in dir findet, auf das es eingestimmt ist; wenn du daher Ärger oder Schwierigkeiten mit anderen Menschen oder mit deiner Arbeit hast, ist das nur ein Zeichen dafür, daß es einer Reinigung deines Bewußtseins bedarf. Das, was du siehst, ist nichts anderes als dein eigenes Konzept. Und zwar immer! Zu jeder Zeit! Hast du edle, gottgleiche Konzepte von dir, dann siehst du auch die Gegenwart Gottes im anderen. Identifizieren deine Augen sich mit dem Lieblichen, dann wirst du nur das Liebliche sehen.

Ich bin jung gewesen und alt geworden und habe noch nie den Gerechten verlassen gesehen und seine Kinder um Brot betteln (Psalm 37,25).

Dies ist ein sehr wichtiger Vers, überquellend mit großen Wahrheiten. Biblisch gesprochen, sind wir alle jung, wenn wir die Gesetze des Gemüts und Wege des Geistes nicht kennen. Als alt werden wir jedoch angesehen, wenn uns diese Gesetze vertraut sind, denn Alter ist nicht das Hineilen der Jahre, son-

213

dern die Dämmerung der Weisheit. Die Gerechten sind nicht verlassen, das heißt, wenn du richtig denkst, richtig fühlst und richtig handelst den universellen Prinzipien gemäß, wirst du die entsprechenden Resultate erhalten. Du wirst Gesundheit, Glück, Frieden, Sicherheit und Überfluß in deinem Leben vorführen.

Die »Kinder« oder »Nachkommen« repräsentieren die Kinder deines Gemüts zusätzlich zu leiblichen Kindern. Wenn du neue schöpferische Ideen hast, neue Erfindungen und Entdekkungen, was es auch sei – Bühnenstücke, Bücher, Gedichte oder Kompositionen, wirst du sie zur Manifestation bringen. Sie werden nicht arm sein, weil du das Gesetz des Gemüts kennst und anwendest. Wenn du das folgende voller Glauben, Vertrauen und mit Verständnis bejahst in dem Wissen, daß sich dir alle Türen auftun werden, wird eine Erfindung oder schöpferische Idee auf den Bildschirm des Raumes projiziert: »Der unendliche Geist gab mir diese neue schöpferische Idee, und er offenbart mir den vollkommenen Plan für seine Entfaltung nach göttlichem Gesetz und in göttliche Ordnung. Ich folge der Führung, die mir klar in mein Bewußtsein kommt.«

Was die leiblichen Kinder betrifft, so bedenke, daß Kinder nach dem Vorbild und der Art des im Elternhaus vorherrschenden geistigen, emotionalen und spirituellen Klimas aufwachsen. 1847 sagte Phineas Parkhurst Quimby, jedes Kind sei wie eine unbeschriebene Tafel, auf die jeder, der des Weges komme, etwas kritzelt. Kinder unterliegen den Stimmungen, dem Temperament, Aberglauben, den Ängsten und Überzeugungen ihrer Eltern und anderer Erwachsener ihrer Umgebung. Ihre jungen Gemüter sind form- und beeindruckbar. Und das Kind verfügt noch nicht über die Fähigkeit, falsche Überzeugungen der Eltern zurückzuweisen.

Im Buch der Sprüche wird es treffend ausgedrückt, wenn es da heißt:

. . . Ein Kind, sich selbst überlassen, macht seiner Mutter Schande (Spr. 29,15) . . . *Der Kinder Ehre sind ihre Väter* (Spr. 17,6). Kinder, die in einer spirituellen Atmosphäre aufwachsen und die angehalten werden, die Goldene Regel und das Gesetz der Liebe zu praktizieren, werden das, was ihnen von den Eltern beigebracht wurde, überdenken. Wenn Eltern miteinander beten und auf die folgende Art für den Sohn oder die Tochter beten, dann wird das Kind ihrer inneren Überzeugung und Einsicht gemäß aufwachsen:

»Mein Junge oder Mädchen (erwähne den Namen) ist Gottes Kind. Er oder sie wächst an Weisheit, Wahrheit und Schönheit von Tag zu Tag. Das Licht Gottes leuchtet in ihm (ihr). Er (sie) offenbart von Tag zu Tag mehr von Gottes Weisheit und Intelligenz. Der Frieden, die Harmonie, Schönheit und Anmut Gottes manifestiert sich in ihm (ihr) in jedem Moment des Tages. Seine (ihre) verborgenen Talente werden offenbar, und Gott führt und leitet ihn (sie) und wacht über ihn (sie) an allen Tagen seines (ihres) Lebens. Wir, die Eltern, wissen, daß unser Kind unseren Gebeten gemäß aufwächst und unsere Überzeugungen von ihm erfüllt.«

Ein solches Kind wird niemals zum Bettler, zum Ausgestoßenen, zum Rauschgifthändler, Alkoholiker oder Verbrecher werden.

Und doch ist die Weisheit gerechtfertigt worden von allen ihren Kindern (Luk. 7,35).

Hier lesen wir wiederum eine grundlegende Wahrheit, die in die Gemüter und Herzen aller Eltern Eingang finden sollte. Wir alle haben Kinder – Kinder des Gemüts oder leibliche. Wenn wir uns die Kinder in unserer Umgebung ansehen und wir finden, daß sie manierlich, voller Respekt für ihre Eltern und Lehrer sind und im Leben vorwärtskommen wollen, um ihren Beitrag zur Entwicklung der Menschheit zu leisten, dann kann man daraus folgern, daß die Eltern mit ihrer Kindererziehung gute Arbeit geleistet haben. Dann »rechtfertigen«, wie es heißt, die Kinder die Weisheit der Eltern, die ihnen die Wahrheiten des Lebens in ihre Gemüter und Herzen gepflanzt haben.

Die Weisheit der Eltern spiegelt sich täglich im Leben der Kinder wider. Mangel an Weisheit spiegelt sich in den Sprößlingen zahlloser Eltern tagtäglich in den Straßen der Städte überall auf der ganzen Welt. Wenn du deinen Kindern Weisheit vermittelst, ist das Ergebnis Frieden, Fortschritt, Überfluß, Sicherheit, Gesundheit und wahrer Selbstausdruck. Unkenntnis des Gesetzes ist keine Entschuldigung. Die Erfahrungen deines Lebens sind die genaue und unmittelbare Folge deiner gewohnheitsmäßigen Denk- und Imaginationsmuster. Weisheit, ob groß oder klein, wird immer von ihren Kindern gerechtfertigt.

Ich sah einen Gottlosen, der pochte auf Gewalt und machte sich breit und grünte wie eine Zeder (Psalm 37,35). Es ist wahr, daß man im Leben zuweilen schlechte Menschen gedeihen und Erfolg haben sieht. Sie mögen vielleicht imstande sein, Reichtümer anzuhäufen, Aktien, Obligationen, Wertpapiere oder ähnliches, aber ein Verlust kann in vielfältiger Weise eintreten. Es kann einen Verlust der Gesundheit geben, des Gemütsfriedens, der Liebe, des Ansehens und der Wertschätzung. Alles Böse zerstört sich selbst. Gottes Mühlen mahlen langsam, aber sie mahlen sehr, sehr fein. Jeder, der das Gesetz mißbraucht, wird automatisch das ernten, was er säte. Aber sein Verlust muß nicht unbedingt ein Verlust von Geldmitteln sein. Der Verlust kann – wie gesagt – auf manche andere Weise eintreten, beispielsweise als ein verkrüppelndes Leiden, als ein Unfall, als ein Krebsleiden oder als Verlust eines geliebten Menschen.

Die Doktrin des »Widersteht nicht dem Übel« ist eine superbe spirituelle Strategie. Wenn du dich über eine Situation ärgerst oder etwas in deinem Gemüt bekämpfst, dann gibst du ihm Macht gegen dich, und dein Gedanke ist schöpferisch. Geistige und spirituelle Widerstandslosigkeit dagegen macht dich frei. Böses für Böses und Haß für Haß bedeutet, einen höchst destruktiven Teufelskreis in Gang zu setzen, der sich in deinem Leben auswirkt und in Selbstzerstörung endet. Buddha sagte: »Haß hört nicht durch Haß auf.«

Manche Menschen hegen tiefe Grollgefühle und Haßgedanken gegen jene in hohen Positionen, die ihr Vertrauen mißbraucht oder andere um große Geldsummen gebracht haben, die korrupt und kriminell waren oder sogar Mordtaten begingen und dabei scheinbar ungestraft davonkamen. *Widerstehe nicht dem Übel* ist spirituell verstanden das große Geheimnis des Erfolgs im Leben. Es ist der große Befreier – es macht dich frei.

Laß deinen Geist ab vom Widerstand gegen das Ungemach: das heißt, weigere dich, ihm deine Aufmerksamkeit zu widmen. Beanspruche und fühle die Gegenwart Gottes, welche die Gegenwart der Harmonie, der Gesundheit, des Friedens, der Liebe und des Wohlwollens ist, in dir, durch dich und überall um dich herum tätig. Halte dein Denken auf die göttliche Gegenwart in dir gerichtet und mache dir bewußt, daß sie ebenso in der anderen Person gegenwärtig ist, wo das Böse sich gezeigt hat.

Das ist die Bedeutung von »Liebet eure Feinde«. Bösem, Groll und Haß mit göttlicher Liebe zu begegnen, ist der rechte Weg zur Freiheit. Das ist die wahre spirituelle Selbstverteidigung. Damit wirst du gegen das Böse in der Welt unverwundbar.

Bleibe fromm und halte dich recht; denn einem solchen wird es zuletzt gutgehen (Psalm 37,37). *Darum sollt ihr vollkommen sein, wie euer Vater im Himmel vollkommen ist* (Matth. 5,48). Hier wirst du angewiesen, vollkommen zu sein,

217

so wie Gott vollkommen ist. Es ist also möglich, zum vollkommenen Menschen zu werden. Deine Wirklichkeit ist Gott, der absolut vollkommen ist, heil, komplett, grenzenlose Liebe, allmächtig und allweise.

Du bist der Sprößling Gottes und dazu bestimmt, eines Tages zu all den Kräften und Eigenschaften Gottes zu erwachen und zum Gottmenschen zu werden. Das heißt, du bist potentiell göttlich und vollkommen.

Wohl habe ich gesagt: Ihr seid Götter und allzumal Söhne des Höchsten (Psalm 82,6). Wir alle sind Kinder Gottes, zu ewiger Vollkommenheit befähigt, auf ewige Vollkommenheit angelegt. Das Böse hat nicht die geringste Macht, uns in Fesseln zu halten.

38. Psalm

Du wirst der Mensch, der sich recht hält, wenn du recht denkst, den ewigen Wahrheiten gemäß. Wenn du das tust, dann erfüllt Gottes Strom des Friedens dein Gemüt und Herz. In dem Maß, wie du dich mit dem Vollkommenen Einen in dir identifizierst, wirst du vollkommen. Laß zu jeder Zeit den Frieden Gottes in deinem Herzen regieren.

Herr, strafe mich nicht in deinem Zorn und züchtige mich nicht in deinem Grimm (Psalm38,1).

Die essentielle Bedeutung dieses gesamten Psalms ist Leiden, das wir uns selbst zugezogen haben durch falsches Handeln und falsche Anwendung der geistigen Gesetze. Wenn der Psalmist im ersten Vers sagt *Strafe mich nicht in deinem Zorn,* dann veranlaßt das so manchen gedankenlosen Menschen, an einen tatsachlichen Zorn Gottes zu glauben, was natürlich absurd ist.

Gott ist Liebe, und die Handlungen Gottes vollziehen sich immer, um zu heilen, zu segnen, wiederherzustellen und zu inspirieren. Das Wort »Zorn« in der Bibel repräsentiert die Aktivität der Unendlichen Macht und Gegenwart in dir – die Aktivität der Heilenden Kraft, welche die Heilung von Krankheiten und anderen negativen Zuständen begleitet oder ihr vorausgeht. Die Krise, wenn sich der Zustand zunächst verschlimmert, bevor das Fieber zurückgeht und geheilt wird, wird »Zorn« genannt. Im Buch der 2. Chronik 34,25 wird dir von dem Zorn erzählt, mit dem der Herr die Einwohner bedacht hat, weil sie falschen Göttern gehuldigt hatten. Die Erklärung ist sehr einfach. Es bedeutet: Wenn wir Äußerlichkeiten Macht verleihen und an Begrenzung und böse Kräfte glauben, wenn wir negative Gedanken in unserem Gemüt inthronisieren, dann werden Ärger, Mangel und Unglück folgen. Wenn wir jedoch wissenschaftlich beten, indem wir dort, wo sich das Problem befindet, die Gegenwart Gottes kontemplieren, werden wir das Unheil auflösen und Frieden, Gesundheit und Harmonie in unser Leben bringen. Diese Aktivität (wissenschaftliches Gebet) ist der »Zorn« oder die Handlung Gottes in unserem Leben. Und die resultiert in Frieden, Harmonie und allen Segnungen des Lebens.

...Wenn Menschen wider dich wüten, bringt es dir Ehre... (Psalm 76,10). Das bedeutet: Wenn du verstört bist und sich alles chaotisch gestaltet, wenn du verwirrt bist und nicht mehr ein noch aus weißt und dich an die unendliche heilende Gegenwart in dir wendest, wirst du Frieden finden, wo Mißklang ist, Liebe, wo Haß ist, und Reichtum, wo Armut ist. Dein Ärger und dein Unglück wird in Harmonie und Freude enden, wenn du dich Gott zuwendest und seine Weisheit, Macht und Intelligenz anrufst.

Er sandte sein Wort und machte sie gesund und errettete sie, daß sie nicht starben (Psalm 107,20).

40. Psalm

Im 40. Psalm ist der Schlüsselvers der Vers 6: *Schlachtopfer und Speiseopfer gefallen dir nicht, aber die Ohren hast du mir aufgetan. Du willst weder Brandopfer noch Sündopfer.*

Durch alle Zeitalter hindurch haben die Menschen Gott Opfer gebracht – in einigen Fällen sogar die eigenen Kinder. Die zugrunde liegende Idee dabei war, einen zornigen Gott irgendwo da droben im Himmel zu besänftigen. Deshalb haben sie ihre Herden geopfert – Bullen, Lämmer, Ziegen, Weihrauch und Kinder. Hier drängt sich der Vergleich auf mit der Besänftigung eines Verbrechers in unseren Tagen, der damit droht, deinen Laden oder dein Restaurant zu bombardieren, wenn du ihm nicht jede Woche die verlangte Schutzgeldsumme zahlst. Überbleibsel dieses Primitivglaubens finden sich noch heute überall auf der Welt, wo Menschen sich selbst bestrafen, in Armut leben, Entbehrungen, Strenge und Enthaltsamkeit praktizieren, in der Hoffnung, damit einen Gott irgendwo im Himmel zufriedenstellen zu können. Alles das ist Torheit. Jesaja stellt klar und mit Bestimmtheit fest: *Was soll mir die Menge eurer Opfer, spricht der Herr. Ich bin satt der Brandopfer von Widdern und des Fettes von Mastkälbern und habe keinen Gefallen am Blut der Stiere, der Lämmer und Böcke* (Jes. 1,11).

Was kannst du denn Gott geben? Nichts. Gott ist alles, was ist. Es gibt nichts außer Gott und seine Manifestation. Gott hat alles und ist alles. Gott ist vollkommen, ihm mangelt nicht das geringste!

Gott ist allmächtig, allweise und die Einzige Gegenwart und Macht. Gott ist in uns und wir sind in ihm, denn Leben ist Bewußtsein.

Es wird gesagt: »Wenn du gibst, empfängst du.« Dir wird auch gesagt, daß du geben mußt, bevor du empfangen kannst.

Das klingt paradox. *Alle guten Gaben und alle vollkommenen Gaben kommen von oben herab, von dem Vater...* (Jak. 1,17).

Jede Gabe ist von Gott, und das einzige, was wir Gott geben können, ist Anerkennung. Wir müssen die Göttliche Gegenwart ehren und über alles stellen. Wenn wir dem innewohnenden Geist die Treue halten, haben wir Gott seine Gabe gegeben. Gib Gott eine solche Gabe, und du wirst die Antwort auf dein Gebet bekommen. Gib Gott dein Gemüt und Herz, und die göttliche Gegenwart wird dir Frieden, Freude, rechtes Handeln und rechte Resultate geben.

Bedenke, daß alles vergeht; nichts ist ewig. Angesichts von Krankheit, Mangel, Ärger, Verdruß und Schwierigkeiten bejahe: »Auch das geht vorüber.« Kontempliere die Gegenwart Gottes, und du wirst den Gleichmut der Seele bewahren. Du wirst einen glücklicheren Tag erleben, wenn du mit David sagen kannst: *Ich harrte des Herrn, und er neigte sich zu mir und hörte mein Schreien. Er zog mich aus der grausigen Grube, aus lauter Schmutz und Schlamm, und stellte meine Füße auf einen Fels, daß ich sicher treten kann; er hat mir ein neues Lied in meinen Mund gegeben, zu loben unseren Gott...* (Psalm 40,1-3).

Schreite weiter auf ewig mit dem Lob Gottes auf den Lippen.

14

Spirituelle Kostbarkeiten –
ewige Wahrheiten

Ich bin der Weinstock, Ihr seid die Reben . . . (Johannes 15:5).
Alles was Sie dem ICH BIN hinzufügen, das verstärken Sie.
ICH BIN verstärkt jeden Gemütszustand. Sagen Sie also: »Ich
bin arm, ich bin einsam, ich bin elend,« dann verstärken Sie
solche Gemütszustände. Es verhält sich hier so wie mit der
Nummer neun, die aus jeder Ziffer, die man ihr hinzufügt, eine
zweistellige Zahl macht. Sie vergrößert die Nummer. Neun
plus fünf gleich vierzehn, aber vier plus eins gleich fünf. Das
ICH BIN in Ihrem Innern – Sein, Leben, Gewahrsein, selbster-
zeugender Geist etc. – ist Gott oder das Lebensprinzip. ICH
BIN ist der wahre Christbaum, an dem alle unsere Geschenke
hängen, denn Gott ist sowohl der Geber als auch die Gabe.
Wenn Sie für eine berufliche Tätigkeit ein Gehalt beziehen,
dann entledigt sich Ihr Arbeitgeber mit Ihrer Bezahlung einer
Verpflichtung; das ICH BIN jedoch ist ein Geschenk. Weder
Arbeit noch Opfer sind hier erforderlich.

Frieden ist jetzt. Der Gott des Friedens ist in Ihrem Innern,
und Sie können diesen Frieden jetzt beanspruchen. Liebe ist
jetzt. Öffnen Sie jetzt Ihr Gemüt und Ihr Herz für den Einfluß
der göttlichen Liebe, denn Gott ist das ewige Jetzt! Macht ist
jetzt, Heilung ist jetzt und Freude ist jetzt. Die heilende Ge-

genwart ist in Ihrem Innern und Sie können bejahen, daß die unendliche heilende Gegenwart Sie jetzt durchströmt – jetzt in dieser Minute. Die Antwort auf Ihr Problem, was immer es auch sein mag, ist jetzt in Ihrem Innern, denn die unendliche Intelligenz weiß alles.

... *Bevor sie rufen, werde ich antworten* ... (Jesaja 65:24). Gott ist zeitlos, raumlos und ohne Alter. Nehmen Sie Ihr Gutes jetzt in Empfang. Sie können nämlich all Ihr Gutes ebenso jetzt beanspruchen wie in hundert Jahren. Weshalb also warten?

Ihre Imagination und Ihr Wille

Wenn Sie ein schmales Brett auf den Fußboden legen, dann können Sie ohne weiteres darüber laufen. Befindet sich dieses Brett jedoch oben in der Luft als Verbindungsstück zwischen zwei Häusern und man fordert Sie auf, darüber zu laufen, dann würde sich bei Ihnen wahrscheinlich einiges Unbehagen einstellen. Wenn Sie nämlich nach unten blicken und die Imagination Ihnen obendrein noch sagt, daß links und rechts von Ihnen sich kein solider Grund befindet, dann werden Sie ängstlich, und Ihre Imagination hat gesiegt. Wenn Sie allein durch Willenskraft etwas ins Sein zwingen wollen, dann wenden Sie das Gesetz des umgekehrten Handelns an. Das ist dann so, als wollten Sie sagen: »Ich werde gesund, ich werde stark, ich werde reich sein«, während Sie in Wirklichkeit sagen: »Ich bin krank, ich bin schwach, ich bin arm.«

... *Der Schwache sage, ich bin stark* (Joel 3:10).

Ihr Unterbewußtsein ist wie ein Tonbandgerät, das alles das aufnimmt, was Sie ihm eingeben.

Größere Liebe hat niemand als die, daß einer sein Leben hingibt für seine Freunde (Johannes 15:13).

Ihr Freund ist das, was Ihnen Freundschaft erweist; wenn Sie daher den alten Zustand aufgeben und Ihre Aufmerksamkeit auf Ihr Ideal richten, dann geben Sie ihm Leben. Wenn Sie sich in die Stimmung dieses Ideals und auf seine Schwingungsebene begeben, dann leben Sie in seiner Wirklichkeit, Sie sterben dem alten Zustand gegenüber und leben in dem neuen.

Sie müssen bedenken, daß die in Ihrem Gemüt befindliche Idee wirklich ist. Sie ist eine psychologische Tatsache. Um sie jedoch konkret oder greifbar werden zu lassen, damit sie in meiner Welt erscheinen kann, muß ich sie spüren – muß ich mich in ihre Stimmung versetzen, die immer schöpferisch ist – und auch dann in der festen Überzeugung verharren, daß sie sich verwirklicht.

Sollte Ihre Einstellung jedoch eine solche sein: »Na ja, ich kann es vielleicht bekommen. Ich werde es versuchen, aber ich weiß, es ist so gut wie unmöglich, vielleicht später einmal«, dann sind das Stimmungen oder Gefühle, die Enttäuschungen, Frustrationen und unrealisierten Hoffnungen Ausdruck geben.

. . . *Heute ist dieses Schriftwort erfüllt vor Euren Ohren* (Lukas 4:21).Bedenken Sie, wir alle befinden uns zwischen den zwei Räubern – der Vergangenheit und der Zukunft. Die Blickrichtung auf einen dieser beiden Räuber bringt nichts zustande. Viele Menschen verweilen innerlich noch immer bei alten Verletzungen, altem Verdruß, altem Groll und Verlusten, die Jahre zurückliegen. Andere sind voller Furcht, was die Zukunft betrifft. Sie fürchten sich vor dem Alter, vor Krankheit, vor Unsicherheit und vor dem Tod. All das Gute, das Sie suchen, ist jedoch jetzt bereits vorhanden, denn Gott ist das ewige Jetzt! Alle Attribute, Qualitäten und Mächte Gottes sind für Sie verfügbar – jetzt in diesem Moment. Der Geist in Ihrem Innern ist zeitlos, raumlos und ohne Alter.

Die Wunder des Geistes

Bei einem Besuch in Irland unterhielt ich mich mit einer englischen Nichte von mir. Sie erzählte mir, daß sie kürzlich nach Killarney gereist war und sofort das Gefühl hatte, dort schon einmal gewesen zu sein. Sie kannte sich überall in der Stadt aus und wußte, was die Menschen zu ihr sagen würden, noch bevor sie irgendwelche Fragen gestellt hatte. Viele der Geschäfte einschließlich ihrer Angebote waren ihr vertraut.

Die Erklärung, die ich ihr gab, war sehr einfach. Viele Menschen machen nämlich die gleiche Erfahrung beim Besuch fremder Städte oder Länder. Das Ganze hat jedoch nichts mit einer früheren Inkarnation zu tun. Immerhin hatte sie ihre Reise sorgfältig geplant, sie hatte ein Flugticket erworben, sich eine wundervolle Zeit vorgestellt und Ihr Unterbewußtsein mit diesen Eindrücken imprägniert, bevor sie sich schlafen legte. Ihr Unterbewußtsein wiederum weiß und sieht alles, somit verweilte sie psychologisch schon am Ziel ihrer Reise, sie hatte sich subjektiv dort schon eine Zeitlang aufgehalten. Als ihr wachbewußter Zustand nun dort eingetroffen war, hörte sie die Stimmen, die auf diesen früheren Eindrücken basieren, die sie möglicherweise vergessen hatte. Und als sie nun diese Stimmen hörte, war es nur die Objektivierung ihrer psychologischen Reise, die sich da bemerkbar machte.

Wie man die Gegenwart Gottes praktiziert

Vertrauen Sie still und gelassen der heiligen Gegenwart Gottes, die Sie zu grünen Auen und stillen Wassern geleitet. Lieben sie die Wahrheit mit einer Liebe, die keinen Raum läßt für Besorgnis oder Zweifel. Ganz gleich, welcher Arbeit Sie nachgehen, sagen Sie sich auf dem Weg dorthin: »Gott geht und spricht in mir. Ich verlasse mich vollständig auf Gottes Führung und Weisheit« Danken Sie für den vollkommenen Tag. Halten Sie sich an die Empfehlung von Bruder Lorenz: Sobald Deine Aufmerksamkeit abirrt, sich der Furcht oder dem Zweifel hingibt, bring sie zurück zur Kontemplation seiner heiligen Gegenwart. Um das Leben des Friedens und der Freude zu gewährleisten, ja um es überhaupt zu kennen, ist es erforderlich, sich täglich zu schulen. Sie müssen zu einem intimen, liebevollen, vertrauten, demütigen* Gespräch mit Gott imstande sein – den ganzen Tag lang. Lassen Sie Wunder geschehen in Ihrem Leben.

Ihre Überzeugungen werden zu Tatsachen

Bei einem Gespräch mit einem englischen Armeeoffizier machte dieser deutlich, daß Adolf Hitler sich am Ende des Ersten Weltkrieges in Kriegsgefangenschaft befand. Er weigerte sich jedoch, Deutschlands Niederlage anzuerkennen. Seine Erblindung, die etwa 6 Wochen anhielt, war rein psychologischer Natur – kein organisches Leiden konnte festgestellt werden.

In der Dunkelheit, in der er sich zu dieser Zeit befand, verkörperte er sich ein Ideal des deutschen Volkes, geboren aus dem Wunsch nach Vergeltung für ein Unrecht, das seinem Volk seiner Meinung nach mit dem Versailler Vertrag aufgezwungen worden war. Als Soldat und Kriegsgefangener war sein Familienname Schickelgruber. Nach seiner Entlassung wurde aus Adolf Schickelgruber Adolf Hitler, er hörte nicht mehr länger auf seinen alten Namen. Er erwachte als ein völlig anderer Mensch mit einem neuen Konzept von sich.

---

* Anm. d. Übersetzers: Wahre Demut besteht nach Emerson darin, daß wir »unser aufgeblasenes Nichts dem göttlichen Wirkungskreis aus dem Weg räumen.«

Wir können unser Unterbewußtsein für Gutes oder Verderbliches einsetzen. Es hängt allein von uns ab. Gehen Sie davon aus, erleuchtet, edel und gottgleich zu sein. Wenn Sie diese Gemütshaltung aufrecht erhalten, wird sie zu einer inneren Überzeugung und schließlich zu einer Tatsache.

... *Wenn auf Menschen Tiefschlaf fällt, im Schlummer auf dem Lager, da öffnet er das Ohr der Menschen und erschreckt sie durch seine Verwarnung* (Hiob 33:15-16). Der Mensch erhält oftmals genaue Anweisungen während er schläft. Wenn Sie zum Beispiel eine Antwort auf ein verworrenes Problem suchen, dann können Sie Ihr tieferes Bewußtsein unmittelbar vor dem Einschlafen instruieren: »Ich suche die Antwort oder die Lösung für dieses Problem.« Sodann kondensieren Sie den ganzen Satz in ein einziges Wort »Antwort« und wiederholen Sie es langsam. In anderen Worten: Nehmen Sie das eine Wort »Antwort« mit in den Schlaf hinüber, und Sie werden die Lösung empfangen, entweder in einem Traum, einer Nachtvision oder einem Erleuchtungsblitz beim Erwachen am nächsten Morgen.

Es heißt, daß der russische General Cynarsky während der napoleonischen Kriege von den strategischen Ratschlägen seines Stabes völlig unbeeindruckt blieb. Stattdessen legte er sich schlafen und kontemplierte nur eines – den Sieg. Er sah das Ende und schnarchte, während seine Stabsoffiziere Pläne diskutierten. Er hatte seinen Plan und imprägnierte sein Unterbewußtsein mit der Idee des Sieges. Auf keinen Fall wollte er von Meinungen hin und her gerissen werden. Cynarsky wußte ohne Zweifel, daß der wachbewußte Verstand induktiv ist, d. h. er folgert von einer Prämisse wie $2 + 2 = 4$ und kommt von da aus zu seinen Resultaten. Seine Folgerungen basieren, soweit es die Zukunft oder das Wahrscheinliche betrifft, auf beweisbaren Tatsachen. Das Unterbewußtsein folgert dagegen nur deduktiv. Es nimmt alle ihm gegebenen Eindrücke als

Faktum. Es ist vollkommen unpersönlich. Es akzeptiert eine Idee als jetzt existierend und handelt entsprechend. Cynarskys Siegesgewißheit prägte sich seinem Unterbewußtsein auf und verwirklichte sich entsprechend.

Ihr wachbewußter Verstand wird in den heiligen Schriften manchmal als der Vater bezeichnet; das Unterbewußtsein ist die Mutter.

Darüber wachte ich und sah auf, und mein Schlaf war mir süß gewesen (Jeremia 31:26).

Ein junges Mädchen mit einer sehr hübschen Stimme stand am Anfang einer Karriere als Sängerin. Sie hatte versucht, Verbindungen beim Rundfunk und Fernsehen zu bekommen, jedoch ohne Erfolg. Sie hatte zu verbissen gekämpft, um in dieser harten Branche ins Geschäft zu kommen. Das hatte übermäßige Anspannungen, Verkrampfungen und Sorgegefühle bei ihr verursacht, die ihr Gutes blockierten. Auf meine Empfehlung machte sie sich unmittelbar vor dem Einschlafen daran, ihren ganzen Körper völlig zu entspannen. Sie schloß die Augen und sprach zu sich auf folgende Weise: »Meine Füße sind entspannt, meine Fersen sind entspannt, meine Zehen sind entspannt, meine Beine sind entspannt, meine Unterleibsmuskeln sind entspannt, mein Herz und meine Lungen sind entspannt, mein Rückgrat ist entspannt, mein Nacken ist entspannt, meine Hände und Arme sind entspannt, mein Gehirn ist entspannt, mein Gesicht ist entspannt. Ich bin völlig entspannt und im Frieden.«

Diese Suggestionen wiederholte sie vier- oder fünfmal, in dem Wissen, daß ihr Körper ihr gehorchen mußte. Wie sie sagte, fühlte sie sich sehr schläfrig, völlig entspannt und widerstandslos. Sie sagte: »Ich hörte die Uhr ticken, das Baby schnarchen, aber ich hatte keine Lust, mich zu bewegen und irgend etwas zu tun. In diesem schläfrigen Zustand bejahte ich: 'Ich bin jetzt Sängerin beim Fernsehen. Es ist wundervoll!' Nachdem ich diesen Satz gebildet hatte, kürzte ich ihn auf ein Wort, 'Fernsehen', in dem Wissen, daß mein Unterbewußtsein alles weiß. Ich wiederholte das Wort 'Fernsehen' wieder und wieder und legte mich in den Schlaf mit dem einen Wort 'Fernsehen'. Am nächsten Morgen erhielt ich einen Anruf von meinem Agenten mit einem interessanten Angebot. Mein Gebet war beantwortet.«

Die obige Illustration ist eine recht einfache Methode, Ihrem Unterbewußtsein einen Herzenswunsch aufzuprägen.

Sie hatte einen wiederkehrenden Traum vom Tod eines geliebten Menschen

Eine Hörerin meines Rundfunkprogramms schrieb mir, daß sie einen sieben- oder achtmal wiederkehrenden Traum gehabt habe, der ihr jedesmal den Tod eines ihr nahestehenden Menschen anzeigte. Wie sie hinzufügte, war dieser Mensch aber quicklebendig und erfreute sich bester Gesundheit. Ich erklärte ihr, daß ein solcher Traum nicht unbedingt zu bedeuten hat, daß ein geliebter Mensch gestorben ist oder sterben wird, sondern daß etwas in ihrem Leben, an dem sie sehr hängt, sein Ende gefunden hat, wie eine Position, eine Eigenschaft oder die Gesundheit. Es muß sich durchaus nicht um eine Person handeln.

Wie sich herausstellte, war es die Liebe zu ihrem Ehemann, die gestorben war, weil er, wie sie wußte, eine Geliebte hatte. Ihre Liebe hatte sich zu Haß gewandelt, und ihr Unterbewußtsein hatte sie daran erinnert. Dieser Haß in ihrem Innern tötete Liebe, Frieden, Harmonie und Freude und war im Begriff, ihren Körper in Mitleidenschaft zu ziehen in Form von Arthritis.

Sie besprach die Angelegenheit mit ihrem Mann und man einigte sich auf eine gütliche Scheidung. Indem sie damit begonnen hatte, sich spirituell höher einzuschätzen und sich als Tochter des Unendlichen und Kind der Ewigkeit sehen konnte, hörte der Haß auf. Sie konnte sich ein gesundes Selbstwertgefühl aufbauen – sie wußte, daß ihr wahres Selbst Gott ist. Ihr ständiges Gebet war: »Gott liebt mich und sorgt für mich. Sein Frieden erfüllt meine Seele. Gottes Liebe durchdringt mein ganzes Sein und das Licht Gottes leuchtet auf meinem Pfad.« Wenn ihr ein Gedanke àn ihren Ex-Ehemann in den Sinn kam, bejahte sie sofort: »Gott liebt mich und sorgt für mich.«

Nach einer gewissen Zeit hatten sich ihr Zorn, Groll und Haß aufgelöst im Licht der Liebe Gottes. Sie sagte: »Ich zwinge mich nicht mehr, ihn zu segnen. Jeder Versuch in dieser Richtung wäre sinnlos. Ich wußte, daß wenn ich Gemüt und Herz mit göttlicher Liebe durchsättige, alles Negative verschwinden würde und so war es auch.« Somit blieb kein Stachel in ihrem Gemüt. Die aufgestauten Haß und Zorngefühle waren vorher nur unterdrückt worden. Nichtsdestoweniger waren sie in ihrem Unterbewußtsein lebendig. Ihrer destruktiven Natur entsprechend mußten sie einen negativen Auslaß finden und der erschien in der Form einer Arthritis. Inzwischen sind ihre Knie wieder biegsam und gelenkig, denn die Liebe löst alles auf, was ihr nicht gemäß ist.

Eine interessante Folgeerscheinung dieses Gebetsprozesses war, daß sie mit einem Mal einen gewaltigen Drang verspürte, ihr Medizinstudium wieder aufzunehmen, das sie nach zwei abgeschlossenen Semestern in New York abgebrochen hatte.

230

Sie will sich auf Pädiatrie spezialisieren und ich bin überzeugt, daß sie eine großartige Kinderärztin sein wird.

Wenn Sie vom Tod eines Menschen träumen, den Sie nicht sonderlich mögen, dann bedeutet das jedesmal, daß Umstände oder Dinge in Ihrem Leben, die durch diese Person symbolisiert oder verkörpert werden, erstorben oder im Begriff zu schwinden sind. Um diesen Gesichtspunkt zu illustrieren: Eine junge Studentin träumte, daß ihr Ex-Verlobter tot sei. Dieser Traum wiederholte sich in drei aufeinanderfolgenden Nächten. Der Verlobte war jedoch quicklebendig und wohlauf. Ihr Arzt hatte einen Tumor im Gebärmutterhals diagnostiziert. Sie erkannte jedoch die Zusammenhänge und sagte zu mir: »Ich weiß, das Gewächs resultiert aus Grollgefühlen, aber ich habe regelmaßig die Unity-Kirche und Science of Mind-Klassen besucht und ich weiß, daß er sich auflösen wird«. Ich sagte ihr, daß sich meiner Meinung nach dieser Tumor bereits aufgelöst habe. Ich machte sie auf die Bedeutung ihres Traumes aufmerksam und riet ihr, sich von ihrem Gynäkologen erneut untersuchen zu lassen. Das tat sie und ihr Traum erfuhr damit seine Bestätigung. Ihr Unterbewußtsein, das in Symbolsprache zu ihr redet, sagte ihr, daß all ihr Groll und ihre Feindseligkeit in ihr gestorben war und daß die physische Verkörperung ihrer negativen Emotionen sich ebenfalls aufgelöst hatten.

. . . Wer zeigt uns Gutes? Erhebe über uns das Licht Deines Angesichtes, o Herr. . . In Frieden will ich mich niederlegen und einschlafen zumal; denn Du allein, Herr, hilfst mir, daß ich sicher wohne (Psalm 4:7-9). *Und immer wieder suchten sie Gott und betrübten den Heiligen Israels, gedachten nicht mehr seiner Hand, noch des Tages, da er sie vom Feinde erlöste* (Psalm 78:41-42).

Sie sollten das Unendliche niemals begrenzen. Es ist allmächtig und allwissend. Die Hand steht für die Macht

Gottes und Feinde befinden sich in Ihrem eigenen Gemüt als Furcht, Zweifel, Eifersucht etc. Göttliche Liebe treibt jedoch die Furcht aus und damit sind Sie von allen Begrenzungen, die Sie sich selbst auferlegt haben, erlöst. Wenn Sie sich mit einem Problem, einer Herausforderung oder einer schwierigen Aufgabe konfrontiert sehen, dann sehen Sie die Dinge mit Gelassenheit an und sagen Sie sich, daß das Problem zwar vorhanden ist, aber Gott ebenso. Das Problem, das Leiden oder was immer es auch sein mag, ist dann auf göttliche Weise übertrumpft. Wenden Sie sich niemals ab von der unendlichen Gegenwart und Macht in Ihrem Innern. Wenn Sie die Gegenwart anrufen, dann bekommen Sie eine Antwort, denn Ihre Natur respondiert.

Seine Unzufriedenheit führte zur Zufriedenheit

Ein junger Ingenieur, der an meinen Klassen über die innere Bedeutung der Bibel teilgenommen hatte, sagte zu mir, daß ihn die religiösen Glaubenslehren, die ihm in Kirche und Elternhaus eingetrichtert wurden, verstimmt und frustriert hätten. Ich erklärte ihm, daß es Unmut und Verstimmung ist, welche die Auster veranlaßt, eine Perle zur Welt zu bringen. So war es auch sein Unmut und seine Verstimmung, die ihn veranlaßten, sich mit den Religionen der Welt zu beschäftigen und die innere Bedeutung der Parabeln, Gleichnisse und Fabeln zu entdecken. Jetzt studiert er mein Buch *Die Macht Ihres Unterbewußtseins* und wendet die darin aufgeführten Techniken an.

Es trifft zu, daß die Unzufriedenheit mit Ihrer Religion oder Ihren Begrenzungen Sie veranlaßt, nach Wahrheit oder Freiheit zu suchen. Wenn Sie mit Ihren religiösen, politischen und gesellschaftlichen Verhältnissen glücklich sind, dann suchen

Sie nicht die Wahrheit. Nur wenn gewisse Dinge schieflaufen, stellen Sie sich die Frage nach der Antwort und dem Ausweg. Dann hat Ihr subjektives Selbst Ihnen eine neue Tür geöffnet, und ein neues Licht oder spirituelles Gewahrsein ist geboren. Wenn Sie daher auf das Problem oder die Verstimmung zurückblicken, sollten Sie dankbar für die Herausforderung sein und die Erfahrung loben und segnen.

Ehe Abraham war, BIN ICH (Johannes 8:58).

Bevor eine Manifestation auf dem Bildschirm des Raumes erscheinen kann, kommt sie aus dem Unsichtbaren. Wir alle kamen aus dem lebendigen allmächtigen Geist. Sie waren Geist, bevor Sie auf dieser Ebene erschienen sind. Beim Zeugungsakt ist es die Note oder Stimmung des Augenblicks, die ein Kind ins Dasein bringt in Harmonie mit der angeschlagenen Note. Wenn man auf dem Klavier einen Ton anschlägt, dann vibrieren alle anderen Töne mit, die sich in Harmonie mit dem angeschlagenen Ton befinden. Wenn Sie dagegen einen vollkommenen Akkord mit einer Dissonanz verbinden oder wenn Sie ein wunderschönes Stück spielen und dabei einen Ton anschlagen, der sich nicht in Harmonie damit befindet, dann wird das eine Dissonanz erzeugen oder einen Mißklang.

Das trifft auch für mißgebildete Kinder zu. Wenn man unter dem Einfluß von Alkohol und Drogen den Zeugungsakt vollzieht, dann kann das ein gestörtes oder mißgebildetes Kind zur Folge haben. Die Klaviatur des Unendlichen befindet sich in unserem Innern und wir können jeden gewünschten Ton anschlagen. Ist die dominierende Stimmung beim Geschlechtsakt jedoch: »Ich hasse diese Stimme« oder »ich hasse den Anblick von . . . «, dann kann bei erfolgter Empfängnis ein taubes oder blindes Kind geboren werden. Auf der anderen Seite ist es für die Eltern aber durchaus möglich, sich in die Stimmung Mozarts zu versetzen und damit ein Genie hervorzubringen, das im Alter von drei Jahren bereits Klavierspielen kann.

Jeder Mensch ist eine Bewegung des Unendlichen auf dem Bildschirm des Raumes. Sie werden zu Ihren Eltern hingezogen oder in Ihr Elternhaus hineingeboren, dem Ton oder der Stimmung gemäß, die Ihre Eltern im Augenblick der Empfängnis beseelten. Quimby drückte es korrekt aus, als er sagte: »Du bist jetzt Geist. Du warst immer Geist. Wann wirst Du aufhören, Geist zu sein?« Als John Jones oder Fritz Müller sind Sie beschaffen, sich für einen Mann in einem bestimmten Alter mit einem bestimmten Beruf und einer bestimmten Staatsangehörigkeit etc. zu halten. In Wahrheit sind Sie jedoch ICH BIN (Gott), der sich in der Gestalt eines Menschen in einem bestimmten Alter, einer bestimmten Rasse zugehörig und mit einem bestimmten Beruf offenbart. Es ist das eine Sein, das als Vielheit erscheint. Mozarts Vater Leopold hätte nicht unbedingt Musiker sein müssen. Das ICH BIN in Ihrem Innern bringt alles und jedes hervor.

Über jenen Tag aber und jene Stunde weiß niemand etwas, auch die Engel in dem Himmel nicht, sondern allein der Vater (Matthäus 24:36).

Saaten keimen zu verschiedenen Zeiten, jeweils ihrer Art gemäß. Ebenso keimen Saaten oder Eindrücke in Ihrem Gemüt zu verschiedenen Zeiten – Monate, Tage oder Jahre. Niemand weiß das. Der Grund, weshalb man sich manchmal mit Unerwartetem konfrontiert sieht, kann beispielsweise die folgende Ursache haben: Angenommen, Sie waren ein Geschäftsmann, der vor vielen Jahren von einem betrügerischen Partner in den Bankrott getrieben wurde. Wenn Sie nun an diese Angelegenheit zurückdenken und sich dabei aufregen und zornig werden, dann durchleben Sie diese Rolle wieder und wieder, denn die Wurzeln sind nicht verdorrt. Es ist nicht vergessen. Es gibt nur ein sicheres Anzeichen, nur einen Beweis dafür, daß Sie das erlittene Unrecht aus Ihrem Bewußtsein ausgelöscht und sich selbst die destruktiven Gedanken vergeben haben: Sie können an die Angelegenheit denken und dabei unbeteiligt bleiben. Es bleibt kein Gefühl oder Stachel zurück.

Wenn Sie die Szene jedoch immer wieder durchleben, dann erschaffen Sie sie immer wieder neu in Ihrem Gemüt; und so, wie bestimmte Gewächse sterben und immer wieder zum Vorschein kommen, vierteljährlich, jährlich, alle zwei Jahre, so erscheint auch dieser alte Zustand in einer neuen Form, und Sie wundern sich wieso. Um sich selbst zu beweisen, daß Sie frei sind, müssen Sie den ernsthaften Versuch machen, den anderen Menschen glücklich, harmonisch, froh und frei zu sehen. Sollten Sie das nicht können, dann haben Sie nicht wirklich vergeben oder verziehen. Dann muß noch geistiges Unkraut beseitigt werden. Die Wurzeln sind noch vorhanden.

Solche Wurzeln verdorren, wenn man ihnen die Nahrung entzieht. Wenn Sie die Wurzeln Ihrer Ressentiments beseitigen wollen, dann stellen Sie sich den Menschen, dem Sie grollen, vor. Hören Sie seine Stimme. Hören Sie ihn sagen, daß Sie ein netter, freundlicher und umgänglicher Mensch seien. Machen Sie das so wirklich wie möglich, denn das wollen Sie hören. Bringen Sie sich in die Stimmung. Es funktioniert. Es handelt sich hier um eine Technik, die von vielen angewandt wird. Eine andere Technik ist die folgende Bejahung: »Ich übergebe . . . dem Unendlichen und wünsche ihm alle Segnungen des Lebens. Jedesmal wenn er mir in den Sinn kommt, werde ich sofort bejahen: 'Ich habe Dich frei gegeben. Gott sei mit Dir'«. Nachdem Sie diese Bejahung eine Zeitlang durchgeführt haben, wird dann der Moment kommen, wo Sie an den Menschen denken können und keinen Stachel mehr fühlen. Die Wurzeln des Grolls und Zorns sind verdorrt, und Sie sind im Frieden.

Sie bekam den falschen Rat

Eine Frau, die mich wegen ihres Eheproblems aufsuchte, berichtete mir, daß ein Eheberater sie angewiesen habe, ihren unterdrückten Wut- und Zorngefühlen gegen ihren Mann vollen Ausdruck zu geben, und das Resultat war, daß sie sich gegenseitig mit den wüstesten Beschimpfungen überschütteten. Ich erklärte ihr, daß ein solcher Rat dumm und destruktiv ist. Es ist töricht und idiotisch zu glauben, daß man einer destruktiven Emotion Ausdruck geben muß, um sich ihrer zu entledigen .

Wenn das wahr wäre, dann müßte es in jeder Beziehung wahr sein. Angenommen, sie würde Liebe und Wohlwollen ausdrücken, würde sie sich dann auf diese Weise der Liebe und des Wohlwollens entledigen können? Selbstverständlich nicht. Im Gegenteil, ihr Unterbewußtsein würde Liebe und guten Willen vergrößern. Gott ist Liebe und seine Liebe wohnt in allen Menschen. Beginnen Sie damit, Liebe und Wohlwollen auf ihre Umwelt auszustrahlen, und Sie werden diese Qualitäten in Ihrem Gemüt und Herzen verstärken.

Diese Frau war selbstverständlich nicht imstande, Haßgefühle und Feindseligkeit aus ihrem Unterbewußtsein zu entfernen, indem sie ihnen Ausdruck gab; im Gegenteil, ihr Befinden verschlechterte sich von Stunde zu Stunde. Beide Ehepartner lebten eine Lüge und es erfordert immerhin zwei, um eine erfolgreiche Ehe führen zu können.

Eine harmonische Wiedervereinigung kann nur auf einer spirituellen Grundlage erfolgen. Es gibt ein Prinzip des rechten Handelns und kein Prinzip des unrechten Handelns. Rechtes Denken, rechte Stimmungen und rechtes Handeln bringen ein ausgeglichenes Gemüt hervor. Liebe oder rechtes Handeln ziehen niemals Strafe nach sich.

Beide entschlossen sich, ihre Ehe zu retten. Sie begannen damit, sich allabendlich im Gebet abzuwechseln. An einem Abend las sie den 23. Psalm, am anderen Abend er den 91. Jeder entschloß sich, den Gott im anderen zu erhöhen. Jedesmal, wenn er zu explodieren drohte, ersetzte er den negativen Gedanken sofort mit der Bejahung: »Gott liebt sie und sorgt für sie. Ich erhöhe den Gott in ihrer Mitte.« Die Wiederholung dieses Gebets wurde beiden zur Gewohnheit. Sie entschloß sich zur Anwendung der gleichen Technik: »Gott liebt ihn und sorgt für ihn. Ich erhöhe den Gott in seiner Mitte.« Inzwischen ist die Ehe gerettet und sie wird von Tag zu Tag glücklicher.

15

Die Antwort
ist in Ihrem Innern

Eine etwas korpulente Frau hatte den sehnlichen Wunsch, schlank zu werden. Bei ihren diesbezüglichen Bemühungen imitierte sie jedoch lediglich die Gewohnheiten anderer, die ihren jeweiligen Diätvorschriften folgen und keinerlei Resultate aufweisen. Während der ganzen Zeit hatte sie den in ihrem Unterbewußtsein vorherrschenden Heißhunger nach Apfeltorte, Eiskrem und Keksen gewaltsam unterdrückt, was zur Folge hatte, daß sie weiter an Gewicht zunahm.

Ich konnte sie überzeugen, daß es absolut keinen Sinn hat, die Gewohnheiten anderer zu imitieren. Stattdessen sollte sie lieber entscheiden, wie ihr gewünschtes Gewicht sein sollte (vielleicht 65 Kilo) und dann bejahen: »Ich wiege 65 Kilo, in göttlicher Ordnung.« Diese Feststellung sollte sie dann oftmals am Tag wiederholen, ganz besonders unmittelbar vor dem Einschlafen. Ich erklärte ihr, daß der Gedanke an die 65 Kilo Körpergewicht schließlich ihrem Unterbewußtsein weitergereicht wurde, das ihr dann automatisch jedes Verlangen nach Süßigkeiten und anderen Dickmachern entzieht.

Sie machte sich eine konstruktive Gewohnheit zu eigen

Sie war sogleich Feuer und Flamme. Voller Begeisterung ging sie daran, mehrmals am Tag, während der Hausarbeit – beim Bügeln, Geschirrspülen, Staubsaugen – laut vor sich hin zu singen: »Ich wiege 65 Kilo in göttlicher Ordnung. Es ist wunderbar!« Das tat sie wieder und wieder, bis es ihr zur Gewohnheit wurde und Eingang in ihr Unterbewußtsein fand. Sie war sich bewußt, daß ein ständig wiederholter Gedanke, verbunden mit dem Freudegefühl des bereits erfüllten Begehrens zur rechten Zeit seinen Weg in ihr Unterbewußtsein findet und zum Gesetz wird.

Nach etwa einer Woche verlor sie jeglichen Appetit auf stärkehaltige Nahrungsmittel, die eigentliche Ursache für ihre Korpulenz. Die Worte »es ist wunderbar« bedeuteten für sie, daß Gott in ihrem Leben Wunder wirkt . . . *und er wird genannt wunderbarer Rat* . . . (Jes. 9:6).

Er beförderte sich selbst

Ein junger Bankier erzählte mir einmal, daß er sich jeden Abend in einem Sessel entspannt und dann mit geschlossenen Augen vorgestellt hatte, wie der Präsident der Bank ihm zu seiner Beförderung gratulierte. In seiner schöpferischen Imagination spürte er den Händedruck des Präsidenten, hörte seine Stimme – kurz, er machte das Ganze so real in der Empfindung wie irgend möglich. Er lebte in dieser Rolle mit jeder Faser seines Wesens, er erfüllte sie mit Leben und Wirklichkeit. Er sah sich dabei nicht wie eine andere Person, sondern er sah den Präsidenten und sich selbst so, wie er das alles auch sonst sehen wurde. Er machte das »dort« zum »hier« und die

Zukunft zum Jetzt. Das ganze Geschehen gestaltete er dermaßen real, daß er nach dem Öffnen seiner Augen ganz erstaunt war, den Präsidenten der Bank nicht tatsächlich vorzufinden.

Nach etwa einem Monat derartigen Visualisierens hatte er sein Unterbewußtsein erfolgreich imprägniert und die tatsächliche Beförderung ließ nicht lange auf sich warten. Gleichzeitig wurde er auf Kosten des Unternehmens zu einem Spezial-Lehrgang geschickt. Heute ist er Vizepräsident der Bank.

Was er gefürchtet hatte

Hiob sagte. . . *denn was ich gefürchtet habe ist über mich gekommen* . . . (Hiob 3:25). Vor kurzem sprach ich mit einem Mann, der erst kürzlich damit begonnen hatte, sich mit den Gesetzen des Gemüts zu beschäftigen. Der Anlaß dazu war ein recht handfester, denn er hatte, wie er sagte, drei Jahre lang in konstanter Furcht vor einem Raubüberfall gelebt, bis das so intensiv Gefürchtete sich schließlich auch tatsächlich ereignete. Sein Ladengeschäft wurde von bewaffneten Männern überfallen. Hätte er damals Kenntnis von den Gesetzen des Gemüts gehabt, dann – so versicherte er mir – würde er sein negatives Denken sofort in sein Gegenteil umgewandelt haben. Dann würde er bejaht haben: »Das, was ich so sehr gewünscht und geliebt habe, ist über mich gekommen.« Inzwischen hat er jedoch eingesehen, daß er es hier mit einer Kraft zu tun hat, die das gesamte Universum durchdringt und die Welt in Gang hält. Diese Kraft hatte er auf die falsche Weise angewandt. Alle Macht der Gottesgegenwart findet sich in den Tiefen des Unterbewußtseins.

Jetzt weiß er, daß er selbst es war, der diesen Raubüberfall verursachte. Er hatte ihn sich selbst zugezogen – er hatte dieses Ereignis mit aller Macht an sich gezogen. Er hat jetzt begriffen, daß absolut nichts in unseren Erfahrungsbereich gelangen kann, für das in unserem Bewußtsein kein mentales Äquivalent vorhanden ist. Der Begriff »Bewußtsein« umfaßt Ihre Meinungen und Überzeugungen, bewußt und unbewußt. Es ist die Totalsumme alles dessen, was Sie denken, fühlen, glauben und als wahr akzeptieren. Was sich nicht in unserem Bewußtsein befindet, das können wir auch nicht erfahren.

Dieser Mann war nun darangegangen, regelmäßig den 91. Psalm zu lesen und sich von dessen Wahrheiten tief durchdringen zu lassen, so daß sie schließlich sein Unterbewußtsein erreichten, wo sie dann zu einer effektiven und funktionellen Kraft wurden. Sein Gemüt hat jetzt Frieden und seine abnormen Furchtgefühle sind nicht mehr vorhanden.

Gleiches zieht Gleiches an

Alles, was Sie tief im Herzen als wahr und zutreffend empfinden, das wird sich im Äußeren verwirklichen. Die große Wahrheit lautet: »Wie der Mensch in seinem Herzen (emotionell und unterbewußt) denkt, so ist (handelt, funktioniert und erfährt) er.«

Ein Kriminalbeamter, der meine Vorträge in Laguna Hills besucht, erzählte mir von einer Frau, die ebenfalls ein an ihr begangenes Verbrechen selbst herbeigeführt hatte. Sie war überfallen und vergewaltigt worden. In ihrer Handtasche fanden sich Zeitungsausschnitte mit Berichten über Vergewaltigungen – Berichte, die einen Zeitraum von mehreren Jahren umspannten. Wie sie dem Beamten bei der Vernehmung sagte, habe sie immer gewußt, daß ihr das einmal passieren würde. Auch hier haben wir ein Opfer, »das nach seinem Peiniger Ausschau gehalten hatte.« Diese Frau hatte sich mehrere Jahre lang in den Gedanken an eine Vergewaltigung hineingesteigert. Alles, was wir unserem Unterbewußtsein einpflanzen – ob gut oder böse – das werden wir auch erfahren.

Weshalb er versagte

Ein junger Geschäftsmann suchte mich zu einer Konsultation auf. Unser Gespräch ergab, daß er sehr hart arbeitete, aufrichtig, fleißig und emsig war und in seinen Ansichten fortschrittlich. Dessen ungeachtet mußte er wiederholt Fehlschläge hinnehmen. Er hatte das Gefühl, vom Pech verfolgt zu sein, er redete sich ein, keinen Erfolg haben zu können, da das Schicksal gegen ihn sei.

Ich erklärte ihm, das dem durchaus nicht so sei – daß er im Gegenteil zum Sieg geboren und zum Erfolg bestimmt sei. Die allmächtige Kraft und Gegenwart in seinem Innern – das Superbewußtsein – ist immer erfolgreich in allem, was sie unternimmt, sei es die Erschaffung neuer Sterne oder eines Baumes. Er konnte erkennen, daß er sich sein eigenes Gesetz geschaffen hatte, mit den wiederholten Suggestionen, die er seinem Unterbewußtsein verabreicht hatte. Sein Unterbewußtsein wiederum hatte keine andere Wahl, als auf seinen Glauben an unentwegten Mißerfolg zu reagieren.

Dieser junge Mann hat inzwischen begriffen: Alles, was wir als wahr empfinden, wird von unserem Unterbewußtsein verwirklicht. Deshalb hat er sich ein neues Gesetz gemacht und angefangen, seinem Unterbewußtsein Gedanken an Erfolg und Wohlergehen einzugeben. Er weiß jetzt, daß konstante Repetition dieser beiden Ideen, aufgeladen mit Gefühl, sein Unterbewußtsein veranlassen, sie sich zu eigen zu machen. Seinen Erfolg und seinen Wohlstand machte er sich gegenständlich, indem er sich in diese neue Rolle hineinlebte.

Er sah und hörte, wie seine Frau ihm zu seinem Erfolg gratulierte – sein ganzes Wesen atmete jetzt Erfolg und Wohlstand. Das Gesetz des Unterbewußtseins ist kompulsiv (zwanghaft), deshalb wird es unweigerlich veranlaßt, das Bejahte zu verwirklichen.

Innerhalb nur eines Monats veränderte sich sein ganzes Leben, als Folge seiner neuen, im Unterbewußtsein etablierten Gewohnheit. Richtige Bejahung ist eine gute Gewohnheit, Mißerfolg hingegen eine schlechte. Dieser junge Mann durfte die Erfahrung machen, daß sein Gedankenbild und sein Fühlen – seine schöpferische Imagination – sein Leben verändert hatten. Er war auch darauf bedacht, das Bejahte nicht später etwa wieder zu verneinen – ein verhängnisvoller Fehler, der bei einer Reprogrammierung des Unterbewußtseins oftmals nicht beachtet wird.

Die Macht zu wählen

Die Bibel sagt: . . . *Erwählet euch heute, wem ihr dienen wollt . . .* (Jos 24:15). Ein indischer Abwehroffizier erzählte mir einmal von den Gefahren, denen er tagtäglich ausgesetzt war. Durch intensives Studium der Bhagavad Gita und der Psalmen in der Bibel war er jedoch zu der Einsicht gekommen, daß es nur eine einzige Macht und Gegenwart gibt, die ausschließlich gut und vollkommen ist.

Er wußte, daß er sich der schützenden Macht Gottes – des einzigen Einen – nur völlig anheimzugeben brauchte, damit alles gut war. Jeden Morgen und jeden Abend las er die folgenden Verse aus dem 27. Psalm:

Der Herr ist mein Licht und mein Heil, vor wem sollte ich mich fürchten? Der Herr ist meines Lebens Zuflucht, vor wem sollte ich erschrecken? . . . denn am Tage des Unglücks birgt

er mich in seiner Hütte; er verbirgt mich im Schirm seines
Zeltes, auf einen Felsen hebt er mich (Ps. 27:1,5).

Diese Wahrheiten wiederholte er auch jeden Morgen, bevor
er seinen Dienst antrat. Während des ganzen Tages behielt er
sie im Gedächtnis. Er wußte, daß diese herrlichen Wahrheiten,
ständig wiederholt, schließlich sein Unterbewußtsein durchdringen, das auf die ihm eingegebenen Denkmuster unweigerlich reagiert. Er wußte auch, daß er sich damit eine vorteilhaf-
te Gewohnheit zu eigen machte, die sein tieferes Bewußtsein
zu automatischen Reaktionen veranlaßte, die im Ganzen gesehen nur zu einem glücklichen Leben führen konnten.

Folgendes war bislang geschehen: In einem Fall hatte ein
Mann mit gezogener Pistole auf ihn gefeuert – die Waffe hatte
Ladehemmung. In einem anderen Fall wurde ihm eine Bom-
be in den Wagen geworfen, die nicht explodierte. Bei anderer
Gelegenheit hörte er eine innere Stimme, die ihn warnte, die
Speisen, die ihm gerade serviert würden, seien vergiftet. Er
hatte sie nicht angerührt.

Emerson sagte: »Es gibt Führung für einen jeden von uns,
und bei stillem Lauschen werden wir das richtige Wort hören«.
Diese innere Stimme bezeichnete er als die Stimme des »Om«
oder des »ICH BIN«, der Gegenwart Gottes, des höheren
Selbst oder des Superbewußtseins. Alle diese Namen bezeichnen das Gleiche. Die göttliche Gegenwart – das Superbewußtsein –, von Emerson auch »Überseele« genannt, befindet
sich in den unbewußten Tiefen eines jeden von uns.

Wenn Sie einen bestimmten Gedanken immer wieder repetieren und ihn mit Bedeutsamkeit ausstatten (also mit Gefühl
aufladen), dann kommt der Moment, da er zu einer Realität
wird – einer unterbewußten Überzeugung. Das wiederum
führt zu einer automatischen Reaktion Ihres Unterbewußtseins. Dann werden Sie zu »grünen Auen und stillen Wassern«
geleitet.

Falsche Überzeugungen

Ein Gymnasiallehrer hatte sich einreden lassen, daß die Ursache für den unbefriedigenden Heilungsverlauf seiner Beinverletzung im Karmagesetz zu suchen sei. Er würde nämlich jetzt für Missetaten in einem früheren Leben zur Rechenschaft gezogen. Dieser Mann war Oberstudienrat an einer höheren Schule und vom akademischen Standpunkt gesehen hochgebildet.

Ich erklärte ihm, daß es sich hier um eingebildeten Firlefanz handelt, um kompletten Unsinn, eine Beleidigung seiner angeborenen Intelligenz. Außerdem machte ich ihm den Vorschlag, zwei renommierte Psychologieprofessoren aufzusuchen und sich im Hypnosezustand um 100 Jahre vor seiner Geburt zurückversetzen zu lassen. Er hatte mit jedem dieser beiden Professoren separate Konsultationen, keiner wußte vom anderen. Jede der beiden Deutungen stand in völligem Widerspruch zur anderen. Im ersten Fall war er 100 Jahre vor seiner Geburt eine Frau mit vier Kindern, die in Kentucky gelebt hatte. Die andere Deutung besagte, er sei im gleichen Zeitraum ein französischer Soldat gewesen, der auf seinen kommandierenden Offizier gefeuert habe und deshalb eine Gefängnisstrafe zu verbüßen hätte.

Es ist offenkundig, daß diese Deutungen seines letzten Erdenlebens nichts anderes waren als fiktionalisierte Dramatisationen aus den Tiefen seines Unterbewußtseins und glatte Einbildungen. Bei der zweiten Deutung sprach er zwar fließend Französisch, aber das tat er sonst auch. Jetzt wollte er es noch genauer wissen. Er konsultierte noch einen weiteren Psychologen, dessen Deutung erwartungsgemäß die der beiden anderen widerlegte. Dann tat er ein Übriges: Er bat den Psychologen um eine Deutung seines gegenwärtigen Lebens vom Zeitpunkt seiner Geburt an. (Er ist 55 Jahre alt.)

Da alles, was uns im Leben widerfahren ist – von der Wiege bis zur Gegenwart – vom Unterbewußtsein aufgezeichnet ist, sollte es solchen Experten doch eigentlich ein Leichtes sein, dorthin Zugang zu finden. Das Resultat war jedoch ein Fehlschlag auf der ganzen Linie.

Damit waren ihm die Augen geöffnet. Er erklärte: »Ich bin auf's Kreuz gelegt worden«, was wohl heißen sollte, daß man ihn mit all diesem Unsinn so ziemlich zum Narren gehalten hatte. Ich schickte ihn zu einem Arzt, einem alten Freund von mir, der ihn sofort überzeugen konnte, daß er mit einer neuartigen Behandlungsmethode eine vollkommene Heilung erzielen würde. Diese ärztliche Diagnose wurde von seinem Unterbewußtsein vorbehaltlos akzeptiert und er war hocherfreut.

Es war sein rechtes Bein, das besagte Verletzungen aufwies. Das »rechte Bein« steht psychologisch für die objektive Welt und Bein beinhaltet Bewegung. Er bekannte, daß er einer geplanten Versetzung Widerstand entgegensetzte und daß in seinem Gemüt dieserhalb heftige Kämpfe tobten. Er hatte unter verdrängten und unterdrückten Zorn- und Grollgefühlen zu leiden. Diese negativen Emotionen suchten nach einer Ausdrucksmöglichkeit; deshalb reagierte sein Unterbewußtsein mit Beinbeschwerden. Das wird als Organsprache bezeichnet.

Er entschloß sich nunmehr, loszulassen und seine Führung dem Superbewußtsein anheimzugeben. In anderen Worten: Er übergab das Ganze der unendlichen Macht und Gegenwart mit der Bejahung: »Unendliche Intelligenz weist den Arzt an, das Richtige zu tun. Ich überlasse mich der unendlichen Intelligenz und ich werde göttlich geführt, das Richtige zu tun. Ich bin immer an meinem wahren Platz. Ich tue immer das, was ich gern tue, glücklich und göttlich gefördert. Gott in meiner Mitte heilt mich jetzt. Ich sage Dank für die wundersame Heilung, die sich jetzt vollzieht.«

246

Sein Bein ist jetzt völlig geheilt und er ist an seinem jetzigen Platz sehr glücklich. Er hatte sich dazu durchgerungen, loszulassen und das Superbewußtsein wirken zu lassen. Diese Einstellung führt uns alle auf die Wege der Freude und die Pfade des Friedens.

Sie hörte Stimmen

Eine Frau, die sich mit dem Ouiija-Brett beschäftigte, kam zu mir, um mir einige der empfangenen Schreibergebnisse zu zeigen. Einige davon waren zu Beginn auch recht gut und positiv und enthielten hin und wieder auch ein Bibelzitat. Nach einigen Wochen hatte sich jedoch eine Stimme eingeschaltet. Diese innere Stimme beschimpfte sie nun jeden Abend, warf ihr alle möglichen Grobheiten und Obszönitäten an den Kopf, forderte sie zum Selbstmord auf oder verführte sie zum Trinken.

Schon als sie angefangen hatte, mit dem Ouiija-Brett zu experimentieren, lebte sie in beständiger Furcht, irgendeine sogenannte üble Wesenheit würde sich einmischen, und wie Hiob sagte: ... *Was ich gefürchtet habe, ist über mich gekommen ...* (Hiob 3:25).

In anderen Worten: Ihr Unterbewußtsein wurde ihren ständigen Befürchtungen gemäß tätig und reagierte entsprechend negativ.

Ich gab ihr eine ganz spezielle Bejahung – eine Bejahung, die ich im Verlauf der Jahre an viele Menschen geschickt habe, die sich von üblen Wesenheiten kontrolliert wähnten. Liebe treibt die Furcht aus. Das Bewußtsein, von der Gegenwart Gottes animiert, geführt und erhalten zu werden, löscht alle negativen Kräfte aus. Ich wies sie an, diese Bejahung, die ich nachstehend in ihrem vollen Wortlaut anführe, etwa zehn

Minuten lang jeweils morgens, nachmittags und abends vor dem Einschlafen zu lesen.

Wenn diese Wahrheiten durch konstante Repetition dem Unterbewußtsein eingegeben werden, dann werden dadurch alle Negationen und Befürchtungen ausradiert. Sie begann nun damit, diese Wahrheiten systematisch und regelmäßig zu bejahen und sie dabei mit Gefühl aufzuladen, bis sie zu einem lebendigen Teil ihrer selbst wurde.

Eine spezielle Bejahung

»Gott liebt mich und sorgt für mich. Gottes Liebe erfüllt mein Gemüt und mein Unterbewußtsein. Mit dieser Bejahung entthrone ich alle negativen Einflüsse in meinem Gemüt. Ich bejahe diese Wahrheiten kühn und mutig. Es ist mir ernst mit jedem Wort und was ich erkläre, wird wahr werden. Gott lebt in mir. Gott spricht in mir. Gott geht mit mir. Mein Leben ist Gottes Leben und Gottes Frieden erfüllt mein Gemüt und mein Herz. Die heilende Liebe Gottes durchtränkt mein ganzes Sein. Weisheit, Wahrheit und Schönheit beherrschen mich. Ich bin heil, ich bin glücklich, ich bin friedvoll und die Freude des Herrn ist meine Stärke.

Wo Gott ist, da gibt es kein Übel. Ich vermag alles durch die Gotteskraft, die mich mächtig macht. Ich weiß: Alles, was ich dem ICH BIN hinzufüge, zu dem werde ich. Gott sorgt für mich. Ich bin umgeben vom heiligen Kreis der ewigen Liebe Gottes und die ganze Rüstung Gottes hüllt mich ein. Sein Licht leuchtet in meinem Gemüt. Ich höre die Wahrheit; ich kenne die Wahrheit; ich höre die leise flüsternde Stimme Gottes sagen ‚Friede sei still'.«

Dieser Bejahung ließ sie mutig und entschieden das Kommando folgen: »Ich verlange jetzt, daß ihr verschwindet. Ich meine es ernst. Ich erkläre es. Macht euch fort. Gott ist und seine Liebe ist jetzt hier. Ihr seid fort. Ich bin befreit. Danke, Vater.«

Nach etwas mehr als einer Woche mit dieser Bejahungstechnik war sie vollkommen befreit und sie hatte auch aufgehört, mit dem Ouija-Brett herumzuspielen.

Sie weiß jetzt, daß es allein ihr Unterbewußtsein war, das zu ihr gesprochen hatte. In anderen Worten: sie hatte zu sich selbst gesprochen .

Wiedergeboren werden

Immer wieder fragen mich viele Menschen nach der Bedeutung dieser Worte. Fast täglich kann man in den Presseorganen von irgendjemandem lesen, der sich neugeboren fühlt. Allerdings hat das nichts mit einer physischen Geburt zu tun. Wenn Sie ein großer Mathematiker oder ein hervorragender Arzt sind, dann ist das keine spirituelle Erleuchtung. Der Mensch sollte sich der spirituellen Kräfte in seinem Innern bewußt sein und ein Gefühl des Einsseins mit dem Unendlichen haben. Wenn der Mensch also vom göttlichen Mittelpunkt aus denkt, spricht und handelt, wenn göttliche Liebe und göttlicher Frieden seine Seele erfüllt, dann erlebt er eine spirituelle Wiedergeburt und ist damit befreit von Furcht, Unwissenheit, Aberglauben und den falschen Überzeugungen der Welt.

Er betreibt keine konfessionelle Religion, noch gehört er irgendeiner Sekte an, weil er intuitiv erfaßt hat, daß Gott die Person nicht ansieht und daß man den göttlichen Attributen Liebe, Frieden, Harmonie, Freude, Wohlwollen, Inspiration oder rechtem Handeln kein Etikett anhaften kann.

Neugeburt kann sich jetzt vollziehen

Neugeburt ist eine individuelle Erfahrung . . . *Wenn jemand nicht aus Wasser und Geist geboren wird, kann er nicht in das Reich Gottes kommen* (Joh. 3 :5). Wasser ist das Sinnbild für Ihr Gemüt, das gleich dem Wasser die Form eines jeden Gefäßes annimmt, in das man es gießt. Füllen Sie Ihr Gemüt mit den Wahrheiten Gottes an – morgens, mittags und abends – und wenn Sie Ihr Unterbewußtsein mit den ewigen Wahrheiten durchtränkt haben, dann verwandelt sich Ihr ganzes Leben in das genaue Abbild Ihrer Kontemplation.

»Alle Dinge sind bereit, wenn das Gemüt es gleichfalls ist« (Shakespeare). Jetzt ist der Augenblick! Sie können jetzt Ihr Herz dem Einfließen des heiligen Geistes öffnen und sich vom Höchsten erneuern und erleuchten lassen.

Er sagte: »Zu gegebener Zeit werden alle wiedergeboren sein«

Ein junger Pfarrer, den ich gut kannte, hing der Illusion nach, daß alle Menschen auf dieser Welt zu gegebener Zeit eine spirituelle Wiedergeburt erfahren würden. Deshalb wies ich ihn auf das dritte Kapitel des Predigerbuches hin:

Alles hat seine bestimmte Stunde, jedes Ding unter dem Himmel hat seine Zeit.

Geboren werden hat seine Zeit, und Sterben hat seine Zeit. Pflanzen hat seine Zeit, und Ausreißen hat seine Zeit.

Töten hat seine Zeit, und Heilen hat seine Zeit. Einreißen hat seine Zeit, und Bauen hat seine Zeit.

Weinen hat seine Zeit, und Lachen hat seine Zeit. Klagen hat seine Zeit, und Tanzen hat seine Zeit.

Steine wegwerfen hat seine Zeit, und Steine sammeln hat

seine Zeit. Umarmen hat seine Zeit, und Sich meiden hat seine Zeit.

Suchen hat seine Zeit, und Verlieren hat seine Zeit. Behalten hat seine Zeit, und Wegwerfen hat seine Zeit.

Zerreißen hat seine Zeit, und Nähen hat seine Zeit. Schweigen hat seine Zeit, und Reden hat seine Zeit.

Lieben hat seine Zeit, und Hassen hat seine Zeit. Der Krieg hat seine Zeit, und der Friede hat seine Zeit.

Welchen Gewinn hat, wer etwas tut, von dem, worum er sich abmüht?

Ich sah die Plage, die Gott verhängt hat, daß die Menschenkinder sich damit plagen.

Alles hat er gar schon gemacht zu seiner Zeit; auch die Welt hat er ihnen ins Herz gelegt, nur daß der Mensch das Werk, das Gott gemacht, von Anfang bis Ende nicht fassen kann.

Da merkte ich, daß es unter ihnen nichts Besseres gibt, als fröhlich zu sein und es gut zu haben im Leben.

Daß jeder Mensch essen und trinken kann und sich gütlich tun bei all seiner Mühsal, auch das ist eine Gabe Gottes.

Ich erkannte, daß alles, was Gott tut, ewig gilt, man kann nichts dazutun und nichts davontun; und Gott hat es so gemacht, daß man sich vor ihm fürchte.

Was da ist, das war schon vorzeiten, und was sein wird, auch das ist vorzeiten gewesen; Gott sucht das Entschwundene wieder hervor (Pred. 3:1-15).

Es ist ausgesprochen töricht, anzunehmen, daß Menschen zu gegebener Zeit gottgleich und heilig werden. Das ist eine Illusion. Es gibt nichts Fehlerhaftes, was die Beschaffenheit der Welt und der Galaxien im Raum betrifft. Alles wird von einer höchsten Intelligenz beherrscht – in unendlicher Ordnung und mit mathematischer Präzision. Es heißt, daß Ordnung das erste Gesetz des Himmels ist.

Es sind lediglich die Menschen auf der Welt, die sich ändern müssen, und das ist ein individueller Prozeß. Niemand kann einen Zauberstab heben und damit Menschen verwandeln – und siehe da, sie praktizieren Güte, Wahrheit und Schönheit. So läßt sich das nun einmal nicht herbeiführen. Diese unsere Welt dreht sich gleichmäßig um ihre Achse und läßt auch die Jahreszeiten regelmäßig wiederkehren. Wir alle hier, in dieser dreidimensionalen Welt, bewegen uns durch Gegensätze Nacht und Tag, Ebbe und Flut, süß und sauer, Gesundheit und Krankheit, Vertrauen und Befürchtungen, Gut und Böse. Wir müssen lernen, die Gegensätze auszugleichen und damit den Frieden zu erfahren, der jede Vernunft übersteigt.

Unsere Lebenserfahrungen sind einem Pendel gleich, einer Art rhythmischen Abwechselns zwischen ihren Gegensätzen. Wir gehen vom Krieg zum Frieden; und, nach einem Intervall, wieder zurück zum Krieg. Das ist so, weil der Mensch nun einmal das ist, was er ist. Wenn negative Emotionen, wie Gier, Bosheit, Haß, Neid und Eifersucht im Charakter des Menschen gestorben sind, dann wird es selbstverständlich auch keine Kriege, Krankheiten oder Verbrechen mehr geben.

Eine solche Umwandlung vollzieht sich jedoch niemals auf kollektiver Ebene; sie nimmt nur in dem Maße Formen an, wie der Mensch als Individuum es lernt, die Gegenwart Gottes zu praktizieren – in seinen Gedanken, Worten und Handlungen. Jeder Mensch erschafft selbst, er erschafft sich seinen eigenen Idealzustand. Kein Staat, keine Regierung kann Frieden, Glück, Gesundheit und Wohlstand garantieren. Tausende und Abertausende reisen ständig in der Welt umher, sie kennen sich aus, sie sind mit den entlegensten Flecken und Winkeln vertraut. Was ich bei ihnen aber immer wieder feststellen konnte, war die Tatsache, daß kaum einer von ihnen sich in seinem Innern einigermaßen auskannte. Eine Reise nach Innen hatten sie noch nicht unternommen – dorthin, wo das Superbewußtsein wohnt, die Gegenwart Gottes.

Wenn Sie spirituell reisen, dann begeben Sie sich auf den Berg Gottes in Ihrem Innern und kontemplieren die großen Wahrheiten Gottes. Damit eignen Sie sich mehr und mehr Göttlichkeit an, durch Meditation, Bejahung und Kontemplation. Die Begrenzungen von Zeit und Raum sind für die göttliche Gegenwart in Ihrem Innern nicht existent. Somit hat auch Ihr spirituelles Erwachen nichts zu tun mit Zeit und Raum, oder der Bewegung der Erde um die Sonne.

Der zeitlose, raumlose, alterslose Eine ist in Ihrem Innern. Ihre Umwandlung kann sich sich in einem einzigen Augenblick vollziehen. *Was da ist, das war schon vorzeiten, und was sein wird, auch das ist vorzeiten gewesen . . .* (Pred. 3:15).

Die Historie wiederholt sich, und was vorzeiten war, soll wieder sein. Dieser Zyklus der Veränderungen wird weder die Vereinigten Staaten von Amerika noch das Universum verändern, es ist jedoch sein Ziel und Zweck, den Menschen zu verändern, damit er zum neuen Menschen wird – dem glücklichen Menschen, dem frohen Menschen, dem Menschen, der Gott als seinen Vater und alle Menschen als seine Brüder erkannt hat.

Das Universum wird von Gott beherrscht. Gottes Wirken ist universell. Der Mensch hingegen ist gesondert – vereinzelt. Damit Gott durch den einzelnen Menschen wirken kann, muß er zu dem Vereinzelten werden. Das bedeutet ganz einfach, daß Sie eine Individualisation Gottes sind. Wenn Gott durch Sie wirken soll, dann kann er das allein aufgrund Ihrer Denkmuster und Imaginationen.

In Vers 11 dieses Kapitels sagt der inspirierte Schreiber: *Alles hat er gar schon gemacht zu seiner Zeit; auch die Welt hat er ihnen ins Herz gelegt . . .* Die Welt, die Sie wahrnehmen, ist die Welt, die Sie »sind«. Sie blicken durch den Inhalt Ihrer eigenen Mentalität. Die Schönheit findet sich im Auge des Beobachters, und da erblickt jeder eine andere Welt. Die Wahrnehmung eines jeden unterscheidet sich von der des Anderen. Wenn Ihre Augen – Ihre Wahrnehmung – sich mit dem identifizieren, was lieblich und wohllautend ist, dann werden Sie auch nur das Liebliche und Wohllautende wahrnehmen. »Was du siehst, o Mensch, zu dem sollst du werden. Gott, wenn Gott du siehst und Staub, wenn Staub du siehst.«

Die Plage, von der in Vers 10 die Rede ist, betrifft die verschiedenen Probleme, Herausforderungen, Prüfungen und Schwierigkeiten, deren Überwindung unser spirituelles Wachstum ermöglicht. Die große Freude liegt in der Überwindung unserer Probleme und in der Entdeckung der Kraft in unserem Innern.

Hören Sie doch auf, die Welt verändern zu wollen. Niemand muß verändert werden, außer uns selbst. Die menschliche Natur hat sich im Laufe von Jahrhunderten nicht allzusehr verändert, das beweisen allein die drei letzten großen Kriege. Genau genommen hat es, soweit ich zurückdenken kann, immer irgendwo auf der Welt einen Krieg gegeben. Sie verfügen über keinen Zauberstab, mit dem Sie Krankheiten und Leiden verscheuchen, die ihre Ursache im Bewußtsein des Menschen haben. Und auch Kriege und menschliche Konflikte können Sie nicht wegzaubern .

Das Leben ist eine Schule, wir sind hier, um zu lernen und zu wachsen, und die Göttlichkeit zu entdecken, die uns formt. Alles Leiden auf dieser Welt ist – wie Buddha sagte – die Folge von Unwissenheit. Es ist selbstverständlich ein edler und gottgleicher Wunsch, die Leiden der Menschheit lindern zu wollen, Sie sollten jedoch keinesfalls in den Fehler verfallen, die Verbrechen, Tragödien und Leiden der Welt zu kontemplieren. Das führt nämlich nur zu einem depressiven

Gemütszustand. Und zwar bei Ihnen! Erreicht wird damit nur eines: Es trägt zu einer weiteren Verschmutzung des Massengemüts bei. Kontemplieren Sie stattdessen Frieden, Harmonie, rechtes Handeln und Erleuchtung für sich und die gesamte Menschheit. Damit leisten Sie einen konstruktiven Beitrag und segnen das ganze Menschengeschlecht.

Nehmen Sie Ihr Gutes jetzt in Besitz. Nehmen Sie Ihr Glück jetzt. Nehmen Sie Liebe, jetzt. Nehmen Sie Freude, jetzt. Schieben Sie Ihr Gutes nicht auf. Es ist recht töricht, zu sagen, Sie würden erst glücklich sein können, wenn alle Kriege aufgehört haben und alle Menschen eine Neugeburt in Gott erfahren. Darauf würden Sie ewig warten müssen. Wenn Sie sich im Gewahrsein der göttlichen Eigenschaften des Friedens, der Harmonie und der Freude bewegen, dann sind Sie zugleich ein Segen für alle Menschen auf dieser Erde, denn Sie verbreiten den Sonnenstrahl göttlicher Liebe über die ganze Welt.

In unserer Reisegesellschaft gab es eine Dame, die sich durch übertriebenes Mitleid auszeichnete. Sie war daher auch unentwegt von irgendwelchen Bettlern umgeben. Sie folgten ihr in Scharen. Einige versuchten sogar, ihr die Handtasche zu entwenden. Sie sagte einmal: »Ich kann heute abend keinen Bissen herunterbringen – ich muß immer an diese armen hungrigen Menschen denken.«

Daraufhin setzte ihr ein anderer Mitreisender ziemlich energisch den Kopf zurecht. Sie möge doch endlich aufwachen! Bei einer solchen Einstellung sei es wohl das Beste für sie, sich gleich zu den Bettlern auf die Straße zu legen und mit ihnen zu leiden. Sie begriff, was gemeint war. Es ist für den hungrigen Bettler ganz und gar keine Hilfe, zu sagen: »Sie tun mir ja so leid. Ich habe mich entschlossen, mit Ihnen zu hungern.« Sie kann schließlich nicht alle Bettler sattmachen, die sie ansprechen. Sie würde gar nicht über die erforderlichen

Geldmittel verfügen, um alle mit Nahrung und Kleidung zu versorgen.

Wenn Sie einen befreundeten Menschen in der Klinik besuchen, dann doch gewiß nicht in der Absicht, sich neben ihn zu legen und mit ihm zu leiden. Sie sind sich vielmehr im Klaren darüber, was Ihr kranker Freund in Wirklichkeit braucht, nämlich eine spirituelle Transfusion des Glaubens, des Vertrauens, der Liebe und des Wohlwollens. Sie können den Kranken aufrichten, indem Sie ihn an die heilende Kraft des Superbewußtseins erinnern und an die vielen Heilungswunder, die jetzt überall auf der Welt vor sich gehen. Das ist Erbarmen – aber kein »Mitleid«.

Im Matthäusevangelium finden Sie die Antwort: . . . *Diese Dinge aber sollte man tun und jene nicht unterlassen* (Mat. 23:23). Einem Hungrigen zu essen zu geben ist gut. Aber damit haben Sie ihm noch nicht die andere Hälfte gegeben. Es wird nämlich nicht lange dauern, und er wird erneut hungrig sein. Zeigen Sie ihm deshalb, wie er sein Unterbewußtsein anzapfen kann, wo die Reichtümer des Himmels lagern. Überzeugen Sie ihn, daß Gott all seine Bedürfnisse erfüllt und auf sein Begehren reagiert. Dann haben Sie die andere Hälfte gegeben – die kostbare Perle – und er wird nie wieder Mangel leiden.

Bedenken Sie die große Wahrheit: . . . *Daß jeder Mensch essen und trinken kann und sich gütlich tun bei all seiner Mühsal, auch das ist eine Gabe Gottes* (Pred. 3:13).

16

Höhepunkte der Psalmen
68, 69, 70, 71, 72, 74 und 75

68. Psalm

Vers 1: *Gott steht auf; und seine Feinde werden zerstreut, und die ihn hassen, fliehen vor ihm.* Dieser Vers, wie andere Verse auch, muß psychologisch interpretiert werden. Gott hassen bedeutet in biblischer Sprache, eine göttliche Gegenwart nicht zur Kenntnis zu nehmen und Gott vollkommen zurückzuweisen. Viele meinen, Gott hätte keine Feinde, aber Gott ist Wahrheit, und die Feinde der Wahrheit sind Furcht, Haß, Übelwollen, Eifersucht, Anspannung, Kompromisse, Beschwichtigung und alle anderen negativen Gedanken und Einstellungen.

Gott ist der unsichtbare Teil von dir, das heißt dein Gemüt, Geist, deine Gedanken, Vorstellungen und die schöpferischen Kräfte in dir. Erkenne, daß Gott Unendliches Gemüt ist, Unendliche Intelligenz, Grenzenlose Weisheit und Unendliche Macht, die für dich zu jeder Zeit unmittelbar verfügbar ist. Es ist so viel von Gott in dir, wie du dir zu eigen machen kannst in Form von Weisheit, Wahrheit, Schönheit, Freude und Liebe. Die Feinde Gottes befinden sich in unserem eigenen Gemüt, und wir müssen Furcht, Sorge, Zweifel und all das auslöschen, indem wir unser Konzept von Gott erhöhen und den Sonnenschein von Gottes Liebe einlassen.

Vers 2: *Wie Rauch verweht, so verwehen sie; wie Wachs zerschmilzt vor dem Feuer, so kommen die Gottlosen um vor Gott.* Die Gottlosen sind jene, die sich negativem, destruktivem Denken hingeben. Furcht, Zweifel, Anspannung und andere negative Gedanken werden in der Gegenwart von Gottes Licht und Liebe vollkommen zerstört und aufgelöst. Furcht ist die Wolke, die den Sonnenschein von Gottes Liebe verhüllt. Die Menschen haben sich persönliche Teufel geschaffen, aus der Furcht vor der Vergangenheit, der Gegenwart und der Zukunft. Alles, was der Mensch fürchtet, ist unwirklich. Nur der Eine allein ist wirklich. Nur der Eine allein ist Gesetz. Nur der Eine allein ist Wahrheit.

Vers 4: *Singt Gott, lobsingt seinem Namen! Macht Bahn dem, der durch die Wüste einherfährt; er heißt JAH. Freut euch vor ihm.* »Er heißt JAH« hat einen direkten Bezug zum heiligen Tetragrammaton (Bezeichnung für die vier hebräischen Konsonanten des Gottesnamens, Anm. d. Übs.) und den mit ihm verbundenen Geheimnissen. JAH ist eine Zusammenziehung von Jehova, dessen innere Bedeutung den alten hebräischen Mystikern seit Menschengedenken bekannt ist. Die Anwendung dieser inneren Bedeutung bringt Herrlichkeit und Schönheit in das Leben all jener, welche diese Macht in der rechten Weise anwenden.

Die innere Bedeutung dieses Namens ist das Fundament, auf dem die gesamte Struktur der biblischen Literatur ruht. Das Wort Jehova setzt sich aus vier hebräischen Buchstaben zusammen und erschließt das Geheimnis der Bibel. In diesem Namen ist das gesamte Drama der Schöpfung enthalten.

Der erste Buchstabe, YOD, repräsentiert das Absolute, das ICH BIN, den lebendigen Geist in dir, zuweilen auch unbedingtes Bewußtsein genannt, Gewahrsein, das alles Einschließende, aus dem alle Zustände hervorgehen. In moderner Terminologie ist YOD Gott oder das ICH BIN reines Sein, das Lebensprinzip in dir.

Der zweite Buchstabe, HE, repräsentiert Begehren, Idee, Plan, Zweck und wird zuweilen auch als der einzige eingeborene Sohn bezeichnet, die Mentalvorstellung, die du hältst, ein klares geistiges Vorstellungsbild.

Der dritte Buchstabe, VAU, repräsentiert das Gefühl, Liebe, Emotion, Belebung, wobei du dein Begehren belebst und lebendig machst durch das Gefühl seiner bereits vollzogenen Verwirklichung. VAU ist deine Überzeugung, die das begehrende Bewußtsein und das Begehren zusammenführt. In anderen Worten: Du fühlst dich eins mit deinem Begehren. Sei wie ein Schauspieler oder wie eine Schauspielerin, die immer in einer bestimmten Vorstellungswelt leben, ihrer Rolle gemäß. Stell dir vor, jetzt das zu sein, zu tun oder zu haben, was du sein, tun oder haben willst, und spüre die Realität der bereits vollzogenen Tatsache. Wenn du dein Unterbewußtsein mit dieser Realität imprägniert hast, dann hast du dich mit deinem Begehren vereinigt, es mit dem VAU versehen, und es wird sich verwirklichen.

Der vierte Buchstabe, HE, repräsentiert die Manifestation deiner subjektiven Verkörperung oder deines subjektiven Eindrucks. Auf diese Weise werden alle Dinge vollbracht. Es wurde nichts erschaffen, das nicht auf diese Weise erschaffen wurde.

Vers 13: *Wenn ihr zu Felde liegt, glänzt es wie Flügel der Tauben, die wie Silber und Gold schimmern.* Die Taube ist ein Symbol des inneren Friedens und spirituellen Erwachens. Dies ist ein Vers wunderbarer Ermutigung. Vergangene Bedrücktheit ist kein Hinderungsgrund für deine spirituelle Wiederherstellung und deine Macht, dich vorwärts, aufwärts und gottwärts zu bewegen.

Silber steht für dein Begehren, und die goldenen Federn bedeuten, daß du mit dem Gewand der Herrlichkeit bekleidet werden kannst und somit die Macht und Herrlichkeit des Unendlichen in dir erfahren kannst und zu einem transformierten Wesen wirst.

69. Psalm

Vers 9: *Denn der Eifer um dein Haus hat mich gefressen, und die Schmähungen derer, die dich schmähen, sind auf mich gefallen.* Die Anwendung mentalen Zwanges oder der Versuch, die Dinge ins Sein zu zwingen, bringen das Gesetz der Umkehrung ins Spiel, und man bekommt das Gegenteil dessen, wofür man betet. Anstrengungslose Anstrengung, müheloses Bemühen ist die wirksamste Art zu beten; und in Frieden und Vertrauen liegt deine Stärke zu allen Zeiten.

Vers 10: *Ich weine bitterlich und faste, und man spottet meiner dazu.* Weinen, klagen und Selbstkritik wegen irgendwelcher Fehler oder Unzulänglichkeiten zieht noch mehr Mangel, Begrenzung und Leiden heran. Selbstkritik und Selbstverurteilung sind destruktive Geistesgifte, die deinen gesamten Organismus durcheinanderbringen. Spüre die Realität deines Begehrens und wandle im Licht, das jetzt dein ist.

Vers 30: *Ich will den Namen Gottes loben mit einem Lied und will ihn hoch ehren mit Dank.* Sobald du die wahre Natur Gottes als den ewig lebenden Einen, den Allweisen Einen, den ewig freudigen Lebensgeist des Universums erkannt hast, dich all seiner Wunder erfreust und ihm mit einem Lied auf den Lippen Dank sagst, werden in deinem Leben Wunder geschehen, und du wirst finden, daß alle deine Gebete beantwortet wurden, nach Göttlichem Gesetz und in Göttlicher Ordnung.

Diese Gegenwart und Macht in dir ist nicht von irgendwelchen bestimmten festgelegten Formen der Huldigung abhängig, sondern nur von der wahren Huldigung, die aus dem Herzen kommt.

70. Psalm

Vers 4: *Laß deiner sich freuen und fröhlich sein alle, die nach dir fragen; und die dein Heil lieben, laß alle Wege sagen: Hochgelobt sei Gott!* Dieser Vers ist der Schlüssel zu den Psalmen!

Dir wird bedeutet, dich an die Gottgegenwart zu wenden, dich zu freuen und fröhlich zu sein und Gott zu loben, das heißt, dir mehr und mehr seiner Allmacht und seiner Allgegenwart bewußt zu sein, mehr und mehr von dem ewig freudigen Geist des Lebens in Anspruch zu nehmen und dich der Werke Gottes zu erfreuen. Der Geist oder Gott erfreut sich seiner eigenen Macht des Selbstausdrucks, und wenn wir bejahen, daß wir Tag für Tag mehr von unserer Göttlichkeit Ausdruck geben, werden wir mehr und mehr gottgleiche Qualitäten offenbaren.

71. Psalm

Vers 3: *Sei mir ein starker Hort, zu dem ich immer fliehen kann, der du zugesagt hast, mir zu helfen; denn du bist mein Fels und meine Burg.* Dieser Vers spricht vom gewohnheitsmäßigen Verweilen.

Regelmäßige Beschäftigung des Gemüts mit den großen Wahrheiten des Lebens wird in der Bibel verweilen genannt, denn du kommunizierst mit dem Unendlichen in dir regelmäßig, systematisch und umsichtig. Die Göttliche Gegenwart oder das Unendliche Lebensprinzip ist in sich selbst das Prinzip fortgesetzter Erlösung.

Vers 4: *Mein Gott, hilf mir aus der Hand des Gottlosen, aus der Hand des Ungerechten und Tyrannen.* Du selbst befreist dich, und du selbst vergibst dir, denn das Lebensprinzip verdammt oder verurteilt nie. Ungerecht sein bedeutet, nicht vom spirituellen Standpunkt aus zu denken. Wenn du völlig verstört bist, »in die Luft gehst«, auf andere zornig oder haßerfüllt bist, dann setzt du eine fremde Ursache voraus.

Es gibt aber nur eine Macht – Gott, die Höchste und Allmächtige, und das ist der Geist in dir. Bedenke, die negativen Emotionen hast du alle selbst erzeugt – die anderen sind nicht dafür verantwortlich.

Lerne das spirituelle Gesetz anzuwenden und vergib dir selbst. Mache niemals andere für Verluste oder Verletzungen verantwortlich. Wenn du das nämlich tust, verneinst du die Eine Spirituelle Macht in dir. Vergebung ist das Verändern deines Denkens, deine Ausrichtung auf göttliches Gesetz, göttliche Harmonie und göttlichen Frieden. Bejahe dein göttliches Anrecht auf alles Gute und alle Segnungen des Lebens. Verschwende keine Energie durch Schuldzuweisungen an andere.

Das Leben vergibt immer ungeachtet der Fehler, die du begangen hast, und ungeachtet der Anzahl dieser Fehler und Irrtümer. Das Gesetz antwortet, sobald du anfängst, richtig zu denken, richtig zu fühlen und richtig zu handeln. Ändere dein Denken über den Menschen, dem du gegrollt hast, und erkenne, daß es überhaupt keinen Grund gibt, sich verletzt zu fühlen; dann kehre zurück zu dem Geist in deinem Innern und beanspruche Harmonie, Gesundheit, Frieden und Freude. Was du beanspruchst und als wahr empfindest, das wird der Geist hervorbringen in deinem Leben.

72. Psalm

Vers 1: *Gott, gib dein Gericht dem König und deine Gerechtigkeit dem Königssohn.* Der König und der Königssohn repräsentieren deinen wachbewußten Verstand und dein Unterbewußtsein. Gericht in der Bibel bedeutet, daß du zu einer Entscheidung kommst über die Wahrheit oder Falschheit eines jeden Gedanken oder einer jeden Idee, die du hast. Dieser Prozeß vollzieht sich den ganzen Tag lang in unseren Gemütern im Wachzustand, während wir aktiv sind. Das ideale Leben besteht darin, »ein rechtes Gericht zu richten«, das unseren Charakter bestimmt. Das Richten vollzieht sich in unserem wachbewußten, wägenden Verstand. Jede definitive Schlußfolgerung, zu der wir kommen, wird automatisch vom Unterbewußtsein angenommen und auf dem Bildschirm des Raumes reproduziert.

Das Gute, Edle, Liebliche und Wohllautende zu bejahen, ist rechtes Gericht, und das trägt seinen Lohn in sich als Harmonie und Frieden in dieser sich verändernden Welt. Jesus sagte: *Richtet nicht, auf daß ihr nicht gerichtet werdet...* (Luk. 6,37). Damit meinte er, daß wir uns selbst gefährden, wenn wir verdammen oder einem anderen Schlechtes wünschen, denn unser Denken ist schöpferisch, und diese Ansicht des anderen verwirklichen wir für uns. Was wir akzeptieren und mit unserem Verstand als real empfinden, das müssen wir in unserem eigenen Leben als Erfahrung hinnehmen.

Vers 5: *Er soll leben, solange die Sonne scheint und solange der Mond währt, von Geschlecht zu Geschlecht.* Die Sonne und der Mond sind altertümliche Symbole für das männliche und das weibliche Lebensprinzip. Die Sonne repräsentiert das spirituelle Abwägen oder den erleuchteten wachbewußten Verstand. Der Mond steht für das Unterbewußtsein in der altertümlichen Symbolsprache. Das Wort

Furcht bedeutete in den Tagen, als die Bibel geschrieben wurde, eine gesunde Achtung vor den Gesetzen des Gemüts zu haben, auf die gleiche Weise, wie du eine gesunde Achtung vor den Gesetzen der Chemie oder Elektrizität haben würdest.

Vers 20: *Zu Ende sind die Gebete Davids, des Sohnes Isais.* David bedeutet der Geliebte Gottes, derjenige, der die Gottgegenwart im Innern an die erste Stelle setzt und keine andere Macht anerkennt.

Isai bedeutet ICH BIN; der Sohn Isais bedeutet Liebe, ein Ausdruck oder Sohn des ICH BIN. Wenn du fühlst und weißt, daß du vom Geist Gottes geführt wirst, dann bist du der wahre Sohn Gottes oder Isais.

74. Psalm

Vers 4: *Deine Widersacher brüllen in deinem Hause und stellen ihre Zeichen darin auf.* Die Widersacher befinden sich immer in unserem eigenen Gemüt. Wenn wir äußeren Dingen Macht verleihen, dann zollen wir den Widersachern Anerkennung. Die Widersacher sind Furcht, Sorge, und der Glaube an andere Mächte. Gott ist die Einzige Gegenwart und Macht, und alle Anerkennung muß dieser Einen Macht gegeben werden.

Es gibt viele Sekten, die ihre eigenen Zeichen aufstellen, das heißt, sie bezeichnen ihre bestimmten Lehrmeinungen als wahr, etwa wie eine Organisation, die eine Parole ausgibt. Es wird dir aber kein Zeichen gegeben außer dem Zeichen Jonah, was bedeutet, daß das einzige wahre Zeichen deine innere Überzeugung ist, daß Gott dein Gebet beantwortet hat. Es ist völlig unnötig, irgendeiner Sekte anzugehören oder einer bestimmten Konfession. Und das ganz einfach deshalb, weil niemand dir die Wahrheit geben kann.

Wenn dir jemand das Salz erklärt, seine chemische Zusammensetzung, seine Bestandteile oder die Tatsache, daß es einmal als Zahlungsmittel Verwendung gefunden hatte, oder seine Eignung zum Konservierungsmittel, dann bist du interessiert. Du müßtest das Salz jedoch erst einmal kosten, um seinen Geschmack zu kennen. Ebenso mußt du die Macht Gottes in deinem Innern selbst erfahren. Niemand kann für dich einen Apfel verspeisen, und niemand hat das Monopol auf die Wahrheit. Redensarten, Zeichen und Etiketten sind keine Alternative zu spirituellem Erwachen. Das vollzieht sich im Herzen des Menschen. Das wahre Zeichen, das du brauchst, ist deine Überzeugung von der Güte Gottes im Land der Lebenden. Wenn du betest, dann ist das einzige wahre Zeichen dein inneres stilles Wissen der Seele, daß dein Gebet beantwortet ist. Es ist ein inneres Gefühl, eine innere Überzeugung, und damit bist du im Frieden.

Vers 9: *Unsere Zeichen sehen wir nicht, kein Prophet ist mehr da, und keiner ist bei uns, der etwas weiß.* Im 1. Korintherbrief, Kapitel 13, Vers 8 lesen wir: . . . *Während doch das prophetische Reden aufhören wird...* Wir alle sind mit den Vorhersagen von all den Arten von Astrologen, Wahrsagern bestens vertraut, und wir bemerken auch, wie oft solche Leute mit ihren Vorhersagen danebenliegen. Es will sich einfach nichts von dem Prophezeiten verwirklichen.

Werde zu einem Propheten Gottes, indem du an die Güte, Führung, Liebe und das rechte Handeln Gottes glaubst, der in dir, durch dich und überall um dich herum wirksam ist... *Dir geschehe, wie du geglaubt hast* (Matth. 9,29). Dein Glaube an Gott und alle guten Dinge ist deine Weissagung.

Vers 20: *Gedenke an den Bund; denn die dunklen Winkel des Landes sind voll Frevel.* Dunkelheit steht in der Bibel für Unwissenheit und Grausamkeit. Der Bund beinhaltet, daß Gott und Mensch eins sind, und wenn du einem anderen hilfst oder ihn segnest, hilfst du auch dir selbst, denn es gibt keinen anderen. Es erfordert vier Milliarden Menschen auf diesem Planeten, um dir zu sagen, wer du bist. Sie alle sind Ausweitungen deiner Selbst. Menschheit bedeutet der Eine als Vielheit. Andere schlecht zu behandeln oder grausam zu ihnen zu sein, ist der Gipfel der Ignoranz. Früher oder später wird solches Verhalten auf einen zurückfallen.

75. Psalm

Vers 6: *Denn die Erhöhung kommt nicht vom Osten noch vom Westen, noch vom Süden.* Hier haben wir es mit den vier Kardinalpunkten zu tun. Der Norden ist die göttliche Gegenwart – die Höchste Macht. Der Osten, wo die Sonne aufgeht, repräsentiert das Erwachen zum Licht Gottes oder der Erleuchtung. Der Westen repräsentiert deine objektive Welt. Der Süden deine Leidenschaft, Emotionen und psychischen Kräfte. Einfacher gesagt: Es repräsentiert den spirituellen, geistigen, emotionalen und physischen Menschen. Der Psalmist stellt nur eine einfache Wahrheit fest: Wenn du nach Erhöhung strebst, dann blicke in dein Inneres, weil du dich selbst erhöhst. Blicke nicht auf Äußerlichkeiten.

Was du beanspruchst und als wahr empfindest, das wird dein Unterbewußtsein hervorbringen. Beanspruche Erhöhung, Fortkommen, Sieg und Triumph in dem Wissen, daß der Geist deinen Anspruch honorieren wird. Erkenne, daß du dir alles selbst gibst, weil deine Selbsteinschätzung immer objektiviert und erfahren wird.

Vers 7: *Sondern Gott ist Richter, der diesen erniedrigt und jenen erhöht.* Viele Menschen werden prahlerisch, arrogant, störrisch und aggressiv, weil sie sich der Göttlichen Gegenwart in ihrem Innern nicht bewußt sind. Deshalb versuchen sie, sich einen Weg mit Ellenbogen zu bahnen. Viele Menschen geben nur vor, erfolgreich zu sein; sie wollen, daß man sie für reich hält, aber innerlich reich sein wollen sie nicht. Viele wollen etwas gelten. Sie wollen, daß man sie für wichtig hält, aber ein inneres Wertgefühl haben sie nicht. Sie haben im Gegenteil eine sehr geringe Meinung von sich.

Du bist dir solcher Zeitgenossen, die nur einen äußeren Schein wahren wollen, sehr wohl bewußt. Sie streben nach äußerer Anerkennung auf Kosten des inneren Wertgefühls und Selbstvertrauens. Du mußt das geistige Gegenstück – die geistige Entsprechung – zunächst in deinem Gemüt etablieren, bevor du irgendein Ziel im Leben erreichen kannst. Gott ist der Richter, und Gott ist das ICH BIN oder der Geist in dir, die Realität von dir. Das Gesetz Gottes ist, daß du das bist, was du kontemplierst. Dein Unterbewußtsein kennt keine inneren Gedanken, Gefühle und Überzeugungen. Es ist sich jeder Nuance deines Denkens und deiner Stimmungen bewußt. Es ist eine innere Rede, die sich manifestiert, denn dein inneres Reden ist das, was du glaubst.

Wenn du dich durchboxt, um vorwärts zu kommen, sei es in der Armee, im Geschäft oder in einem Amt – wenn du nur an Einfluß, an Protektion und andere Vorteile glaubst, dann bedeutet das, daß du nicht an dich selbst glaubst und im Grunde sehr unsicher bist. Nach Prominent-Sein auf der äußeren Seite des Lebens zu streben, offenbart eine große innere Leere. Das Gesetz des Geistes ist der Richter und das Urteil, die Schlußfolgerung beruht auf deinem Glauben, deiner Überzeugung von dir selbst. Du erreichst nichts, was du nicht aufgrund deines Bewußtseins erreichst. Und wenn du dich im Bewußtsein minderwertig und fehl am Platz fühlst, dann wirst du die Position eines Tages aufgeben müssen, die du durch rein äußerliche Manipulationen erworben hast ... *der diesen erniedrigt...* (Psalm 75,7).

Bedenke . . . *und jenen erhöht,* was bedeutet, daß du selbst dich erhöhst, durch das Gesetz des Geistes. Du kannst dich jetzt für dein Vorwärtskommen entscheiden. Stell dir vor und fühle, daß du das bist, was du sein willst. Du weißt, wenn du deinem mentalen Vorstellungsbild treu bleibst, wird dein Unterbewußtsein es hervorbringen. Alle Gemütszustände werden sich früher oder später manifestieren als Form, Funktion, Erfahrung oder Begebenheit.

Kürzlich befand ein Handelsvertreter, daß er befördert werden und auf der ganzen Linie vorwärtskommen wollte. Daher stellte er sich am Abend vor, wie sein Chef ihm zu seinem Erfolg gratulierte. In seiner Vorstellung nahm er an Lehrgängen teil, wurde zu einem glänzenden Redner und konnte mit anderen Menschen gut umgehen. Kurz darauf wurde er zum Hauptbüro seiner Firma beordert und zum Verkaufsleiter ernannt. Jetzt hat er den Vorsitz bei vielen Sitzungen und spricht auf vielen Schulungskursen. Sein Unterbewußtsein wußte, was er zu seiner Beförderung benötigte, und veranlaßte ihn, sich mit Rhetorik und Public Relations zu befassen.

Dieser Mann wußte, daß er es mit dem geistigen Gesetz zu tun hatte, und so wie er es einsetzte, in seinem Innern ausfüllte, wurde das Gesetz für ihn tätig. Es bestand nicht die geringste Notwendigkeit, Ellenbogen zu gebrauchen, denn es gab keinen Anlaß, anderen etwas vorzumachen. Er brauchte nur das Geistige Gesetz anzuwenden. Das Erniedrigen und Erhöhen findet im eigenen Gemüt statt.

Sich abmühen und anstrengen, um sein Ziel geistig zu erzwingen, setzt das Gesetz der Umkehr in Tätigkeit, was bedeutet, daß du genau das Gegenteil dessen bekommst, was du anstrebst. Sei dem Gesetz deines Gemüts gegenüber demütig und empfänglich, und du wirst auf unendlich viele Arten erhöht und gesegnet werden.